北京翻译

BEIJING JOURNAL OF TRANSLATORS

主　编　张文　侯宇翔
执行主编　姜钰

第二卷

中国出版集团
中译出版社

图书在版编目(CIP)数据

北京翻译. 第二卷 / 张文, 侯宇翔主编. -- 北京：中译出版社, 2024.9
ISBN 978-7-5001-7803-3

Ⅰ.①北… Ⅱ.①张… ②侯… Ⅲ.①翻译－研究－北京 Ⅳ.①H059

中国国家版本馆 CIP 数据核字（2024）第 048559 号

北京翻译（第二卷）
BEIJING FANYI (DI-ER JUAN)

出版发行 / 中译出版社
地　　址 / 北京市西城区新街口外大街28号普天德胜大厦主楼4层
电　　话 / (010) 68359827, 68359303（发行部）；68359725（编辑部）
邮　　编 / 100044
传　　真 / (010) 68357870
电子邮箱 / book@ctph.com.cn
网　　址 / http://www.ctph.com.cn

出 版 人 / 乔卫兵
总 策 划 / 刘永淳
出版统筹 / 杨光捷
策划编辑 / 刘瑞莲　钱屹芝
责任编辑 / 钱屹芝
营销编辑 / 董思嫄　吴雪峰

排　　版 / 冯　兴
封面设计 / 潘　峰
印　　刷 / 三河市国英印务有限公司
经　　销 / 新华书店

规　　格 / 710毫米×1000毫米　1/16
印　　张 / 16
字　　数 / 240千字
版　　次 / 2024年9月第1版
印　　次 / 2024年9月第1次

ISBN 978-7-5001-7803-3　定价：59.00元
版权所有　侵权必究
中　译　出　版　社

《北京翻译》编委会

主　　任：张　文
副 主 任：高明乐　张晓丹　侯宇翔

委员（以姓氏首字母拼音排序）
常小玲（外语教学与研究出版社）　　　郭英剑（中国人民大学）
何恩培（传神语联网网络科技股份有限公司）　贾巍巍（华语教学出版社）
姜　钰（北京第二外国语学院）　　　　梁茂成（北京航空航天大学）
刘和平（北京语言大学）　　　　　　　刘文飞（首都师范大学）
任　文（北京外国语大学）　　　　　　徐宝锋（北京语言大学）
杨　玲（北京第二外国语学院）　　　　张　颖（清华大学）

《北京翻译》编辑部

主　　任：姜　钰
副 主 任：刘贵珍　胡　钢　王勇斌

封面题字
陈秀元

目　录

专栏：AIGC 时代的翻译教育

主持人语
………………………………………………………………王华树 2

AIGC 时代翻译教育的机遇、挑战与应对
…………………………………………………………王华树　张汇艺 3

AIGC 时代翻译教学模式创新
……………………………………………………………崔启亮　孙　瑾 19

AIGC 时代的翻译教学资源建设：变革、挑战与对策
……………………………………………………………邓军涛　刘　婉 33

翻译研究

借镜西方，经世济民
——晚清西学翻译的术语儒学化现象探究
……………………………………………………………………张景华 50

怀特海"过程哲学"视域下《道德经》英译的变异与发展考察
……………………………………………………………蒋　童　刘源之 66

《木兰辞》在英语世界的译介研究回眸
——兼论"描述／系统"范式下的改编研究定位
……………………………………………………………………刘碧林 81

机器学习视域下政经语篇翻译风格对比研究
——以《国富论》中文三译本为例
.... 孔德璐 98

多语双向跨模态翻译语料库的研制与应用
.... 高　渝　张　威 117

藏族史诗《格萨尔》在日本的译介图景与超文本传播研究
.... 刘　岩　张星星 138

求真—务实："译·注·评"的译者行为特征探究
.... 雷　静　郭佳文 155

翻译实践

凡有所学，皆成性格
——蒙特雷国际研究院荣休教授叶子南先生访谈
.... 修文乔 174

中医名词术语英译格式探讨
.... 朱　珊　谢　洪 188

从口译能力到译员能力
——杭州亚运会民族志研究
.... 沈洲榕 201

翻译行业

AI驱动下的孪生译员研究与实践
.... 何征宇　毛红保 220

生成式人工智能给翻译实践带来的机遇与挑战
.... 钟厚涛 238

专栏：AIGC 时代的翻译教育

主持人语

王华树

（北京外国语大学）

生成式人工智能技术的快速发展，对全球教育产生了前所未有的影响。联合国教科文组织（UNESCO）发布了全球首个《生成式AI与教育未来》的应用指南，呼吁各国实施适当的政策，以确保在教育中应用以人为本的方法来使用生成式AI。生成式人工智能技术不仅给语言服务行业带来了巨大的挑战，也对翻译教育产生了深远的影响。在新技术驱动变革的大环境下，翻译教育的定位和人才培养的模式都在发生着深刻的变化。本专栏旨在探讨AIGC时代翻译教育的新挑战、新机遇、新发展、新问题以及新对策，为新时代的翻译教育发展提供思考和探索。

本专栏三篇文章密切关联。王华树、张汇艺对AIGC技术带来的机遇与挑战进行了深入剖析，提出推动技术与教育深度融合，培养综合性翻译人才，完善技术赋能的政策法规，构建智慧教育生态等应对措施；崔启亮、孙瑾探讨了如何在翻译教学模式上进行创新以适应AIGC时代的变革，提出加强实践、案例、技术教学和校企合作等创新建议；邓军涛、刘婉聚焦AIGC时代的翻译教学资源建设，针对资源快速生成与深度加工等矛盾，提出构建研审结合的资源遴选机制，以需求为导向建立资源细分体系，以人机交互为重点推进资源内容创新等对策。三篇文章从不同视角对AIGC时代的翻译教育进行了较为全面的分析和探讨，期望本专栏能够深化人们对AIGC技术变革时代翻译教育的理解，引发更多深入的思考和讨论，为翻译教育的创新发展提供新的视角和方向。

AIGC 时代翻译教育的机遇、挑战与应对

王华树[①] 张汇艺[②]

(北京外国语大学)

【摘　要】随着生成式人工智能(AIGC)技术的发展,翻译教育迎来了巨大的机遇,也面临重大的挑战。本文详细分析了 AIGC 给翻译教育带来的机遇,如提高效率和质量、拓展内容和形式、改善资源和环境、促进其与其他领域的融合;同时指出了可能出现的挑战,如教学理念和模式的转变、资源和质量的不均衡、职业发展与就业市场的落差、教育准则和技术应用的不均衡。为了应对这些挑战,本文提出了推动技术与教育深度融合、培养综合性翻译人才、完善技术赋能的政策与法规、构建智慧化教育生态的应对措施,旨在为翻译教育的发展提供新视角和方向。

【关键词】AIGC;ChatGPT;翻译教育

[①] 王华树,博士,北京外国语大学教授,博士研究生导师,研究方向为翻译技术、外语教育技术、语言服务管理。
[②] 张汇艺,北京外国语大学硕士生,研究方向为翻译技术、口译实践。

引言

随着人工智能技术的迅速演进，我们正逐步跨入一个全新的时代，即 AIGC 时代。在这个时代，人工智能技术在自然语言处理领域取得了引人注目的突破。在这股技术浪潮的带动下，翻译教育领域也面临着前所未有的机遇和挑战。

毫无疑问，AIGC 技术为翻译教育开辟了新的道路，提升了翻译的精准度，大量缩短了翻译任务所需的时间，并且为翻译专业的教学模式提供了新的可能性。翻译一直以来被视为人类智力活动的鲜明代表，因为它需要深厚的文化背景知识、独到的情感理解和准确的语境分析能力。但现在 AIGC 技术却能在某种意义上完成翻译任务，它的出现可谓是对人类特权提出了挑战。

AIGC 技术的兴起改变了传统翻译教育的格局，促使我们对传统的教育内容、方法和目标进行全新的反思和检视。在这个变革的时期，我们要把握住 AIGC 技术带来的机遇，同时也必须做好应对方案，迎接可能出现的挑战。

1 发展机遇

近年来，AIGC 技术在语言理解、分析和生成等方面取得了重要突破，它能够不断适应、满足各个领域的需求，已然成为许多领域的热点技术，吸引了大量的投资和研究。这样的技术浪潮也为翻译教育带来了诸多机遇，成为翻译教育发展和前进的助力。

1.1 提高翻译教育的效率和质量

美国高等教育信息化协会《2022 地平线报告（教与学版）》总结了

人工智能在高等教育领域的多种新应用形态（王萍 等，2022：16–23），翻译教育自然也从中受益，其质量和效率可在AIGC技术的帮助下飞速上升。下面将从翻译教学的课前、课中、课后三方面展开陈述。

（1）课前协助教师备课、学生预习。教师可以通过和AIGC问答式搜索获得课程设计、教学大纲的思路，也可通过和AIGC的模拟对话了解学生可能的困惑，为课堂讲授做好相应准备（周洪宇，李宇阳，2023：105）；对学生来说，AIGC技术还可以帮助学生更好地进行预学习，学生可以寻找预学习资源，做足译前准备，也可利用AIGC技术协助创建在线协作平台，课前能在此平台上分享资源、互相学习。

（2）课中配合教师授课、学生学习。AIGC技术可以在课堂练习中实时统计学生常见错误，帮助教师按需调整课堂内容和进度，并且AIGC文本生成的功能极为强大，可以为教师提供大量符合当下教学情况的翻译练习材料。就学生而言，AIGC技术可以快速为他们提供源语材料的来源和背景知识，也可以即时在大规模平行语料中检索，帮助学生处理疑难词汇，提升学习效率。

（3）课后辅助教师反馈、学生自学。在课后的考试评分、作业批改等教学反馈上，AIGC技术能够提供辅助，从而节省教师的时间和精力，教师也可根据评估反馈结果调整教学方案。从学生的角度来说，AIGC技术可以用于创建各类教育资源，帮助师生不受时间和空间的限制，更便捷地开展课后教学活动（钟秉林 等，2023：4），还可以用于模拟真实翻译场景、创建自动化学习评估系统，激励学生进行自主学习。

1.2 拓展翻译教育的内容与形式

AIGC技术给翻译教育带来了更多的可能性，这些多样的可能性可以充实翻译教育的内容，丰富翻译教育的形式。

首先，AIGC技术可充实教学材料、拓宽教学范畴，进而让翻译教育的内容更多样。（1）就教学材料而言，AIGC技术的发展使得获取翻译资源和语料变得便捷快速，学生可以使用这些资源进行翻译练习，了解各种语言和领域的专业术语和表达方式，丰富他们的知识和背景。（2）从教学范畴来讲，AIGC 能够提供许多关于专业教学设计的建议。学校除了教授以往的语言能力和翻译技巧外，还能开设诸如译后编辑、计算机辅助翻译、CAT 工具与应用类的课程。同时，也可以通过有效利用技术，加大力度培养学生翻译项目计划制定、资源协调、质量控制等方面的综合技能。

其次，AIGC 技术让师生之间、生生之间的互动形式更加多样，进而拓展了翻译教育的形式。（1）关于师生互动，课上，教师可以用基于 AI 的游戏化教学、基于项目的教学等，通过不同方式赋能智慧化教学的趣味性，提高学习的投入度和体验感，让学生获益（王佑镁 等，2023：51）；课下，师生之间可以通过基于 AIGC 的翻译平台进行交流讨论，教师还可以通过技术收集学生翻译的痛点，根据这些信息适度调整教学计划。（2）就生生互动来说，课上，AIGC 技术允许不同学校、地域的学生共同参与翻译任务，他们可以参与虚拟会议、角色扮演和多语言环境中的互动，从而能获得更真切的翻译体验；课下，AIGC 技术的发展使得在大范围内建立互联互通的翻译社区成为可能，学生可以在这些社区中分享、学习和交流实践成果。

1.3　改善翻译教育的资源与环境

AIGC 技术的应用为翻译教育带来了前所未有的机会。之前的研究指出，智能技术与翻译教育在诸多方面的融合具有前景，其中便包括翻译教育的资源与环境（王华树，刘世界，2023：48），AIGC 技术的加入，使得翻译教育的资源和环境都能得到进一步的优化。

首先，教学资源方面，AIGC 技术可促进翻译教育资源的个性化、多模态化发展。（1）智能教材个性化定制：AIGC 技术可以根据学生的学习经历、学习兴趣、学习水平、学习目标等定制个性化的教材，以确保内容和进程是符合学生自身情况的。（2）教学语料库多模态化：AIGC 技术支持创建多模态学习资源，这些资源不仅包含文字，还包括图像、音频和视频。且 AIGC 技术的语音合成与识别功能有助于学生进行口译练习，学生课后可以与虚拟的口译对象进行互动，提高自己的口译技能。

其次，教学环境方面，AIGC 技术能够让翻译教育的环境更为智能高效。（1）从教学设备来看，AIGC 技术可以实现课堂上的虚拟实践和协作，学生可以在模拟的环境中进行实际的翻译任务，共同协作，再辅以虚拟现实（VR）、视频识别等技术便可以更大强度地智能化现有的课堂环境。（2）就教学管理平台而言，AIGC 可打造智慧教学管理平台，实现智能管理，如选课、考试管理、学习记录等，减轻教师负担，促进教学优化。且 AIGC 技术可与学习效果评价进行融合，创新评价方式，强调综合素质和发展评价（王华树，刘世界，2023：49）。

1.4 促进翻译教育与其他领域的交叉融合

AIGC 技术的出现为翻译教育的学科交叉融合提供了两方面的促进作用。一方面，它可以推动翻译专业与其他学科开设跨学科课程，培养学生多学科的知识技能；另一方面，它也可以促成翻译教育与相关学科的跨学科研究，产生新的研究成果。

首先，AIGC 技术可以加强翻译专业与其他学科一起开设跨学科课程。（1）寻找跨学科教学材料。AIGC 技术可以通过数据挖掘和机器学习算法，识别出最合适的跨学科教学材料，并且 AIGC 技术可以进行多语翻译，便可从多种语言的教学资源里进行筛选，最终将其翻译为教师和学生需要的语言。（2）搭建跨学科教学平台。教师可以利用 AIGC 技术搭建跨学科学习平台，与其他学科的老师保持沟通交流，寻找辅助学生跨学科学习的教学方法。学生可以利用 AIGC 技术加强学习交流和团队合作，与不同学科的同学分享资源和知识，协作解决跨学科问题，共同创造跨学科的成果。

其次，跨学科研究也会在 AIGC 技术的助力下得到进一步发展。（1）人文学科新方向。AIGC 的认知模型可以部分模拟人类翻译思维，尽管与人脑仍有差距，但仍可为相关研究提供辅助。此外，AIGC 的多语言知识图谱可以快速实现跨语言词汇的对照，这可以协助研究者对不同语言的文化词汇进行对比研究。（2）数据驱动新视角。以往翻译研究主要依赖语言学、文学等人文学科的理论框架，而 AIGC 通过应用深度学习对大规模语料进行分析，可以发现语言之间的转换规律，并在研究特定翻译问题上展现优势。这既能拓宽研究的视野，也可推动翻译学与计算机科学和人工智能的深度融合。

2　主要挑战

近年来，随着计算机处理能力的不断提升和机器学习算法的进步，AIGC 技术取得了长足的发展，为翻译教育提供了更多高效、准确的办法和途径。但是 AIGC 技术的崛起需要教师从新的视角思考教育，需要学生从新的视角思考翻译。它的出现也给翻译教育提出了新的要求，带来了巨大挑战。

2.1　翻译教学理念与模式的转变

AIGC 会推动教育走向人机协同、知识突破、向下兼容、向"智"迭代的模式（杨欣，2023：2）。如果教育领域没有及时地做好迎接人机协同的思想准备，那么其损失将远不止那些基于 AIGC 的技术、方法或应用。翻译教育中的具体表现如下：

AIGC 技术凭借其快速和高效的特性，无疑可以成为教学的得力助手，但新技术的加入革新了教学理念，新的教育理念却也提出了新要求，构成了新挑战。（1）教学层面，AIGC 时代下新的教学理念要求教师学习使用新技术来设计、实施教学计划，也要求学校为教师提供高质量的继续教育培训课程，这对教师本身和学校来讲都不是能一蹴而就的易事。（2）学习层面，新教学理念下学生可以拥有更多选择空间，但这也要求他们有较强的时间管理和自学的能力。学生需要明确自己的学习目标，合理安排时间，主动学习而不是被动等待，这对于许多习惯于依赖教师步调的学生来说，无疑是一次考验。

AIGC 技术可以融合进教学的方方面面，会改变传统的教育方式，方式转变也势必会带来新问题，出现新挑战。（1）人机冲突：AIGC 既不是"人",也可能得出人类理解不了的教育结论,更可能在某些教育问题形成与人不同的意见(杨欣,2023:4)。AIGC 技术广泛应用于教育中,当人机出现冲突时,对与错如何分辨,出现失误和事故时,责任又由谁承担,都是我们需要思考和解决的问题。(2)数据安全:师生在使用 AIGC 技术时,它会收集和分析上传的数据,这些数据里可能包含个人信息,若没有合理保护,这些信息可能被非授权的第三方访问或使用。且如果网络安全措施不完善,数据在传输或存储过程中可能遭到黑客攻击或病毒侵害,导致数据丢失、泄露或被篡改,这也是急需解决的问题。

2.2 翻译教育资源与质量的不均

AIGC 技术的发展虽为翻译教育提供了新的支持,但同时也无意中加剧了翻译教育资源分配的不均,势必也会加深教育质量上的差距,这主要体现在硬性资源和软性资源这两方面上。

(1)学校间硬性资源差距扩大。AIGC 时代,翻译技术知识的更新迭代速度非常快,对研究硬件设备有较高的要求,但这类设备往往价格不菲,如国际知名的翻译辅助软件 SDL 的单机版需要数万元人民币,而联机版甚至需要数十万元人民币,加上每年的软件更新维护费用则成本更高,这对于许多国内高校来说是不可承受的负担。各地各校的经济差异就决定了硬件资源的有无、优劣,而硬件资源又会进一步影响教师培训、学生学习。所谓工欲善其事,必先利其器,工具上的良莠之差就可能会造成教学质量的高低之分。

(2)语种间软性资源差距加剧。AIGC 技术对不同语言的处理能力不尽相同,比如,目前 ChatGPT 的英语处理能力就比中文强出不少(耿芳,胡健,2023:45)。这是因为 AIGC 高度依赖于高质量语料积累,但许多小语种和欠发达地区的语料资源获取困难,AIGC 系统难以获得充足的语料进行训练,其相关语言的处理能力也会不足。如此一来,语料丰富的语种,AIGC 能提供的学习资源数量多、质量优;而语料本就有限的语种,其能提供的学习资源在数量和质量上都会大打折扣。

2.3 职业发展与就业市场的落差

随着数据规模不断增大、硬件性能不断提升、计算效率不断提高、移动网络的普及，语音识别、机器翻译等领域取得了重大突破，对各行各业产生了深远的影响（白玉，2023：72），就业市场已然发生巨变，而翻译职业发展尚未做出适应性改变，这也造就了二者间的落差。

（1）翻译专业入学生源与市场需求。近年来随着 AIGC 技术的普及，人们认为翻译行业发展空间相对有限，学生选择翻译专业的意愿受到了负面影响。即使已经进入翻译专业学习的学生，也可能会受到其他高薪行业的吸引而转行。翻译专业似乎开始变得较难留住大量人才。市场对高精尖翻译人才的需求却仍然存在，翻译专业入学生源与市场需求间就会出现较大落差。

（2）翻译专业毕业生与市场需求。AIGC 时代，技术工具提高了翻译效率和准确性，改变了翻译人员的工作方式，但翻译教育课程在使用这些技术方面的培训相对不足，导致毕业生进入市场后没有相适应的技能。就业市场对翻译人员的专业化要求日益增强，翻译教育课程较少针对特定行业进行专项培训，这也会导致毕业生走出学校后难以适应市场需求。

2.4 教育准则与技术应用的失衡

AIGC 技术让人们感受到了便捷，带来了诸多机会，但是如果学生或老师过度依赖技术，可能会背离我们本应遵守的教学准则，导致二者失衡。

首先，过度依赖 AIGC 技术，可能会和教学准则背道而驰，影响教学质量。（1）教育资源可信度和公正性存疑。按照一般教学准则，教师应该传授正确公正的知识，但 AIGC 生成的内容却并非全然可信，OpenAI（2022）自己承认，ChatGPT 有时会回复看似合理但不正确或荒谬的答案，且 AIGC 生成内容也不完全公正，OpenAI 限制了四十多个国家的用户的使用，而 ChatGPT 的算法已经被证明容易带有潜在的歧视与偏见（刘培，池忠军，2019：1）。（2）学生自主思考和批判思维受到消极影响。过度依赖 AIGC 技术，学生可能较少自发地思考，更甚者可能失去批判性思考的能力。纽约市教育局就担心使用 ChatGPT 会导致年轻学生变得自满，致其缺乏评估信息的必备技能（Hsu，2023：14），这种依赖心理会削弱学生独立思考和解决问题的能力。

其次，AIGC 技术也会带来一系列与教育准则相悖的伦理问题。（1）学术的伦理问题：ChatGPT 能够生成极具说服力且复杂的文本，所以学生很可能会使用该模型生成的内容，但是 AIGC 技术等输出的回答是汇聚数据库中数据的成果，这些作品的所有权不明（Pavlik，2023：10），语言学家乔姆斯基甚至表明 ChatGPT 本身就是一个"高端的剽窃系统"（王雅静，2023），若学生大量使用其生成的内容，将会影响教育和学术生态。（2）评估的伦理问题：学生若使用 ChatGPT 生成的作品，教育者在进行评估时，其实不是评估学生的能力和知识，而是在评估语言模型的能力，这将影响平等竞争环境的构建，部分学生可能因为能使用 AIGC 技术就较其他学生拥有不公平性优势（令小雄 等，2023：133）。且如果被评估的不是学生自身的知识和能力，这对于教育者来说，其教学目标和评估目标也会发生偏离，甚至失去意义。

3 应对方案

AIGC 时代技术发展迅猛，为翻译教育带来了广泛的影响和变革，为翻译工作提供了强大的支持，也促成了翻译教学理念和模式的变革，同时也给翻译教育带来了一系列挑战。为了应对上述挑战，本文提出了以下解决方案。

3.1 推动技术与教育的深度融合

教育机构可以加强对技术的应用，充分利用技术的优势，以解决可能出现的问题，可以从以下三个方面实现教育和技术的深度融合。

（1）课程设计。为弥合职业发展和就业市场的落差，教育机构可以开设涵盖 AIGC 技术应用的新课程，比如"机器翻译与自然语言处理"或"译后编辑"等，将技术学习内化进翻译教育。为解决教育准则和技术应用的失衡问题，学校还应该在课程设计时，增设对学生进行伦理教育的板块，引导他们正确使用 AIGC 技术。

（2）教师培训。为应对教学理念和模式的转变，教师应接受系统的 AIGC 技术知识培训，并且可以在各地各校开设专门的翻译技术讲座和研讨会，让教师学习和分享最新的技术和经验。同时可以建立专业的培训机构或团队，为教师提供长期的培训和指导，并提供及时的技术支持和更新。

（3）教育合作。为解决教育资源和质量的不均衡问题，我们需要将更多的技术应用到教育合作中，深化各学校和教育机构间的合作关系，实现资源共享、联合采购。例如，可以利用技术共享课程教材、教学视频、翻译案例等，学校间可以联合采购昂贵的硬件设备和软件工具，通过规模效应来降低购买成本。

3.2 培养综合性的翻译专业人才

随着 AIGC 技术的应用，高校需要培养精通一门外语、会用多门外语沟通交流、掌握一种专业、具有多种外语能力的复合型翻译人才（吴岩，2019：6）。因而我们需要培养有多重综合技能的翻译人才，以下一些路径可供参考：

（1）提升数字素养。翻译专业学生需要掌握信息技术应用能力，包括翻译工具的使用、外语词库和知识图谱的查询运用、机器翻译系统的质量评估等，还需要数据科学和编程知识，这样才能对 AIGC 提供的海量语料数据进行适当的整理和深度分析。这种数字素养能力不仅关系到他们是否能适应 AIGC 技术的应用，也关系到他们能否在这个时代中更好地完成翻译工作，实现更好的专业发展。

（2）强化自主能力。翻译专业人才培养要强调学生的自主学习能力，使其养成终身学习的习惯。学生需要学会如何使用好 AIGC 这个工具帮助自己规划学习进度、制订学习计划、监管学习过程。同时，也应该学习掌握自我管理方法，养成主动获取新知并进行知识内化的学习方式。翻译行业的需求和技术都在不断变化，翻译专业人才需要具备持续学习和自我提升的能力，以适应行业的发展。

（3）增强批判思维。翻译专业人才需要发展独立的思考判断能力，在利用好 AIGC 技术的同时能够保持批判性思维。翻译专业的学生不仅要在使用 AIGC 等技术的翻译结果时，能进行批判性审视、发现其中的误译，也要能对自己的翻译进行审视，发现不足。王佑镁等（2023：54）就提出：要将批判性思维和伦理要素纳入课程，帮助学生养成负责任地使用 ChatGPT 的技能和习惯。可见，批判性思维是今后译员的必备素质之一。

3.3　完善技术赋能的政策与法规

政府的支持和引导对于翻译教育的发展至关重要。政府部门可以制定相关规定，为 AIGC 技术在翻译教育中的应用和发展提供制度保障，具体需要完善的政策和法规如下：

（1）教育公平与公正。为弥合各地各校的翻译资源、设备差异，我们需要发展公共教育平台的政策，提供免费或低成本的翻译教育资源，确保广大翻译专业学生能够享受到相对平等的教育机会。并且为教师提供适量技术培训，使他们能够充分利用 AIGC 及其他技术工具，提供高质量、均衡的翻译教育。此外，我们还需要建立健全的监管机制和评估体系，对翻译教育资源和教学质量进行全面评估和监督，确保公平性和可持续发展。

（2）学术规范与诚信。教育工作者和机构必须确保对 AIGC 语言模型的使用进行监管和监督，以防止抄袭剽窃事件，并确保评估公平且能代表学生的知识与能力。通过平衡技术的益处与学术道德的重要性，才能确保 ChatGPT 对教育的影响是正向的、积极的（令小雄 等，2023：133）。故而必须加强学术审核和学术不端行为问责机制，促进规章的进一步完善（Cotton D, et al., 2023：3-6）。

（3）数据隐私与安全。诸如 ChatGPT 的 AIGC 语言模型中的数据泄露可能导致模型暴露，攻击者通常试图从模型中提取敏感信息，进而危及个人隐私和组织安全（Carlini N, et al., 2021：6）。故而，应该大力推动数据保护、隐私保密等相关法律法规的不断完善，确保处理相关问题时能够遵循政策与法律程序。

3.4 构建智慧化的翻译教育生态

智慧翻译教育是一种有机融合翻译教育与智能技术、科学教育理念所形成的新型翻译教育范式（王华树，刘世界，2023：48）。具体来说，智慧教育的系统框架包括智慧环境、智慧教学法、智慧评价三个主要方面（祝智庭，胡姣，2023：31）。

（1）创设智慧翻译教育环境。我们需要利用 AIGC 等数字技术打造一个校内、校间、校企协同的智慧教育环境。首先，构建智慧翻译课堂环境，拓宽课堂的边界，例如，北京语言大学高级翻译学院（2021）表明其与 VR 专业化制作公司合作开发了"模拟联合国会议口译虚拟仿真实验教学系统"。其次，构建智慧翻译课下环境，教师便可通过在线平台，对学生的学习过程进行监测和评估；学生之间通过在线平台和技术设备，相互交流、分工合作；企业合作伙伴可为学生提供实践机会、职业培训等。

（2）完善智慧翻译教学方法。首先，发展个性化智慧翻译教学方法，教师可借助 AI 和大数据的技术，制定针对每个学生的个性化教学计划；学生自己也可以利用 AIGC 技术制定自学计划，辅以教师所制订的教学计划，可进一步保证学习的效率和质量。其次，发展互动化智慧翻译教学方法，促进人与人、机器与机器、人与机器之间的互动交流。学生之间、师生之间应常互动交流，发现问题、探讨问题、解决问题；不同的技术、机器，也可共同使用，协同工作，创造更大价值；师生也应合理利用机器技术，学习新技能，掌握新知识。

（3）构建智慧翻译教育评价系统。首先，打造智慧翻译教育专业评价。AIGC技术能自动跟踪和分析学生的翻译学习行为和学习成果，大大提高了评价的效率。教师可以利用这些数据有针对性地指导学生的学习，提供更个性化的反馈和指导，不仅评价更加公正和准确，教师也能节省时间和精力。其次，打造智慧翻译教育综合评价系统。前文提到，因AIGC技术出现了评估伦理问题，其可能的解决办法就是：建立一个综合评价系统，可以将学生的课堂参与度、团队合作、实践运用、自我评价、同学评价等多方面纳入评估的范畴，以全面准确地反映学生的学习情况。

4 结语

AIGC能够让我们的翻译教育的效率和质量得到提升、内容形式更加丰富、资源和环境得到优化，还能促进翻译教育和其他领域深度融合。但同时一系列的挑战也可能会接踵而至，可能出现翻译教育理念和模式的转变、资源与质量的不平衡、职业发展和市场需求的落差，以及教育准则和技术应用失衡等问题。为充分应对这些挑战，我们需要不断推动技术与翻译教育的深度融合，培养综合性的翻译人才，完善技术赋能的政策和法规，构建智慧化的翻译教育生态。学界需要持续关注AIGC技术与翻译教育融合的深入研究、AIGC技术所带来的长远影响，以及如何更好地管理和规范新技术的发展。希望本文能为AIGC技术和翻译教育的融合发展提供新的启示，期待未来的研究能够进一步开辟新的路径。

参考文献

白玉. 人工智能时代翻译教育发展新趋势［J］. 兰州文理学院学报（社会科学版），2023，39（4）：72-76.

北京语言大学高级翻译学院. VR+外语口译|北京语言大学高级翻译学院"模拟联合国会议口译"虚拟仿真实验课程共享［EB/OL］.［2021-01-15］.

https://www.casrz.com/h-nd-385.html#_np=124_911.

耿芳, 胡健. 人工智能辅助译后编辑新方向——基于ChatGPT的翻译实例研究[J]. 中国外语, 2023, 20 (3): 41-47.

焦建利. ChatGPT助推学校教育数字化转型——人工智能时代学什么与怎么教[J]. 中国远程教育, 2023, 43 (4): 16-23.

令小雄, 王鼎民, 袁健. ChatGPT爆火后关于科技伦理及学术伦理的冷思考[J]. 新疆师范大学学报 (哲学社会科学版), 2023, 44 (4): 123-136.

刘培, 池忠军. 算法歧视的伦理反思[J]. 自然辩证法通讯, 2019 (10).

王华树, 刘世界. 智慧翻译教育研究: 理念、路径与趋势[J]. 上海翻译, 2023 (3): 47-51, 95.

王萍, 王陈欣, 赵衢, 等. 数智时代高等教育发展的新趋势与新思考:《2022地平线报告(教与学版)》之解读[J]. 远程教育杂志, 2022, 40 (3): 16-23.

王雅静. 乔姆斯基: ChatGPT于教育无益?[EB/OL]. [2023-03-08]. https://www.sohu.com/a/651148238_100189681.

王佑镁, 王旦, 梁炜怡, 等. "阿拉丁神灯" 还是 "潘多拉魔盒": ChatGPT教育应用的潜能与风险[J]. 现代远程教育研究, 2023, 35 (2): 48-56.

吴岩. 新使命大格局新文科大外语[J]. 外语教育研究前沿, 2019 (2): 3-7+90.

杨欣. 基于生成式人工智能的教育转型图景——ChatGPT究竟对教育意味着什么[J]. 中国电化教育, 2023 (5): 1-8, 14.

钟秉林, 尚俊杰, 王建华, 等. ChatGPT对教育的挑战(笔谈)[J]. 重庆高教研究, 2023, 11 (3): 3-25.

周洪宇, 李宇阳. ChatGPT对教育生态的冲击及应对策略[J]. 新疆师范大学学报 (哲学社会科学版), 2023, 44 (4): 102-112.

祝智庭, 胡姣. 智慧教育引领教育数字化转型的实践路径[J]. 中国基础教育, 2023 (1): 29-32.

Carlini N, Tramer F, Wallace E, et al. Extracting Training Data from Large Language Models[A]. In: USENIX Security Symposium[C]. Berkeley: USENIX Association, 2021. 2633–2650

Cotton D R, Cotton P A, Shipway J R. Chatting and cheating: Ensuring academic integrity in the era of ChatGPT[J]. Innovations in Education and Teaching International, 2023, 61: 228–239[J/OL]. [2023-01-10]. https://doi.org/10.1080/14703297.2023.2190148.

Hsu J. Should schools ban AI chatbots[J]? New Scientist, 2023, 257(3422): 15.

Introducing ChatGPT. OpenAI[EB/OL]. (2022-11-30)[2023-08-29]. https://openai.com/index/chatgpt/

Pavlik J V. Collaborating with ChatGPT: Considering the Implications of Generative Artificial Intelligence for Journalism and Media Education[J]. Journalism & Mass Communication Educator, 2023, 78: 84–93.

Opportunities, Challenges, and Responses in Translation Education in the AIGC Era

Wang Huashu   Zhang Huiyi
(Beijing Foreign Studies University)

Abstract: The advent of Artificial Intelligence Generated Content (AIGC) has ushered in a transformative era for translation education, offering unprecedented opportunities while simultaneously posing substantial challenges. This paper explores the potential benefits that AIGC brings to translation education: enhancing efficiency and quality of translations, diversifying educational content and methodologies, improving the scope and quality of educational resources, and fostering interdisciplinary integration. Conversely, it also addresses the challenges that need to be overcome, including the need for a paradigm shift in teaching theories and models, the uneven distribution of resources and quality, a disconnect between professional development and job market requirements, and the discord between conventional educational standards and emerging technology applications. To navigate these challenges, this paper suggests strategies such as fostering stronger synergy between technology and education, nurturing well-rounded translation professionals, refining policies and regulations with the support of technology, and building a sophisticated, intelligent educational ecosystem. The aim is to offer fresh insights and directions to further the progression of translation education.

Keywords: AIGC; ChatGPT; Translation Education

AIGC时代翻译教学模式创新①

崔启亮② 孙 瑾③
(1. 对外经济贸易大学;2. 南开大学)

【摘 要】 ChatGPT的发布和应用,促进人类社会进入人工智能生成内容(AIGC)时代,培养适应AIGC的翻译专业人才,需要加强翻译教学模式创新。本文基于翻译硕士专业学位建设的调查和材料评审,总结了传统翻译教学模式存在的问题,提出了加强翻译实践教学、加强翻译案例教学、加强翻译技术教学、加强校企合作教学的具体建议。以对外经济贸易大学英语学院的MTI教学模式创新为案例,总结了培养满足市场需要的专业化、应用型、实践性人才的方法和措施。

【关键词】 翻译教学;教学模式;教学创新;AIGC

引言

2000年以来,互联网技术的发展和应用,促进了全球信息和文化交流,促进了翻译产业化和全球化,市场对翻译专业人才的需求不断增长。

---

① 本文系教育部2018年度人文社会科学研究规划基金一般项目"京津冀协同发展的语言服务基础设施需求与设计研究"(18YJA740009)和天津市研究生科研创新项目"中国'走出去'时代背景下智慧型语言服务企业发展模式研究"(2022BKY024)的阶段性成果。
② 崔启亮,对外经济贸易大学英语学院教授,研究方向:**本地化翻译**,翻译技术,语言服务。
③ 孙瑾,南开大学外国语学院博士研究生。研究方向:应用翻译研究、翻译技术。

2022年底OpenAI公司发布ChatGPT产品，标志着人工智能技术进入生成内容的AIGC新时代。以ChatGPT为代表的自然语言处理技术，不仅促进翻译产业形态和服务模式的变革，而且对高校翻译专业人才的教学模式变革提出了新的要求。创新翻译教学模式是培养AIGC时代翻译人才的根本。翻译专业传统教学模式存在哪些问题？AIGC时代的翻译专业教学模式有哪些创新途径？这是我国高校翻译专业教学需要研究的问题。

1 传统翻译教学方式存在的问题

翻译是实践性、应用性、专业化和职业化相结合的工作。全球化、专业化和技术驱动的翻译行业对从业人员的要求已经超越传统意义上的口笔译，要求从业人员具备IT技能、项目经验、翻译技术、术语管理和翻译管理等多项技能（仲伟合，2014：44）。我国高校的翻译师资绝大多数是外国语学院的教师。这些教师大部分是外语专业，翻译专业的教师占比不高。根据刘熠（2020：65）对全国翻译硕士专业学位（MTI）教师的调查，只有35%的教师的专业背景是翻译研究，其他的专业背景，如文学、语言学等的教师缺乏口译、笔译的实际操作能力。尽管翻译技术和工具已经在翻译及语言服务企业广泛应用，很多MTI教师对语言智能技术及其应用了解不足（胡开宝，田绪军，2020：61）。在快速发展的AIGC时代，我国高校的翻译教学存在理论教学与实践应用脱节、翻译案例教学不充分、翻译技术课程孤立、校企合作不深入等问题。

1.1 理论多实践少，理论与实践脱节

根据作者对全国高校翻译专业学生的调查，学生们普遍反映，所在的MTI学位点的翻译教学存在的主要问题是翻译理论课程多，翻译实践课程不足（崔启亮，2017：57）。作者收集了全国62个MTI学位点的翻译专业培养方案，从课程设置来看，翻译理论课程普遍偏多。这个问题在学生毕业实习、求职阶段会集中爆发出来。用人单位在笔试和面试

中的问题绝大多数是翻译实践中的问题，由于学生在校学习的课程实践不足，经常无法通过面试，学生经常有职场"挫败感"，用人单位经常表示很难找到具有翻译实践经验的学生。

另外一个问题是理论与实践脱节。当前高校翻译专业教材中的翻译理论大部分来自国外翻译理论，这些理论绝大多数是上个世纪翻译学术界总结的理论，不少理论诞生于彼时个体译者从事宗教、文学人工翻译的总结，无法描述和指导当今翻译团队化、产业化、应用型翻译为主、人机结合翻译的现实需求。根植于中国文化的中国传统翻译理论在高校翻译教学中占比不足，无法满足我国翻译产业从"翻译世界"到"翻译中国"的现实要求（黄友义，2022：1）。

1.2 翻译教学案例不足，案例陈旧单一

案例教学是培养应用型、面向市场需求人才的重要途径，是课堂和社会之间的直通车（于连江，张作功，2001：28）。翻译专业培养应用型和专业化人才，非常适合案例教学。作者访问了"教育部学位与研究生教育发展中心"网站，这个网站列出了27个专业学位的教学案例，但是还没有翻译专业教学案例。翻译硕士专业学位是我国办学点最多（已经有371个MTI办学点）、在校生和毕业生最多的专业学位，MTI教学案例的缺失表明教学模式已经落在其他专业学位后面。另根据作者对当前全国MTI学位点的调查，以及对MTI学位点建设评估材料的评审，发现高校翻译专业的案例教学覆盖面不足。

在对已经采用案例教学方法的材料评审中，作者发现采用的教学案例存在内容陈旧、应用不足、案例非典型问题。一些教学案例来自十多年前甚至更早出版的翻译教材，与当前日新月异的翻译题材严重脱节。一些教学案例来自高校老师承接的出版社的图书翻译，这些图书翻译内容大部分属于人文社科领域，对于工程装备、知识产权、信息通信技术、航空航天等自然科学领域涉及不足。另外，不少教学案例聚焦字词句的翻译技巧，很少以实际翻译项目整体作为教学案例，很少从翻译技术和项目管理的视角编写教学案例。

1.3 课程之间衔接不畅，存在孤岛现象

AIGC 时代翻译技术和软件产品层出不穷，在翻译产业普遍应用。翻译产业技术驱动的特征特别明显，学习和应用翻译技术是翻译职业人士的基本能力。加强新文科建设需要加强信息技术教育能力，需要加强文理交叉学习。在这样的背景下，教育部将翻译技术课程纳入翻译专业的核心课程。高校翻译专业的开设翻译技术教学的比例不断提高，不断提高的翻译技术课程开设比例固然可喜，但是翻译技术课程与其他翻译课程没有做到良好衔接，相互促进，而是出现了课程孤立的普遍现象。王华树等（2018：79）对全国 MTI 学位点的翻译技术课程教学调查发现：绝大多数高校计算机辅助翻译（CAT）课程与其他翻译实践类课程基本上没有联系，其他翻译实践类课程教师并不关注 CAT 技术，更不会要求选课学生使用 CAT 工具，由此造成 CAT 课程的孤岛化现象，很难有效地帮助学生提升翻译技术能力。

根据本文第一作者 2021 年对京津冀地区 MTI 学位点的教学调查，京津冀地区翻译技术与其他翻译课程孤立的现象较为普遍。一个突出的表现是学生在翻译技术课程中学习的各种技术和软件工具，无法完全应用到其他翻译课程中，有的翻译课程教师禁止学生使用机器翻译或 ChatGPT 等技术工具完成教师布置的作业。不少翻译课程的教师对翻译技术和工具了解不足，无法体验翻译技术在翻译工作中的应用场景和应用效果，过分夸大翻译技术应用产生的问题。翻译技术课程孤立的另一个表现是课程开设时间不合理，例如，翻译技术课程在 MTI 研究生第二或者第三学期开设，使得学生未能及时正确地应用翻译技术到其他课程学习中。为了发挥翻译技术的基础性、通用性、先导性作用，理想的开设时间是 MTI 研究生第一学期开设翻译技术课程。

1.4 校企合作流于形式，小院高墙屏障显著

翻译企业直接面对市场上各种各样的翻译需求，在翻译实践中积累

了丰富的翻译、管理、运营实践经验，这些经验对于培养MTI专业学生的实践能力大有裨益，一定程度上可以解决当前学校MTI教育理论与实践脱节问题。根据MTI学位点申请和建设评估的要求，MTI学位点需要与各类语言服务企业和事业等单位合作，以培养符合市场需求的翻译专业人才。MTI学位经过17年的建设，全国越来越多的MTI学位点都加强了校企合作。

但是校企合作的效果如何呢？根据作者对全国MTI学位点的调查，校企合作还处于很初级的阶段。主要问题是一些MTI学位点在申请MTI学位办学点或对MTI学位点建设进行评估时搞突击，与一些企业或事业单位签署校企合作协议，举办校企合作签约仪式，学位点申办成功或学科评估完成后，没有与企业深入合作。另外存在的问题是MTI高校与企业由于运行机制和评估机制不同，MTI办学点高校对语言和翻译知识教学更加关注，对于翻译市场和客户管理、项目管理等应用关注不足，更加重视学术科研项目成果，大部分教师对校企合作的动力不足，无法从校企合作中快速获得学术科研成果，高校与企业之间隔着一座看不见的"高墙"。

2 翻译教学模式创新途径

随着翻译全球化、产业化、数字化的发展，传统翻译人才培养方式越来越无法适应翻译市场对专业人才的要求。解决传统翻译教学存在的问题，需要多管齐下地创新教学模式，加强翻译实践教学，加强翻译案例教学，加强翻译技术教学，加强校企合作教学。

2.1 加强翻译实践教学

实践出真知。培养适应翻译及语言服务行业的翻译人才，需要加强翻译实践教学。加强翻译实践教学需要在翻译专业培养方案中，以培养专业化和应用型翻译人才为目标，多开设翻译实践课程，少开设翻译理论课程。教师在翻译教学中,加强翻译实践内容教学,从教学案例,到课堂和课后作业,都加强翻译实践。

加强翻译实践教学,需要选择翻译实践较强的教材,特别提倡校企合作编写翻译教材,将企业的翻译案例编入教材。在学生期末课程考试中,增加翻译实践考核试题的比例,重点考察学生翻译实践能力。加强翻译实践还需要贯穿学生的翻译实习和实训之中,高校安排实习实训教师,与学生的实习、实训单位加强联系,跟踪和监督学生校外实习、实训中的翻译实践状况,与实习单位共同指导学生实习和实训。

2.2 加强翻译案例教学

提高学生的翻译实践能力,需要加强翻译案例教学。通过实施翻译案例教学,学生在学校里和课堂上就能体验和感受语言服务企业的翻译任务和翻译要求,缩小学校教学内容与企业翻译项目要求的差距。为了提高学生解决复杂翻译过程的问题,满足客户的质量期望,Kiraly(2015:11)提出通过模拟或实际翻译任务,构建"基于翻译项目的、以学习者为中心的协同翻译课堂",提高学生的翻译实践能力。加强翻译案例教学,需要加强翻译教学案例的计划、获取、筛选、设计、应用与维护,形成翻译案例教学的闭环。为了实现翻译案例教学提高学生翻译实践能力的目标,在计划和设计翻译教学案例时,应坚持案例驱动的目标性、重视案例的时效性、重视案例的真实性、兼顾案例的适用性(崔启亮,2021:24)。

由于不少讲授翻译课程的老师缺乏翻译与语言服务企业的工作经历,与企业交流不通畅,在翻译教学案例设计中遇到的最大问题是缺乏真实的翻译项目案例。这个问题可以通过多种途径解决。例如,教师参加翻译行业协会等机构举办的翻译师资培训班,这些培训班都会有企业专家讲课,这样可以获得企业翻译实践案例。另外,可以通过学校和学院,邀请企业人士进学校、进课堂,为学生开展讲座、教学和翻译工作坊,获得企业翻译实践案例。各个高校的翻译教师,可以加强联系,互换教学课件,获得其他教师的翻译教学案例。最后,翻译教师可以根据具体的教学目标,从以前的翻译实践中设计新的教学案例。

2.3 加强翻译技术教学

翻译技术课程已经纳入教育部外语和翻译专业的核心课程，翻译技术在翻译与语言服务企业已经深入和广泛应用，翻译技术应用能力已经成为翻译能力之一。近年来，大语言模型和神经网络技术快速发展，ChatGPT和各类机器翻译系统已经在提高翻译效率和翻译质量方面取得了显著进步。跨国公司的翻译部门和语言服务企业正在加强自然语言处理和自然语言理解等技术在翻译和语言服务业务中的应用（DePalma, et al., 2021：26），对语言数字化和语言智能化人才的需求不断增加，在此背景下，高校翻译专业教学需要加强翻译技术教学。

加强翻译技术教学需要多种因素共同努力，才能取得良好的教学效果。第一，加强翻译技术教师的选拔和培养，特别是培养懂翻译、精技术、爱教学的中青年教师。第二，加强翻译技术实验室的建设，配置适合的翻译技术教学软件，配置性能良好的计算机硬件和网络，做好维护和升级。第三，加强翻译技术教学内容设计，重视培养学生通用翻译技术能力，加强翻译新技术、新工具、新方法、新对象的学习。例如，研究AIGC技术和工具的技术特征以及在翻译中的应用，有效应用ChatGPT的交互能力，辅助学生在译前和译中阶段检索信息内容。利用ChatGPT辅助翻译的能力，在翻译过程中快速查找词汇、短语和句子的翻译。利用ChatGPT对译文的修订和润色能力，对翻译的译文进行语言质量校对。加强游戏、App、视频等新翻译对象的翻译技术教学。第四，采用有效的翻译技术教学方法，例如，加强问题驱动的教学方式，将翻译项目中的技术问题，通过翻译软件的操作解决。加强微课、慕课、翻转课堂等新教学方式，依托现代化综合性教学实施与管理配套平台，遵循多样性、灵活性、创造性和融合性等原则，重视学生自主学习为中心的建构主义教学理念（王华树，2023：150-151）。

2.4 加强校企合作教学

高校现有的翻译专业教师普遍缺乏在外交、外事、外贸、科技、出版等翻译工作岗位长期工作的经验，他们对于什么是职业翻译所需要的素养的理解往往也仅仅出自于书本，而不是实战。高素质、应用型的职业口笔译翻译人才仅依靠我国高校目前的这支专业外语师资队伍是无法培养出来的（何其莘，苑爱玲，2012：54）。加强校企合作，实现校企融合，才能培养专业化和实践型翻译人才。国外校企合作培养翻译人才的做法可以借鉴，美国的莱博智（Lionbridge）公司和英国的如文思（RWS）公司是全球语言服务领先的企业，都与多所大学的翻译专业合作，Lionbridge 赞助了加利福尼亚州立大学的 Chico 本地化项目，而 RWS 则在一些大学提供一些免费的在线培训，并举办信息研讨会。美国的语言公司（Teneo）推出了面向翻译人员的培训网站，旨在为内部翻译人员和公众提供培训（Angelone, et al.，2020：194）。

为了实现校企合作培养专业化翻译人才的目标，实施校企合作的关键是做好三项工作：第一，寻找"志同道合"的企业，也就是寻找对翻译校企合作有热情、有社会责任的企业，寻找具有良好的社会信誉、具有专业服务能力的企业。第二，明确学校和企业的责任、权利和义务，双方互相信任、互相合作、优势互补、互惠互利。第三，夯实校企合作的内容，包括但不限于邀请企业专家担任校外导师，共建校企实习基地，邀请企业专家为学生讲课和提供实习机会，邀请企业导师修改和评审培养方案。

3 翻译专业教学模式创新案例

翻译专业教学模式创新应该以培养市场应用型翻译人才为目标，根据各个学校办学现状和专业特色，并且结合具体课程培养目标，在课程设置、教学内容、教学形式、评价方式等方面体现专业特色和教学特色。对外经济贸易大学于 2009 年获批全国第二批翻译硕士专业学位点，在翻译硕士专业人才培养上遵循国际化、专业化、复合型、应用型的培养思路，通过富有特色的培养模式将课程资源、导师资源及校内外其他资源有机结合，尤为强调实践导向，十分注重学生实践能力的培养（张慧

玉 等，2022：66）。下面以作者在对外经济贸易大学英语学院讲授的翻译课程为例，论述应用导向、教研联动、与时俱进、真抓实干的翻译教学的创新模式。

3.1 应用导向，加强翻译课程实践教学

翻译职业能力的培养和提升，需要加强翻译课程的实践教学。以作者在贸大英语学院开设的四门翻译专业硕士研究生的课程为例，每门课程都体现了鲜明的实践特征。四门课程分别是"语言服务概论""计算机辅助翻译""翻译项目管理"和"本地化翻译"。"语言服务概论"在研究生第一学期开设，为其他专业实践课程的学习打下基础，这门课程让学生了解语言服务市场概况，理解语言服务的生态链，熟悉语言服务的内容，理解语言服务的标准和发展趋势。通过系统的知识讲解和丰富的案例分析，使学生理解语言服务的多元化特征，扩大知识视野，增强对翻译专业和职业发展的信心。"语言服务概论"采用理论为辅、重在实践的原则，通过教师课堂讲课、邀请企业专家专题讲座、师生到翻译企业交流、学生分组研讨的方式，实现课程实践教学的目标。

"计算机辅助翻译""翻译项目管理"和"本地化翻译"课程在研究生第二学期开设，其中，"计算机辅助翻译"培养学生的技术思维和翻译技术应用能力，以技术驱动的方式设计教学内容，学习不同类型的软件组合使用，解决翻译实践中的效率问题和质量问题。"翻译项目管理"以培养"懂语言、懂市场、善管理"的翻译项目管理人才为目标，采用翻译项目驱动的方式，以翻译与本地化项目管理实践为依托，学习翻译与本地化项目管理的阶段管理和要素管理。"本地化翻译"学习本地化翻译的文本特征、翻译规则、基本流程和质量保证技术，采用翻译对象驱动的形式，学习软件、网站、视频、游戏等不同本地化翻译题材的特点和翻译方法，并能应用于本地化翻译项目中，提高翻译实践能力。各门课程都采用案例式、互动式、实验式、分组式和线上线下混合式的"五式教学法"，给学生更多的翻译实践机会（崔启亮，2012：33-34）。

3.2 教研联动，加强翻译项目案例教学

对外经济贸易大学翻译专业课程教学积极应用项目案例教学，以提升学生翻译实践能力，克服理论与实践脱节、学校学习与企业实践脱节的问题。以作者开设的"翻译项目管理"课程为例，课程案例选用来自企业和教师翻译实践的实际案例，经过适当修改，作为学生分组完成的翻译项目案例，案例经过任务分解，贯穿课程的整个学习周期。

翻译项目管理教学案例按照翻译项目的实施阶段和项目管理要素，学生一个学期通过小组分工和合作，完成项目计划书的编写，完成项目的翻译、校对、排版、交付、总结等过程。为了动态评价学生的学习效果，要求学生在项目实施中期，进行中期项目汇报，在项目结束阶段，进行项目总结和报告。

经过多年的翻译项目管理案例教学实践，在案例教学方面积累了第一手翻译教学案例，积累了案例教学的经验，以此为基础，积极申报学校研究生教学改革科研项目，"翻译项目管理教学案例库设计"成功获批"中央高校教育教学改革专项"研究生教改项目，并且已经顺利结项。在此教学改革项目实施过程中，继续不断总结和完善翻译项目管理教学案例，总结案例教学方式和内容，促进了翻译教学效果，实现了教学和科研互相促进的效果。

3.3 与时俱进，创新翻译技术教学内容和形式

对外经济贸易大学将"熟练掌握翻译技能和技术"写入翻译专业硕士培养方案，通过加强计算机辅助翻译实验室建设，安排具有翻译技术实践经验的教师，开设计算机辅助翻译课程，不断更新教学内容，创新课程教学方法，探索教学效果的科学评估方法，取得了良好的效果。计算机辅助翻译课程成为校内最受学生欢迎的课程之一，学生选课和听课积极性高涨，多次在全国翻译技术比赛中获得了良好成绩，受到众多用人单位的积极称赞。

以对外经济贸易大学英语学院翻译专业硕士的计算机辅助翻译教学为例，设立了计算机辅助翻译教学实验室和计算机辅助翻译实践实验室，教学实验室供师生上课学习，实践实验室供学生课下练习。两个实验室都采购了多款市场应用最广泛的软件，包括 Trados GroupShare，Trados Studio，MultiTerm Desktop，Passolo，memoQ Project Manager，memoQ Translator Pro，Abbyy FineReader 等。

对外经济贸易大学计算机辅助翻译课程学习内容包括通用翻译技术、计算机辅助翻译技术、机器翻译与译后编辑技术，坚持打好翻译技术基础，熟悉计算机辅助翻译应用，掌握机器翻译和译后编辑原理和实践的教学思路。坚持与时俱进地更新教学内容，10 年前以学习计算机辅助翻译软件为主，现在随着机器翻译和人工智能技术的进步，学习重点转向机器翻译和译后编辑，加强了 ChatGPT 等大语言模型为代表的自然语言处理技术学习。课程期末考试采取平时成绩、小组成绩、期末成绩三结合的考核方式，期末考试试题由理论题和上机操作题两部分组成，较为全面和科学地评价学生的学习效果。

3.4 真抓实干，全方位校企合作教学

对外经济贸易大学始终坚持校企合作培养翻译应用人才，与多家翻译与语言服务机构签署校企合作协议，邀请来自 60 多家机构的 70 多位翻译实践专家担任翻译硕士研究生的校外导师，确保每位翻译专业硕士研究生都有一位校外导师。这些校外导师来自翻译公司、本地化公司、出版社、跨国公司、外事部门等单位。为了发挥校外导师的积极性，每年评选优秀校外导师，每年举行一次校外导师校企合作经验研讨会，由主管翻译教学的院领导颁发证书，请优秀校外导师在会上发言，分享指导学生的经验。

在翻译专业研究生入学后的两个月左右，通过双向选择方式，学生和校外导师建立师生关系。校外导师为学生提供全方位指导，确定导师关系后，校外导师邀请学生到企业参观和交流，或者校外导师到学校为学生举办讲座，或评审翻译专业的培养方案。学生在校期间，校外导师

为学生提供翻译实践机会。在毕业之前，校外导师与校内导师合作，指导学生论文选题和写作指导，提供就业实习和求职建议。

4　结语

人工智能技术的快速发展和广泛应用，正在重塑翻译和语言服务行业，对翻译工作者的专业知识和职业能力提出了新的要求，由此促进了传统翻译教学模式的创新，以培养满足市场需求的专业化、数字化、职业化的人才。翻译教学模式的创新可以从培养目标、课程设置、教学内容、教学方法、教学评价等方面进行探索，从重视翻译能力向提高语言服务能力的转变，从重视翻译理论的学习到提高翻译实践能力的转变，从培养口笔译人才向培养口笔译、翻译技术、项目管理等多元化人才转变。

参考文献

崔启亮. 翻译技术教学案例资源建设和应用研究［J］. 外语界，2021（3）：22-29.

崔启亮. 高校 MTI 翻译与本地化课程教学实践［J］. 中国翻译，2012（1）：29-34，122.

崔启亮. 全国翻译硕士专业学位研究生教育与就业调查报告［M］. 北京：对外经济贸易大学出版社，2017.

何其莘，苑爱玲. 做好 MTI 教育评估工作，促进 MTI 教育健康发展——何其莘教授访谈录［J］. 中国翻译，2012（6）：52-56.

胡开宝，田绪军. 语言智能背景下的 MTI 人才培养：挑战、对策与前景［J］. 外语界，2020（2）：59-64.

黄友义. 翻译要为国际传播与社会发展服务［J］. 上海翻译，2022（4）：1.

刘熠，张洁. MTI 教师的职业发展现状与需求探究［J］. 外语教育研究前沿，

2020（1）：62-67，89.

王华树. 翻译技术研究［M］. 北京：外语教学与研究出版社，2023.

王华树，李德凤，李丽青. 翻译专业硕士（MTI）翻译技术教学研究：问题与对策［J］. 外语电化教学，2018（3）：76-82，94.

于连江，张作功. 以案例教学模式培养实用型英语人才［J］. 外语界，2001（6）：26-30.

张慧玉，崔启亮，徐开. 实践导向的 MTI 人才培养模式——以对外经济贸易大学为例［J］. 天津外国语大学学报，2022（1）：64-72，112.

仲伟合. 我国翻译专业教育的问题与对策［J］. 中国翻译，2014（4）：40-44.

Angelone, E., Maureen, E. & Gary, M. *The Bloomsbury Companion to Language Industry Studies*[M]. London: Bloomsbury Publishing, 2020.

DePalma, D., Hélène, P. & Arle, L. *The Language Services Market (2021)*[R]. CSA Research, 2021.

Kiraly, D. Occasioning translator competence: Moving beyond social constructivism toward a postmodern alternative to instructionism [J]. *Translation and Interpreting Studies*, 2015 (1): 8-32.

Innovation of Translation Teaching Mode in the Era of AIGC

Cui Qiliang   Sun Jin

(1. University of International Business and Economics; 2. NanKai University)

Abstract: The release and application of ChatGPT have facilitated the transition of human society into the era of Artificial Intelligence Generated Content (AIGC). In order to cultivate translation professionals who are adaptable to AIGC, it is necessary to enhance the innovation of translation teaching methods. This paper is based on a survey and material review of the construction of the translation master's degree program. It identifies the problems associated with traditional translation teaching modes and proposes specific recommendations to strengthen the teaching of translation practice, translation cases, translation technology, and collaboration between academia and industry. The case study of the innovative MTI teaching mode at the School of International Studies of the University of International Business and Economics is presented to illustrate the methods and measures employed to nurture specialized, applied, and practical talents that meet market demands.

Keywords: Translation Teaching; Teaching Mode; Teaching Innovation; AIGC

AIGC时代的翻译教学资源建设：
变革、挑战与对策[①]

邓军涛[②] 刘 婉[③]

（武汉工程大学）

【摘 要】生成式人工智能技术的突破性进展引发翻译教育全方位深刻变革。本文聚焦AIGC时代的翻译教学资源建设，从生产主体、生产方式、生成内容和生成效率等方面阐述新技术带来的变革契机，并从技术的优势与局限性、翻译教学需求、资源开发机制等方面，探讨了资源建设过程中的快速生成与深度加工、资源富集与需求匹配、数据集成与内容创新、泛在应用与资源整合等矛盾挑战。针对上述挑战，本文提出四项对策：构建研审结合的资源遴选机制，以需求为导向建立资源的细分体系，以人机交互为重点推进资源内容创新，建立共建共享的统筹协调机制。

【关键词】生成式人工智能；翻译教学；资源建设；挑战与对策

---

① 本文系2024年度教育部人文社会科学研究一般项目"欧洲口译教育信息化发展进程与启示研究"（项目编号：24YJA740013）的相关成果。
② 邓军涛，博士，武汉工程大学外语学院教授，研究方向为翻译技术、口译教育信息化。
③ 刘婉，武汉工程大学外语学院硕士研究生，研究方向为翻译技术。

引言

近来，以 ChatGPT 为代表的生成式人工智能技术引发全球新一轮的技术浪潮，其影响波及教育、金融、医疗、媒体、法律、人力资源等多个领域。生成式人工智能技术融自动创作、机器翻译、辅助创意、图像处理、语音识别、知识提炼、数据分析、个性化推荐等多种功能于一体，在很大程度上颠覆了人们对人工智能技术的固有认知，其未来发展前景及其对各行业领域带来的深远影响也引发广泛关注。人工智能生成内容（Artificial Intelligence Generated Content，简称"AIGC"）在翻译教育领域的影响尤为广泛且深刻，翻译教学环境、教学内容、教学方法、教学管理、教学流程、教学模式、教学资源、教学评价等都面临着诸多变革机遇和挑战。在近期举办的翻译类研讨会、学术期刊专栏和师资培训中，AIGC 都成为其中备受关注的议题。从 AIGC 的技术特征看，人工智能凭借其大算力、高互联、强交互等特性，在资源信息检索、生成与加工等方面具有诸多优势，故对翻译教学资源的规模化、高效化、多元化建设带来有利契机。与此同时，人工智能由于技术自身的复杂性、扩展性、不可控性和不可预知性（祝智庭 等，2023：18），其在资源生成过程中引发的真伪性、偏见性、滞后性等问题亦引发关注（莫祖英 等，2023：32；冯志伟 等，2023：23）。鉴于此，本文聚焦 AIGC 时代的翻译教学资源建设，尝试从翻译教学资源建设的变革、挑战和对策三方面进行探讨，旨在为丰富翻译教学内容、优化翻译教学实施路径、提升翻译教学效能与质量提供参考。

1 AIGC 时代翻译教学资源建设的变革

翻译教学资源指以服务翻译教学为目的，以翻译教学师生为设计与开发主体，覆盖翻译教学各环节与要素，具有多种表现形式的翻译教学内容与素材。翻译教学资源是整个翻译教学体系中的关键要素，从课程内容的组织到教学案例的设计，从练习素材的编制到自主训练的开展，从测试题库的创建到模拟项目的实施，翻译教学资源都发挥着不可替代的作用。从实践层面看，我国的翻译教学资源建设先后经历了纸质教材主导期、纸媒资源与多媒体资源共存期、网络资源盛行期、数字资源多元发展期等发展阶段。如今，我国已基本形成课堂与课外衔接、线上与线下联通、实体与虚拟交织的多场域、多模态、立体式翻译教学资源发展格局。

当前，生成式人工智能技术引发了翻译教学资源建设的空前变革。就生产主体而言，相较于专业生成内容（PGC）和用户生成内容（UGC），AIGC最大的不同就是利用人工智能技术驱动机器创作内容，具有大模型、多模态和虚实共生等特征，强调内容生产方式的多元化与内容生产体系的健全化。在AIGC时代，人工智能技术在翻译教学资源建设中将发挥更为多元的功能，以往纯人工或以人工为主的资源生产主体格局将在很大程度上得到改变，翻译教学主体将参与到更多创造性和复杂性的资源建设之中。就生产方式而言，基于人机对话的问答式、指令式人机交互方式成为催生教学资源的重要途径，教学主体通过输入、调整和变换提示词，AIGC基于大语言模型和算法，加上第三方插件的混合式应用，极大提升内容生产力，形成"大语言模型＋场景"的数字化内容生产方式，生成用户所需的个性化资源，产生较高的学习收益。就生成内容而言，背景信息资源、跨学科行业知识资源、机器翻译译文资源、多语种平行语料资源、文本摘要资源、评价性资源等不一而足，师生可以根据具体教学要求和需求进行提取和加工。就生成效率而言，数智融合环境赋予了AIGC更强大的智能计算能力、更广泛的数据语料资源、更通用的任务训练模型以及更灵活的信息参与模式等优势，可实时生成电子文本、图片、音频、视频、动画等多种形态的资源，极大拓宽了翻译教学素材选择空间。

上述变革为新技术时代翻译教学资源在多样化（秦颖，2023：28）、规模化（杨宗凯，2023：2）、科学化、高效化（周洪宇，李宇阳，2023：36）、数字化、智能化（沈超，2023：13）、个性化（Pataranutaporn et al.，2021：1013)、虚拟化、联通化、交互化、生态化（王华树，刘世界，2023a：47）等方面的建设带来了契机。而同时，AIGC 在资源生成过程中也存在庞杂化、混乱化（汤贝贝，薛彦华，2019：77）、虚假性、偏见性、程序化（莫祖英 等，2023：39）、数据稀疏性（彭敏 等，2017：194）和不可解释性、不透明性（冯雨奂，2023：29）等潜在风险和不利影响，这决定了其所生成的资源不能在毫无甄别的情况下直接移植到翻译教学之中。下面从挑战与对策两方面对 AIGC 时代的翻译教学资源建设进行深入探讨。

2 AIGC 时代翻译教学资源建设的挑战

2.1 快速生成与深度加工的矛盾

在 AIGC 时代来临之前，网络搜索引擎是主要的资源检索方式。该方式依靠"蜘蛛程序算法"（Spider Program Algorithm)、"索引排序算法"（Index Sorting Algorithm）等进行关键词索引、内容排序和信息呈现，其缺陷在于对信息的筛选排序过于机械死板，只能识别关键词，而无法获取个性化、多样化、系统性的搜索结果与学习资源。在如今的 AIGC 时代，随着 Transformer、Diffusion 等基于深度学习算法模型的不断涌现，以及数据（data）和算力（computing power）的综合提升，基于人工智能的内容生成呈现自动化、大规模、智慧化等特征，这亦为数智环境下翻译教学资源的多元快速生成提供了强有力的技术支撑。

而与此同时，AIGC 时代内容生成过程中存在的碎片化、虚假性和偏见性等问题则给翻译教学资源建设的系统性、真实性和客观性等深度加工要求带来诸多挑战。首先，人工智能对资源的碎片化、零散化生成方式与翻译教学的系统性和整体性知识建构要求形成矛盾，AIGC 数据信息存在对"非线性、反身性、动态性、互联性的'无序'偏好"，这对翻译教学秩序中的"标准、排序、分级、分类"（杨欣，2023：6）等体系化要求形成冲击。其次，大规模语言模型（large-scale language models)、预训练数据集（pre-trained datasets）和人工标注（manual annotation）三个核心要素决定了 AIGC 的知识生产不可避免存在虚假信息。无论是事实性虚假信息（factual false information）还是幻觉性虚假信息（hallucinatory false information），都使得翻译教学资源建设的真实性、准确性和科学性存在风险，进而影响翻译教学资源建设的质量。最后，人工智能模型可迅速生成看似"有效"的反馈，但基于互联网已有"数据投喂"（data feeding）合成观点的同时，其数据集在客观性、多样性、公正性、代表性等方面往往存在缺陷，进而导致极端偏见、"观点霸权"、刻板印象、文化片面性等问题。故此，人工智能内容生成过程中可能存在的价值偏见问题也需要引起翻译教学资源建设者的审慎思考与对待。

2.2 资源富集与需求匹配的矛盾

近年来，随着自然语言处理技术的进步，大型语言模型使得开放式理解与连贯性文本生成得以实现。用户可以输入各种复杂问题或序列指令描述，人工智能则可以通过使用大量的训练数据来模拟人的语言行为，生成人类可以理解的文本，并根据上下文语境给出连续的、稳定的、恰当的回答，带来波浪式的密集"知识冲击"。这在一定程度上颠覆了以往单向度的"刺激—反应"式交互模式，打破了传统人机关系的"主—客"二元对立框架，建立起一种全新的人机交互形态（冯雨奂，2023：27）。上述功能技术优势为多领域、多类型、多功用翻译教学资源的富集化编制与开发带来契机。教师可以借助生成式人工智能工具辅助开发在线翻译课程、立体化翻译教材、双语术语知识库、职业译者与学习者语料库等翻译教学资源。

但是，资源富集并不意味着能与翻译教学需求之间形成严丝合缝的自然关联，二者的有机衔接还需综合考虑难度调节、专业匹配和知识更新等多重因素的制约。在难度水平方面，生成式人工智能无法有效回应班级整体和学习者个体的差异化知识与技能需求，更无法建立从初级到高级的进阶式资源难度细分体系，这固然不利于差异化和精准化翻译教学的开展。在专业领域匹配方面，即便如 ChatGPT 这样功能强大的人工智能系统也并非完美无缺，其训练数据主要来自良莠不齐的互联网信息，而相对缺乏学术论文、专业著作等数据资料，导致知识的认知偏狭现象发生概率较高，生成资源在科学性与正确性方面易出现偏差；此外，AIGC 本身会将训练数据中不存在的内容强行捏造，根据自身预测对后续数据进行处理与补充，导致其内容输出在错误的方向上越走越远，缺乏足够科学严谨的学术资源支撑，故无法准确、深入地处理特定行业术语及特殊的学科术语（朱永新，杨帆，2023：9）。由此，AIGC 在垂直领域高质量翻译教学资源建设方面的适用性受到较大限制。在知识更新方面，AIGC 虽具有优异的对话性能，但只能在大规模数据的基础上对人类的语言行为进行模仿，无法做到知识的同步更新，缺乏从外部存储器或数据库访问信息的能力，无法验证模型生成内容的可靠性和前沿性，其生成性也只能局限在预训练中获得的数据范围内，故与翻译教学资源动态更新的需求形成矛盾。

2.3 数据集成与内容创新的矛盾

伴随数据采集、传输、存储、分析和读取等技术的广泛应用，资源信息的获取与加工变得日益便捷高效。在 AIGC 时代，数据集成的核心任务是将互相关联的分布式异构数据源（heterogeneous data source）集成到一起，使用户能够以透明的方式访问这些数据源，提高信息使用的效率。与此同时，AIGC 数据集成为多形态翻译教学资源的集成开发与高效应用开辟了广阔前景。无论是平行语料库的创建，还是双语术语库的生成，抑或不同风格翻译文本案例资源的输出，生成式人工智能技术均可以发挥多语种知识库的效能，为翻译教学师生提供集成化的资源选择方案。

数据集成为高效获取各类资源信息带来便利，但同时给翻译教学资源的内容创新带来诸多挑战。首先，为保证资源生成的准确率，用户不得不迎合机器，持续输入平实化、单调化的语言和句式，这势必导致原本智慧融合、思想碰撞、情感交织的教育过程异化为套路固定、形式简单、内容枯燥的"程序化"游戏（刘伟，谭维智，2022：55），而这也将束缚原创性教学资源的开发，并进而阻碍学习者"横向素养"（transversal competencies）的培养。其次，AIGC 以关键词为坐标生产相应的知识，通过算法预测用户的喜好与行为，将用户从某个知识节点导航至其他节点，形成隐性控制，无法保证用户在内容生产与选择上的自主性，使知识的获取变得极具不确定性（Hitzler，2021：81）。一旦知识本身变得不可捉摸，翻译教学资源的内容建设也将失去创新求变的支点。最后，AIGC 在教育领域的运用类似"技术黑箱"，具有不透明性和不可解释性。用户可以获得某个问题的确定回答，但对其思考过程、运作过程、获取过程难以深入了解，有时 AIGC 甚至也无法自圆其说（冯雨奂，2023：29）。这种强调技术理性、追求效率本位的功利性价值观容易导致智识上的懒惰，有碍于塑造新颖独特的思维品质，对创新性资源的开发和创新性翻译能力的培养都将带来负面影响。

2.4 泛在应用与资源整合的矛盾

AIGC 利用人工智能技术驱动机器创作内容，具有自动化、大规模、智慧化、万物互联等特征，这为翻译教学资源建设的泛在化应用提供了有力支撑。翻译教学师生可将 AIGC 应用于课堂教学、拓展练习、小组研讨、专题探究、自主训练、模拟测试等不同场景的翻译教学资源建设之中。资源的泛在化建设与应用将进一步模糊正式教学与非正式教学的界限，知识与信息获取的边界得到大幅拓展，泛在化学习、数字化学习、移动式学习、智慧化学习将获得更为坚实的资源保障，个性化学习的潜力与效能也将得到有力激发。

而同时，AIGC 在资源泛在化生成过程中受内在标准与外在环境等因素的制约，导致其在翻译教学资源整合过程中存在瓶颈。就内在标准而言，目前尚未形成统一的数据应用规范标准，缺乏统一的数据采集标准、数据接口标准、数据存储标准和数据共享标准。数据资源标准规范体系的缺失会导致各主体对数据质量的标准要求不一致，进而阻碍优质资源的开发、利用、挖掘、共享和融合。与此同时，AIGC 算法和模型在内容结构、知识表征和底层逻辑等方面的弱点、不同语种资源稀疏性的差异、原始语料库可信度等问题，则在很大程度上限制了翻译教学资源的高质量整合与高效应用。就外在环境而言，由于在教育信息化建设过程中，长期存在重视硬件投入、轻视资源信息共享建设、忽视多平台系统兼容和统一规划等问题，导致教育信息化建设缺乏相关标准，各系统兼容性、移植性欠佳，后期运维负担较重（祝智庭 等，2021：3）。再加上政府、高校、企业等部门构建的相对独立封闭的数据系统，使得新技术背景下信息资源呈现私有化、部门化、孤岛化等特征，资源信息流通共享的壁垒和屏障难以消除。上述因素在客观上限制了各类泛在化翻译教学资源的有机整合与共享应用。

3 AIGC时代翻译教学资源建设的对策

3.1 构建研审结合的资源遴选机制

要建立系统化的资源遴选机制，首先需要研究和确定翻译能力体系的内涵，明确译者能力培养的整体性要求。我国《翻译专业本科教学指南》对"翻译能力"的界定如下：能运用翻译知识、方法与技巧进行有效的语言转换，一般包括双语能力，超语言能力（如百科知识、话题知识等），工具能力，策略能力等（赵朝永，冯庆华，2020：15）。再结合"欧洲翻译硕士"（EMT）有关翻译能力框架的表述，译者能力由语言与文化、翻译、技术、个人和人际关系素养、服务提供等要素构成（EMT，2022）。故此，翻译教学资源建设需要首先从整体布局和体系架构上形成对上述能力的全面覆盖，为学习者翻译能力的综合提升奠定基础。与此同时，还需要对每一项子能力进行纵深层面的深度挖掘与探索。以翻译技术能力培养为例，学界相关研究已涉及译后编辑能力（冯全功，刘明，2018：55）、人机协同能力（李冀红 等，2021：38）、翻译项目管理能力（陈严春，2022：39）、信息检索能力、建立翻译记忆库能力、编辑排版能力（崔艳秋，2017：23）、译者搜索能力（王华树，张成智，2018：26）、数字获取能力、数字批判能力、数字评估能力、数字知识管理能力（王华树，刘世界，2023b：74）等若干方面。随着研究深入，翻译技术能力的内涵还将进一步丰富，而翻译教学资源建设也需要及时回应上述变化，适应新时代发展的要求。

对翻译教学资源的审核涉及信息来源、内容质量、法治伦理、价值导向等多个层面。其中，在信息来源层面，需要重点审核素材来源的真实性、可靠性和规范性。在内容质量层面，审核的重点包括信息安全审核、内容完整性与准确性审核、教学价值相关性审核、低质量识别、虚假信息检测等。在法治伦理层面，根据国家网信办联合国家发展改革委、教育部、科技部、工业和信息化部、公安部、广电总局发布的《生成式人工智能服务管理暂行办法》文件精神，一方面需要关注知识产权、隐私权、名誉权、肖像权、个人信息权益等法治问题，另一方面需要对算法和数据中可能存在的民族、信仰、国别、地域、性别等歧视性的内容生成加以审核。在价值导向层面，需要对资源隐含的意识形态和价值观等问题进行重点审核，从而确保资源在翻译教学中发挥正确的课程思政功能和育人导向功能。

由上可见，"研"重在从宏观层面强调对资源建设的整体规划，使其在语言、文化、职业伦理、技术素养等方面形成覆盖全面、要素齐备、内容完整的翻译教学资源体系，进而促进译者能力培养的综合提升。"审"旨在强调从微观层面，按照真实性、针对性、契合性、代表性、客观性等标准，对资源的内容、质量、价值等进行多维审核，使其符合翻译教学目标要求。研审结合是AIGC时代翻译教学资源高质量遴选和体系化建设的重要保障。

3.2 以需求为导向建立资源的细分体系

确定需求是开发翻译教学资源的起点，资源开发者应在充分调研的基础上，确定翻译教学主体对资源类型、资源结构、资源表征形式、资源内容、资源体量、资源质量、资源服务平台等相关需求，从而为规划资源建设方向、明确资源建设重点、细化资源建设要求提供有效引导，并进而为提升翻译课程建设质量、优化翻译教学流程、增进个性化学习效果提供资源保障。

在翻译教学主体中，学习者需求是资源建设应关注的重点。学习者对资源的需求体现在目标、内容、过程、评价等多个方面。其中，学习目标的需求主要表现为资源与语言服务行业前沿发展要求、翻译职业技能发展要求、翻译教学阶段性目标要求之间的契合性；学习内容的需求体现为资源在难度水平、专业领域、主题覆盖、技能分解等方面的差异性和多元性；学习过程的需求表现为资源在任务情境的真实性、练习巩固的针对性、路径选择的优化性、复习强化的循环性、学习进展的前瞻性等方面发挥的价值；学习评价的需求则包括资源在学习反馈、职业借鉴、自主评价等方面的适配性与参照性。除此之外，翻译教师在大纲编制、课程开发、方法设计、教学评价等方面的需求，也需要纳入翻译教学资源建设关注的范畴。

翻译教学资源建设应以上述翻译教学主体的需求为导向，从功能定位、应用场景、适用对象、专业用途和内容架构等维度，建立翻译教学资源的细分体系。在功能定位方面，可从预设性资源、关联性资源、生成性资源和泛化性资源等方面，建立通用与专用相结合、内容与过程相统一的资源体系。在应用场景方面，可建立涵盖教学计划与准备、教学组织与实施、教学监督与管理、教学测试与评估的全流程资源体系。在适用对象方面，可按年级、水平、语种划分学习者群体，建立具有差异性和衔接性的资源应用体系。在专业用途方面，可按学科领域、主题范畴建立符合区域特色和校本特色的垂直领域翻译教学资源体系。在内容架构方面，可按理论、语言、知识、技能、心理、技术、实践等模块建立要素完整的翻译课程资源体系。

3.3 以人机交互为重点推进资源内容创新

利用 AIGC 技术生成资源的过程包括数据收集、算法设计、数据预处理、模型生成和优化、提供内容生成服务等环节。在资源生成过程中，大语言模型和生成式人工智能技术发挥着基础性作用，而与此同时，使用者的技术意识、认知、素养同样发挥着关键性作用，使用者是否与 AIGC 进行有效交互，在很大程度上决定了资源建设的内容质量与创新程度。

首先，在意识和认知层面，资源建设者应克服惰性思维，摒弃过度依赖人工智能的想法。同时，资源开发者需要从认知层面了解 AIGC 资源生成的基本原理和运行机制，建立对资源生成机理的感性认识，了解资源生成过程中在来源数据、知识产权、内容质量、隐私安全、知识领域、伦理问题等方面可能存在的短板与局限，从而为资源的合理生成与有效利用提供知识基础。此外，资源建设者还应培养批判性思维，加强对资源内容、质量的鉴别能力与创新思考，具有一定的资源优化与创新能力；同时将人类特有的想象力、洞察力、判断力、共情力融入资源建设过程，产生思想碰撞、情感理解、心灵共通等饱含人类生命特征的互动要领。提升资源生成的灵性与温度，遵循按人性浸染心灵的教育本质，做有温度和有人文意蕴的人工智能 + 教育。

其次，在技术素养层面，翻译教学师生应通过自主探索式学习、学术社区研讨式学习、跨学科方法学习等方式，学习和应用生成式人工智能工具中 FlowGPT、BestPrompts、Hugging Face、PromptPerfect、Promptomania、Prompthero 等与翻译资源相关的提示（Prompt）工具网站，或可以系统学习有关提示工程（Prompt Engineering）的培训课程，用合理的提示词与人工智能工具形成更为有效的交互，从而生成和获取更为有效的翻译教学资源。同时，还可利用 PlagScan、Grammarly、Turnitin、Ginger、Hemingway Editor 等质量检测软件或工具以及国内外学术资源数据库作为参考，提高对所生成资源的审核与质检效率，并确保资源的准确性、可信度和合法性。在此基础上，师生应可进一步提升计算机素养与编程思维，可以学习诸如 Python 语言、Java 语言、PHP 语言、C 语言、C++ 语言、Visual Basic 语言等计算机编程语言，从而更好地将编程工具、第三方插件、软件开发工具包（SDK）、虚拟仿真平台等工具和资源与 AIGC 技术形成对接，发挥技术融合的优势，为生成更具创新性和质量水准的翻译教学资源提供技术支撑。

3.4 建立共建共享的统筹协调机制

可从体制保障、主体协同和技术赋能三个层面探索翻译教学资源共建共享的统筹协调机制。在体制保障层面，首先，为保证数字资源及其数据的易用性、复用性、互操作性、共享性及其可持续发展，数字资源的描述、发布、服务、管理、保存、传递交换需要遵循统一的标准规范和模式，这是大数据时代保证资源质量和可持续发展的基本前提和基础（肖珑 等，2018：6）。通过建立资源标准规范，可实现平台互通和资源共享，进而从根本上改变资源建设条块分割的局面，超越不同层面的教育资源"围墙"，打破信息孤岛困境。其次，在基于智能技术带来的教育数字化转型的大趋势下，通过优化资源的标准体系、服务体系和管理体系，有助于实现对虚拟与实体、显性与隐性、理论与实践等资源的高度有效整合（徐蓉，张琪，2022：115），更好地推进翻译教学资源的全域开发、高效运作与互动共享。此外，还应建立知识产权保护制度，切实保护资源建设者和参与者的权益，从而提升资源供给者共建共享资源的积极性，保证资源质量和可持续发展，扩大优质翻译教学资源的受益范围。

在主体协同层面，应建立以高等院校为主体，教育指导委员会、行业协会、语言服务企业、国际组织等广泛参与的翻译教学资源共建共享格局。首先，院校之间应以全国翻译专业学位研究生教育年会、虚拟教研室、教研工作坊等平台为契机，秉持共享发展与协同创新理念，发挥各自学科特色优势，通过深入对话共同探讨翻译教学资源共建共享的院校联盟机制。其次，院校可通过教育部产学合作协同育人项目等平台，与语言服务企业共建产教融合的翻译教学资源，重点推进垂直领域翻译教学资源建设。最后，国内院校还应拓宽视野，积极融入国际翻译教学资源共建共享项目。以口译教学资源为例，可以推荐院校共享使用英国全国口译网、会议口译员在线资源网站、欧盟口译语料资源库等资源（邓军涛 等，2023：80），也可鼓励师生参与 Speechpool 全球共建共享型语料资源库的研、建、用、评，提高资源共建共享的价值与效益。

在技术赋能层面，云计算、大数据和区块链等智能技术为智能治理数字教学资源提供了技术支持，有助于破解资源建设中存在的重复化、断层化、形式化等封闭式开发与应用难题，从而建立翻译教学资源共建共享的良性秩序。例如，借助云计算的网络化、虚拟化、分布式存储等技术应用，有助于构建标准统一、功能完善、安全稳定、纵横互通的

"教一研一学"一体化平台，为翻译教学资源的共建共享、数据交换提供有力支撑。再如，可以发挥大数据容量大、类型多、存取速度快、应用价值高等技术优势，通过对来源分散、格式多样的翻译教学信息资源进行采集、存储和关联分析，可从中发现新知识、生成新数据、创造新价值，进而为资源的共建共享和创新增值使用创造条件。

4 结语

自深度学习算法问世以来，人工智能技术引发翻译行业和翻译教育空前的技术变革，AIGC 的出现更是在很大程度上颠覆了翻译界对人工智能技术的认知。未来，技术的发展步伐不会停歇，技术对翻译职业和翻译人才培养所带来的深远影响不容回避。在对待技术的态度上，翻译教学主体的主观能动性至关重要，这种主观能动性包括态度方面的接纳与认可，价值方面的思辨与理性，素养方面的培养与提升。利用 AIGC 赋能翻译教学资源建设，需要着重发挥其在信息容量、实时交互、智能理解、知识建构、分析运算、解释预测、内容生成、泛在教学、跨科融合、技术创新、效率提升、数据挖掘等方面的优势；同时，对其在知识碎片、信息茧房、技术异化、数据伦理、信息孤岛、深度伪造、学术滥造、智能歧视、信息操控、教育错位、理实脱节、生态失衡等方面的短板和劣势，则需要发挥翻译教学主体的主导作用，做好技术与翻译教学深度融合的"守门人"，与时俱进，驾驭技术，善用技术。最终，使 AIGC 在最大范围和限度上促进翻译教学资源的高质量和高效能建设，从而提升翻译教育信息化的整体建设水平，为新时代高质量翻译人才的培养赋能助力。

参考文献

陈严春. 大数据时代译者能力透析及其构建［J］. 上海翻译，2022（3）：

39-44.

崔艳秋．翻译技术能力的培养——以南洋理工大学《翻译科技》课为例［J］．中国科技翻译，2017（1）：23-25．

邓军涛，许勉君，赵田园．英国全国口译网"口译技能导图"述评与启示［J］．外语学刊，2023（1）：75-80．

冯全功，刘明．译后编辑能力三维模型构建［J］．外语界，2018（3）：55-61．

冯雨奂．ChatGPT 在教育领域的应用价值、潜在伦理风险与治理路径［J］．思想理论教育，2023（4）：26-32．

冯志伟，张灯柯，饶高琦．从图灵测试到 ChatGPT——人机对话的里程碑及启示［J］．语言战略研究，2023（2）：20-24．

李冀红，庄榕霞，年智英，等．面向人机协同的创新能力培养——兼论面向智能时代的创造性人才诉求［J］．中国电化教育，2021（7）：36-42．

刘伟，谭维智．人工智能时代的师生交互：困顿与突破［J］．开放教育研究，2022（2）：54-63．

莫祖英，盘大清，刘欢，等．信息质量视角下 AIGC 虚假信息问题及根源分析［J］．图书情报知识，2023（4）：32-40．

彭敏，席俊杰，代心媛，等．基于情感分析和 LDA 主题模型的协同过滤推荐算法［J］．中文信息学报，2017（2）：194-203．

秦颖．人机共生场景下的外语教学方法探索——以 ChatGPT 为例［J］．外语电化教学，2023（2）：24-29．

沈超．ChatGPT：助力高等教育变革与创新型人才培养［J］．国家教育行政学院学报，2023（3）：13-16．

汤贝贝，薛彦华．大数据背景下高等教育治理转型：机遇、挑战与应对策略［J］．重庆高教研究，2019（2）：77-86．

王华树，刘世界．智慧翻译教育研究：理念、路径与趋势［J］．上海翻译，2023a（3）：47-51．

王华树，刘世界．数字人文视域下译者数字素养研究：内涵、问题与建议［J］．外语教学理论与实践，2023b（2）：70-79．

王华树，张成智．大数据时代译者的搜索能力探究［J］．中国科技翻译，

2018（4）：26-29．

肖珑，马陈碧华，邓石．中美电子资源国家标准发展比较研究：方法与现状[J]．图书情报工作，2018（6）：6-14．

徐蓉，张琪．新时代高校思想政治理论课教学资源建设研究[J]．马克思主义理论学科研究，2022（4）：115-123．

杨欣．基于生成式人工智能的教育转型图景——ChatGPT 究竟对教育意味着什么[J]．中国电化教育，2023（5）：1-8．

杨宗凯．高等教育数字化转型的路径探析[J]．中国高教研究，2023（3）：1-4．

赵朝永，冯庆华．《翻译专业本科教学指南》中的翻译能力：内涵、要素与培养建议[J]．外语界，2020（3）：12-19．

周洪宇，李宇阳．生成式人工智能技术 ChatGPT 与教育治理现代化——兼论数字化时代的教育治理转型[J]．华东师范大学学报（教育科学版），2023（7）：36-46．

朱永新，杨帆．ChatGPT/生成式人工智能与教育创新：机遇、挑战以及未来[J]．华东师范大学学报（教育科学版），2023（7）：1-14．

祝智庭，戴岭，胡姣．AIGC 技术赋能高等教育数字化转型的新思路[J]．中国高教研究，2023（6）：12-19．

祝智庭，许秋璇，吴永和．教育信息化新基建标准需求与行动建议[J]．中国远程教育，2021（10）：1-11．

EMT. EMT Competence Framework 2022 [EB/OL]. https://commission.europa.eu/system/files/2022-11/emt_competence_fwk_2022_en.pdf (accessed on June 17, 2023).

Hitzler, P. A review of the semantic web field [J]. *Communications of the ACM*, 2021(2): 76-83.

Pataranutaporn, P., Danry, V., Leong, J., et al. AI-generated characters for supporting personalized learning and well-being [J]. *Nature Machine Intelligence*, 2021(3): 1013-1022.

Development of Translation Teaching Resources in the AIGC Era: Transformation, Challenges and Solutions

Deng Juntao   Liu Wan
(Wuhan Institute of Technology)

Abstract: The groundbreaking advancements in generative artificial intelligence technology have sparked a profound transformation in various aspects of translation education. This paper focuses on the development of translation teaching resources in the era of Artificial Intelligence Generated Content (AIGC). It elaborates on the opportunities brought about by new technologies in terms of production entities, production methods, generated content and efficiency. Moreover, from the perspectives of the advantages and limitations of technology, the demands of translation teaching, and the mechanisms for resource development, this paper addresses four challenges in resource development: rapid generation versus in-depth processing, resource enrichment versus demand matching, data integration versus content innovation, and ubiquitous application versus resource integration. To meet these challenges, this paper proposes corresponding solutions: establishing a resource selection mechanism that combines research and review, developing a subdivided system of resources based on demand, boosting human-computer interaction to promote content innovation, and establishing a collaborative and coordinated mechanism for resource creation and sharing.

Keywords: Generative Artificial Intelligence; Translation Teaching; Resource Development; Challenges and Solutions

翻译研究

借镜西方,经世济民[①]

——晚清西学翻译的术语儒学化现象探究

张景华[②]

(湖南科技大学)

【摘　要】晚清时期的西学翻译在术语转换上呈现出显著的儒学化现象,即用儒学术语去翻译和解释西学术语,其"以儒释西"和"以西补儒"的策略充分体现了近代知识分子借镜西学、经世济民的情怀。经过儒学化的正名可以消解中西学术思想冲突,客观上也有利于西学中国化。这种策略继承了晚明以来翻译会通的儒学传统,对马克思主义的早期传播曾发挥过重要作用。晚清知识界这种译介策略对翻译与文化传承、文化自信以及中国学术话语体系的构建等问题有重要启发。

【关键词】晚清;西学翻译;术语儒学化

引言

鸦片战争之后,西方列强入侵和西学东进,中国面对千年未有之强

[①] 本文系国家社科基金项目"晚清民国西学翻译的术语民族化及其当代价值研究"(编号:21BYY055)的阶段性成果。
[②] 张景华,博士,湖南科技大学近现代中国翻译史研究中心教授。研究方向:翻译学、中国近代翻译史。

敌，儒学正统遭遇空前危机。然而，在晚清西学翻译中术语转换则呈现出典型的"儒学化"现象，金观涛和刘青峰（2017：71-102）发现"所引进的西方观念都必须通过儒家意识形态，才可以与社会发生联系"。① 比如 physics 之译为"格物"或"物理"，logic 之译为"理学"或"名学"，此类术语不胜枚举，严复可谓术语儒学化的代表人物，但是严译术语却饱受诟病，充斥着"削趾适履""傅会""失之于信""误读"等负面评价。② 从强调"单名单义"的传统术语学来看，此类儒学化的术语翻译确实不够精确，仅仅以"误读""傅会"等来解释未免过于简单，这种简单化的解读不可避免地遮蔽了其思想史、学术史和概念史价值。

对于晚清西学翻译的术语儒学化现象，鲜有文章专门从儒学角度深入探讨，仅有少数文章涉及以下方面：一是从中西会通的角度思考，认为儒学化实为一种翻译会通策略，这种策略有利于中国知识界借鉴西学，如张德让（2011）、张景华（2018）；二是从语言接触的角度研究中西日语言文化互动，发现近代中日儒家学者的西学术语翻译多从儒家经典中选择词汇，如李博（2012）、狭间直树（2015）；三是借助语料库技术进行数据分析，发现这些被儒学化的术语往往被赋予特定的情感价值，这些术语在近代中国社会意识形态构建过程中发挥着重要作用，如金观涛、刘青峰（2017）、王会伟等（2018）；四是借鉴德国概念史研究法，通过儒学化的术语揭示其概念变迁与中国社会思想变迁的联系，比如冯天瑜（2016）、方维规（2019）。但是，这些研究并未将"儒学化"联系近代中国学术话语体系构建问题深入探讨，故本文重点从话语体系的构建思

---

① 对于西学翻译的术语儒学化现象，金观涛和刘青峰（2017）的立论主要依据来自对"中国近现代思想史专业数据库"的考查分析，该数据库收录了各种著译、报刊、档案、清代经世文编、论著和晚清教科书等大量文献。

② 1918年，刘半农在复王敬轩书中认为严复译名犯了"削趾适履"的毛病（参见朱志瑜，2020：605）。章士钊认为严复用义译翻译西方术语不足取，批评严复的翻译"傅会"的弊端（同上：463）。傅斯年认为严复的翻译失之于信，对作者"不负责任"；张君劢批评严复的术语翻译"以古习用之说，译西方科学中之义理。故文字虽美，而义转歧。"还说严复"好以中国旧观念，译西洋新思想，故失科学家字义明确之精神"（参见贺麟，2009：218）。当代学者对严译术语的批评主要集中于严复对西方学术的"误读"（参见高中理，1999；韩江洪，2008）。

考晚清西学翻译的术语转换为什么会出现儒学化现象？这种术语翻译策略有何学术思想谱系和当代价值？

1 西学翻译的术语儒学化与以儒释西

在晚清西学以其强势入华，儒学面对千年未有之危局，开明的儒家知识分子积极向西方学习。西学入华和佛学入华有些类似，三国时期康僧会采取儒学化的译经策略，以儒释佛使佛教服务儒学话语体系，从而"实现了佛教中国化的新突破"（张富春，2016：116）。晚清中国的儒家学者的西学翻译也不可避免地将西学术语及其概念中国化，其中最为典型的现象便是"以儒释西"，用儒学去阐释西学，通过借镜西方使儒学吸纳近代西学的优点。

自明末至晚清，中国儒家士子如徐光启、华蘅芳、李善兰等一直以"格致"对译西方术语 science。在严复所译的《天演论》中，与英文 science 对应的译名是"格致"，以及"诸格致""格致诸学""格物致知之学""格致学""格物学"等变体。其实，"格致"在中国传统知识体系中既不是学术体系，也不是学术内容，而是儒家士人所应知的"道理"和"修齐治平"的途径（樊洪业，1988：39）。严复在《天演论》中是这样翻译的：

> 原文：And the business of the moral and political philosopher appears to me to be the ascertainment, by the same method of observation, experiment, and ratiocination, as is practiced in other kinds of **scientific work**, of the course of conduct which will best conduce to that end. (Huxley, 2012: 51)

译文：古之为学也，形气道德歧而为二，今则合而为一。所讲者虽为**道德治化**形上之言，而其所由径术，则**格物家**所用以推证形下者也。撮其大要，可以三言尽焉。始于**实测**，继以**会通**，而终于**试验**。三者阙一，不名学也。（严复，1986：1358）

原文强调伦理和政治哲学家应该采用观察、试验和推论等自然科学研究方法，严复在译文中用儒家的"格物"（即物穷理）比附西方这种治学方法，故而指出：近代学术与古代学术不同，形而下（即形气）和形而上（即道德）已经融为一体，形上之学必须通过"实测""会通"和"试验"才能成为学术。严复将儒家的"会通""格物"等儒学概念与西方近代学术的"试验""实测"等融为一体，近代科学被纳入了儒家"道德治化"范畴，而且，严复的"以儒释西"也符合近代儒家的"言必证实"的实学精神，既弘扬了儒家"修齐治平"思想，又使儒学吸收了西方强调"实测"和"试验"的先进学术精神。

其实，晚清中国知识界这种儒学化译介，并不仅限于人文社科术语和概念，有不少自然科学术语的译介也通过儒学化途径融入近代中国学术话语系统。譬如说 civil engineering 的译介，在 19 世纪后半期的英美两国，工程领域的专业分化越来越显著，其中 civil engineering 与 military engineering 形成意思相对的概念术语，传教士罗存德的《英华字典》（1866）将 civil engineering 译为"民大计"。在"汉字文化圈"内，近代日本学者也重视儒学词汇翻译西学概念术语，1886 年日本野村龙太郎在《工学字汇》中最早将 civil engineer 译为"土木工师"，civil engineering 译为"土木工学"。颜惠庆编辑的《英华辞典》（1908）将 civil engineer 译为"土木工程师"，将 civil engineering 译为"土木工学"。不管是译为"民大计"，还是"土木工学"，中日近代知识界都受儒家"济世"思想的影响。[①] 当时的译者从中国儒家典籍《淮南子》中的"构土筑木"得到启发，故而命名"土木工学"，日本近代学者久米邦武认为用儒家"经世济民"来解读和译介 civil engineering 极为妥当，武上真理子（2015：230）发现久米在访问欧美时将机械工厂与"济世之器械"联系起来，久米还将"自主"与英语的 liberty 对应起来，他认

[①] 在中日典籍中，"土木"一词古已有之，武上真理子（2015：243-244）发现"大兴土木"这种"丑恶和侮辱性形容词"虽然有时候会出现在汉语典籍中，但是多数情况为"土木之功""土木兴功""土木奇功""土木之工""善治土木""土木之崇高"等褒义表达，中日近代知识界之所以用"土木工学"对译 civil engineering 是取"土木之功"之含义，且儒家的"济世"思想与 civil（文明）在含义上基本对应。

为国家的强大在于"国民自主之精神",并援引《国语》和《左传》加以阐发,他主张"正德""利用""厚生"三者之和为"善政",亦即"济世"之治。经过儒学化的译介,"土木工学"这一译名成为近代中日知识界的共识,也有利于西方工程学为儒家学者所接受,促进工学在中日两国的普及和推广。与"西学中源"比较,晚清中国知识界这种术语儒学化并不是盲目的文化自信,这种译介策略立足于中西会通,既有利于儒学吸纳西方先进思想,也可以激活某些儒学传统学术话语,从而有利于对儒家优秀传统思想的继承。

2 西学翻译的术语儒学化与以西补儒

"以西补儒"是晚明西儒学派的主张,以徐光启、李之藻等为代表,把学术研究从儒家经典扩充到自然、社会和思想文化领域,而西方传入的自然科学正好契合了这种思潮,主张以西学补儒学之虚,纠儒学之弊。明末西儒学派主张中西互鉴,这种主张发展到晚清对儒学形成了强烈的自我反思精神。这种自我反思精神在严复的学术思想上不仅体现为中西互释,还表现为中西互鉴,所以其翻译特别强调"吾圣人之精意微言,亦必既通西学之后,以归求反观"(严复,1986:49)。

在严复所译的《群己权界论》中,严复的西学翻译在术语概念上特别注重"类异观同"以"归求反观",以西学补儒学之弊。严复将 liberty 译为"自繇",而不采用当时通行的"自由",并对其进行了儒学化的解读:"人得自繇,而必以他人自繇为界,此则《大学》絜矩之道,君子所恃以平天下者矣"(严复,1986:132)。严复认为西方所倡导的 liberty 与儒家的"己所不欲,勿施于人"有相通之处,严复还认为中文的自由"常含放诞,恣睢、无急单之劣义"(同上:132),所以他把 individual 译为"小己",把 nation 译为"国群",还特别强调"小己"与"国群"的权利界限。在解释 liberty 的同时,严复不忘对"纲常名教"的反思,批判当时的思想界对"事关纲常名教,其言论不容自繇,殆过西国之宗教"(同上:132)。严复认为在西方宗教限制了思想自由，而当时的中国"纲常名教"钳制着思想自由。严复通过儒学化译介所构建的话语系统，既突出思想自由对于晚清中国社会的重要性，又强调了自由的边界和界限。对于sociology的翻译，严复不采用日语译名"社会学"而是译为"群学"，不仅蕴含着深刻的儒学含义，也承载着达到"归求反观"之期望。严复一方面认为西方的社会学与儒家荀子"群论"是异曲同工，"故学问之事，以群学为要归。唯群学明而后知治乱盛衰之故，而能有修齐治平之功。呜呼！此真大人之学矣！"（严复，1986：18）。另一方面，严复重视用西方的社会学反观中国社会，批判中国社会的落后现象，故引用荀子的名言："民生有群。""群也者，人道所不能外也。群有数等，有法之群也"（同上：125）。通过"群学"这个译名，严复的诠释和译介暗含着对晚清中国社会动荡、法治混乱的批判。

通过中西互鉴来实践"以西补儒"，这表明严复在坚持借鉴西学的同时，也注重对儒学的传承，严复甚至还说："四书五经，故是最富矿藏，惟需改用新式机器发掘淘炼而已"（严复，1986：668）。其新式机器就是当时被称为"新学"的西学，在他看来通过西学这台新式机器的发掘提炼，阐发儒学的精华使其话语体系向近代化转型。在晚清中国社会，"权利"是来自西方话语，儒学强调个人道德修养，对"权利"的"正当性"缺乏系统的阐述。在《群己权界论》中，严复认为将 rights 译为"权利"是"以霸译王"，因为英文的 rights 在西文里亦有直意，故几何直线谓之 right line，直角谓 right angle，可见中西引申义，都以"正当性"为"直"，且王引之在解读儒家经典《毛诗》中的"爰得我直"，将"直"解读为"职"，"直"与"职"相通。于是严复创造了"民直"和"天直"两个译名，分别指代"人民权利"和"自然权利"，通过其儒学化的译介强调权利必须以"正当性"为基础，而且更突出权利与义务的统一，黄克武（2000：167）认为其译名除了对个人终极价值的肯定，还隐含着极强的"儒家道德形而上学的意味"。在此基础上，严复以"民智"译 intellect，以"民德"译 morality，并阐明在中国社会宣扬"民直"必须以"开民智"和"新民德"为基础的主张，其译介蕴含着儒家"成己成物、天人合一"的理念（同上：159），将西方权利观纳入儒家修身齐家、经世济民的话语体系，把权力观与义务观统一起来，从而促进儒家思想近现代化。

3 西学翻译的术语儒学化与翻译正名

对于西学翻译的术语儒学化现象，从现代术语学中难以找到合理的解释，而我国先秦"正名"思想中却可以给出重要启发。为了阐明正名在社会治理的重要作用，孔子提出著名的正名说："名不正，则言不顺，言不顺则事不成，事不成则礼乐不兴，礼乐不兴，则刑罚不中，刑罚不中，则民无所措手足。"① 除了"以儒释西"和"以西补儒"之外，西学翻译的术语儒学化可以达到为西学思想观念"正名"之目的，可以有效地融入儒学话语体系，为儒家精英知识阶层所认同，则有利于西学在晚清中国社会的接受。

英文 electricity 在晚清的译名为"电气"，其实电流的产生是因为电荷的运动，与"气体"无关。1853 年《博物通书》用"电气通标"指电报机，到 1872 年卢公明的《英华萃林韵府》将 electricity 译为"电气、雷气"，1908 年清政府学部审定的《物理学语汇》确定"电气"作为与 electricity 对译的标准术语。其实，"电气"的命名原理与中国传统思想的"元气"相关（铃木贞美，2015：104）。晚清知识界用"元气"解读与电相关的"能量"（energy），而儒学话语让"气"具有很强的"道德属性"，谢弗（2012：270）研究发现受西学影响的谭嗣同将"气"作为一种"原动力"，在其仁学思想中把物质性的"气"与孟子所提倡的"浩然之气"联系起来，使物质性的"气"成为"一种精神和道德力量"。"电气"经过儒学化的"正名"这一术语巧妙地契合了中国传统知识谱系，成为儒家知识分子的话语资源，有助于实现科技强国之目标。

作为晚清中国"西学第一人"，严复可谓深谙这种正名的道理，通过正名来消解中西学术思想的矛盾和冲突。在翻译《原富》时，严复考

---

① 参见孔子：《礼记》，上海古籍出版社，1987 年，第 120 页。

虑中国传统社会重农轻商、重义轻利,而儒家话语尤其"讳言利",故对许多西方经济学术语以儒学化处理。严复以"母财"译 capital,以"子钱"翻译 profit,以儒家忠孝和尊母伦理观念解读近代西方经济学思想,以便对西方经济学思想形成一种积极的道德情感。严复还以"计学"译 economics,契合了中国传统"国计""家计""生计"等术语所构成的话语体系,以"生民"译 labour,契合了"为天地立心,为生民立命,为往圣继绝学,为万世开太平"的儒家思想谱系,这种翻译的正名巧妙地将西方经济学理念嵌入了儒家的经世济民话语体系。

4 西学翻译的术语儒学化与儒学传统

西学翻译的术语儒学化现象可以说是一种话语体系的转换,这种话语转换在晚清时期有效地消解了中西学术思想的冲突。在特定的历史阶段,这种策略不仅有利于西方先进学术思想的输入,也有利于中国知识界对传统学术文化的继承。术语儒学化具有较为悠久的学术传统,明朝末期由于程朱理学的僵化,阳明心学的空疏,在儒学中兴起了强调"经世致用"的实学思潮。实学的经世精神为西学东传打开了通道,其代表人物徐光启提出著名的翻译会通说,会通的核心就是"镕彼方之材质,入大统之型模"(徐光启,1984:374)。其实质就是将西方学术思想融入儒学的话语系统,体现在术语翻译方面就是术语的儒学化。

从治学方式来看,晚明儒家学者常从儒家经典中选择合适的词汇翻译西学术语,这种学术传统也影响着晚清时期中日儒家学者的西学翻译。晚明徐光启用"几何"对译英文术语 geometry,除了表达数、形、量三种含义的功能之外,在翻译方法上还做到了音义结合,更为重要的是"几何"为儒学经典常用语汇,如"孔子居鲁,得禄几何?"(《史记·孔子世家》)。这种翻译策略不仅对晚清中国儒家学者产生了深远的影响,也影响了近代日本的儒家学者。李博(2012:68-69)发现在 19 世纪下半叶,日本明治时期的启蒙思想家西周在翻译西学著作时需要"大规模参考儒家经典",以遴选出合适的译名。日本近代哲学家中江兆民在其

《民约译解》中大量运用儒学语汇对译西学术语,并因此对汉语言文字高度评价:"涵众多义于简洁文字",此乃西方语言文字"远不能及之长处"(狭间直树,2015:27)。

在晚清中国社会作为知识生产的翻译,在儒学遭到西学冲击的历史背景下,知识界仍坚持术语译介的儒学化,在很大程度上基于对儒学的信心。晚清翻译家王韬因迫于生计从事西籍翻译"卖身事夷",传统文士当上了译者。王宏志(2011:25)研究发现王韬作为译者内心始终处于儒家思想与西方思想的矛盾之中,其终身崇尚儒学,坚持以翻译"事夷"不能"有悖儒者之道"。高柳信夫(2015:87–89)研究了严复的论著和《群己权界论》等译著,发现严复在学术思想上坚持对儒学的"批判性检讨",却"无法容忍对儒教教义的批判和怀疑"。黄克武(2000:140)认为严复通过术语儒学化比如以"齐民"译 fellow-citizens、"清议"译 public opinion、"特操"译 individuality 等,这些中性词经过严复的翻译之后价值判断鲜明,寄托着儒家的道德情感,体现了儒学"托译言志"的经世精神。此外,这种儒学化策略在译文中采取中西"比附"的方式,譬如严复在译文中插入大量的按语,其旁征博引与儒家注经契合,容易为当时的儒家士人所接受。

5 西学翻译的术语儒学化与马克思主义早期传播

作为一种翻译和传播策略,术语儒学化也对马克思主义在中国社会的早期传播功不可没,这一点也充分说明了儒学在一定程度上具有兼容并蓄、与时俱进的精神。康有为、梁启超和严复等儒家士人都对马克思主义的早期译介传播做出过开创性贡献,比如马克思主义术语 communism 的翻译,江南制造局编译的《西国近事汇编》于1878年报道的欧洲工人运动时,最早使用了音译的译名"康密尼"和"康密尼党",在林乐知、金楷理等外来传教士译者的文章中也涉及"贫富适均之愿""欧罗巴大同""贫富均才之说"等相关话语(王东风,2019:23)。"大同"和"均贫富"是儒家思想的重要组成部分,在晚清中国先进知识分子看来,当时欧洲社会主义运动的目标就是中国儒家士人所梦寐以求的天下大同。

康有为在其《自编年谱》中提到在写《大同书》时,参考了《西国近事编》《海国图志》等诸多西方文献。康有为以儒家《春秋》"三世"之说对《礼运》进行阐发,称"升平世"为"小康","太平世"为"大同"。《礼运》提到:"大道之行也,天下为公,选贤与能,讲信修睦。故人不独亲其亲,不独子其子,使老有所终,壮有所用,幼有所长,……是故谋闭而不兴,盗窃乱贼而不作,故外户而不闭,是谓大同。"① 康有为从儒家的经世济民思想中找到了与共产主义的契合点,故梁启超(2008:55)在其《清代学术概论》中对《大同书》的评价就是"共产主义存焉"。

如果说康有为不懂外语,可能对马克思主义概念术语产生误读,作为翻译家的严复是如何译介马克思主义术语呢？ 1897年严复翻译的《天演论》,该书向中国知识界介绍了进化论,*Evolution and Ethics*(《进化论与伦理学》的第九章提到了共产主义:

原文:Social organization is not peculiar to men. Other societies, such as those constituted by bees and ants, have also arisen out of the advantage of cooperation in the struggle for existence; and their resemblances to, and their differences from, human society are alike instructive. The society formed by the hive bee fulfils the ideal of the communistic aphorism "to each according to his needs, from each according to his capacity."

(Huxley, 2012:34)

译文:夫蜂之为群也,审而观之,乃真有合于**井田经国**之观,而近世**以均富言治者**之极则也。复案:古之井田与今之**均富**,以天演理及计学公例论之,乃古无此事,今不可行之制。故赫氏于此意含滑稽。以均富言治者曰:**财之不均,乱之本也。**一群之民,宜通

---

① 参见孔子:《论语》,湖南人民出版社,2000年,第138页。

力而合作。然必事各视其所胜，养各给其所欲，平均齐一，无有分殊。为上者职在察贰廉空，使各得分愿，而莫或并兼焉，则**太平**见矣。此其道蜂道也。

（严复，1986：1343）

严复把马克思主义术语communist翻译成"均富言治者"，并用"井田制"和"均富论"等儒学话语解释共产主义思想，并使用了"太平""经国""天演""公例"等特色鲜明的儒学术语。关于井田制的论述最早见于《孟子》："方里而井，井九百亩，其中为公田。八家皆私百亩，同养公田。公事毕，然后敢治私事"（朱熹，2011：239）。井田制自《孟子》之后，《论语》《诗》《书》等都有所记载，此后经儒家学者不断阐发而成为一种治国理念。康有为认为井田制是儒家实施仁政、经世济民的制度体现，为"太平之基"。[①] 梁启超认同康有为的观点，并就井田制与均富论进一步展开论述："孟子言井田，为大同之纲领。井田为孔子特立之制，所以均贫富。《论语》所谓不患寡而患不均，井田者均之至也，平等之极则也。西国近颇倡贫富均财之说，惜未得其道耳。井田不可行于后世无待言，迂儒斤斤思复之者妄也。法先王者法其意，井田之意，真治天下第一义矣。"[②] 孙中山对井田制的看法是："考诸历史，我国固素主张社会主义者。井田之制，即均产主义之滥觞；而累世同居，又共产主义之嚆矢"（孙中山，1982：507）。严复用大同说和均富论解读和翻译communism，与维新派和革命派有一脉相承的思想渊源，这种渊源就是儒家学说，其精髓就是儒家的民本思想和经世精神。

除了communism之外，李博（2012：105-225）发现早期许多马克思主义核心术语在翻译成汉语时都被儒学化了，这些核心术语的翻译要么出自儒家经典，要么契合了儒家学说。比如feudalism在《共产主义宣言》（1908）中被翻译成"封建主义"，"封建"一词最早见于《左传》："昔周公吊二叔之不咸，故封建亲戚以蕃屏周。"现代意义上的"封建"起源于儒家经典的"分封建制"。英文landlord被译为"地主"、society

---

[①] 参见康有为：《孟子微》，载《新民丛报》，1902年第10集。
[②] 参见梁启超：《中国之社会主义》，载《新民丛报》，1903年第46-48合集。

被译为"社会",可以追溯到儒家经典的《左传》;private 被译为"私有",可以追溯到《左氏春秋》;the people 被译为"人民",可以追溯到《孟子》;其他词汇如 economy 被译为"经济",契合儒家的"经世济民"思想;而 revolution 被译为"革命",也契合了儒家的国家理论,即天命属于最高美德之人,如果君主辱没了天命,就会被革去天命。

晚清西学翻译的术语儒学化可以加深学术界对马克思主义中国化的认识,可以发现早期的马克思主义传播者都具有鲜明的儒家情怀,郭齐勇(2009:57-58)甚至认为马克思主义中国化在"一定意义上就是马克思主义的儒家化",这种观点忽略了二者的本质区别。但是,儒学作为早期中国先进知识分子接受马克思主义的文化心理基础,哲学家方克立(2009:33)认为儒学里的精华与马克思主义有诸多"相容相通之处",其观点从翻译的角度来看还是客观审慎的。由此可见,翻译活动作为先进知识的生产手段,既承载着儒家文化的历史记忆,也为马克思主义在中国的早期传播做出了重要的历史贡献。

6 结语

对于西学术语翻译的儒学化现象,从文化史和思想史层面来看,可以发现在晚清中国儒学虽然受到来自西学前所未有的冲击,但是儒家先进知识分子并不排斥西学,其经世学派通过借鉴西学和弘扬传统而形成实学思潮,儒学的修治齐平和经世济民的精神在西学翻译中的表征尤为显著,也彰显了儒学兼容并蓄和与时俱进的精神。从近代日本学者在西学翻译中的术语儒学化现象来看,儒学不仅是中华文明的核心内容,也对"汉字文化圈"国家产生了深远的影响。当今中国仍然应该重视儒学在"汉字文化圈"国家的传播,而且在当代中西文明交流与互鉴中儒学仍然可以发挥重要作用。西学翻译的术语儒学化现象说明晚清的西学翻译始终没有脱离传统文化,翻译在晚清中国社会不但承载着民族的历史记忆,也在近代中国学术话语体系的构建中发挥重要作用。

对概念史的借鉴使术语翻译研究超越了单名单义范式的局限性,这种研究范式更彰显了术语在对学术话语体系构建中的重要性：一是术语翻译并不是简单的概念迁移，社科术语尤其具有很强的意识形态属性，术语翻译在学术话语体系构建中发挥着不可忽视的作用；二是术语翻译研究不能局限于概念等价的思考，更应该关注术语翻译的接受和术语译名在目标话语体系中的功能和影响；三是术语翻译实践既要考虑如何借鉴外来学术思想，又要考虑如何传承本土学术思想，如何充分利用本土学术话语资源；四是对于外来术语汉译，中国文化典籍中的语汇仍然是可资借鉴的话语资源，汉语汉字具有其特定的优势，作为知识分子的译者应该树立对民族语言文字的学术自信。总而言之，术语翻译无论是自科术语还是社科术语都有可能成为社会思潮的风向标，对国家学术话语体系构建、国家科技的发展具有重要引导作用。

参考文献

樊洪业．从"格致"到"科学"［J］．自然科学辩证法通讯，1988（3）：39-50．

方维规．概念的历史分量：近代中国思想的概念史研究［M］．北京：北京大学出版社，2019．

方克立．关于马克思主义与儒学关系的三点看法［J］．红旗文稿，2009（1）：33-36．

冯天瑜．近代汉字术语的生成演变与中西日文化互动研究［M］．北京：经济科学出版社，2016．

贺麟．严复的翻译［A］．//罗新璋．翻译论集［C］．北京：商务印书馆，2009：213-246．

黄克武．自由的所以然：严复对约翰弥尔顿自由思想的认识与批判［M］．上海：上海书店出版社，2000．

高柳信夫．为什么要翻译 On Liberty［A］．//狭间直树．近代东亚翻译概念的发生与传播［C］．袁广泉，杨韬，李冬木，等译．北京：社会科学出版社，2015：63-94．

高中理. 《天演论》与原著比较研究[D]. 北京：北京大学，1999.

郭齐勇. 儒学与马克思主义中国化及中国现代化[J]. 马克思主义与现实，2009（6）：56-62.

金观涛，刘青峰. 观念史研究：中国现代重要政治术语的形成[M]. 北京：法律出版社，2017.

康有为. 孟子微[J]. 新民丛报，1902（10）：52-58.

孔子. 礼记[M]. 上海：上海古籍出版社，1987.

孔子. 论语[M]. 长沙：湖南人民出版社，2000.

李博. 现代化进程中的语言：19世纪西方概念和汉、日语的整合[A].//郎宓榭. 新词语新概念：西学译介与晚清汉语词汇之变迁[C]. 赵兴胜，译. 济南：山东画报出版社，2012：202-242.

梁启超. 中国之社会主义[J]. 新民丛报，1903（46-48）：1095-1096.

梁启超. 清代学术概论[M]. 北京：人民出版社，2008.

铃木贞美. 概念体系史的研究方法[A].//方维规. 思想与方法[C]. 北京：北京大学出版社，2015.

孙中山. 孙中山全集（第2卷）[M]. 北京：中华书局，1982.

王东风. 五四运动前后马克思主义在中国的传播[J]. 中国翻译，2019（3）：22-32.

王宏志. "卖身事夷"的王韬：当传统文士当上了译者[J]. 复旦学报，2011（2）：25-40.

王会伟，任炯铭，张智勇，张德让. 基于变译语料库的严复译名观研究[J]. 浙江理工大学学报，2018（2）：150-156.

武上真理子. "Civil Engineering"一词的概念及其翻译[A].//狭间直树. 近代东亚翻译概念的发生与传播[C]. 袁广泉，杨韬，李冬木，译. 北京：社会科学出版社，2015：220-263.

谢弗. 谭嗣同思想中的自然哲学、物理学与形而上学[A]. 郎宓榭编. 新词语新概念：西学译介与晚清汉语词汇之变迁[C]. 赵兴胜，译. 济南：山东画报出版社，2012：267-280.

徐光启. 徐光启集[C]. 王重民，辑校. 上海：上海古籍出版社，1984.

严复. 附原强修订稿[A].//王栻. 严复集（第1册）[C]. 北京：中华书

局，1986：15-32.

严复. 救亡决论［A］.// 王拭. 严复集（第 1 册）［C］. 北京：中华书局，1986：41-54.

严复.《群己权界论》译凡例［A］.// 王拭. 严复集（第 1 册）［C］. 北京：中华书局，1986：132-135.

严复.《与熊纯如书》五十二［A］.// 王拭. 严复集（第 3 册）［C］. 北京：中华书局，1986：668.

严复.《群学肄言》译余赘语［A］.// 王拭. 严复集（第 1 册）［C］. 北京：中华书局，1986：125-127.

阿道司·伦纳德·赫胥黎. 天演论［Z］. 严复，译.// 王拭. 严复集（第 5 册）［C］. 北京：中华书局，1986：1317-1410.

张德让. 翻译会通：从徐光启到严复［J］. 外语教学，2011（6）：96-99.

张富春. 佛教史视阈下康僧会译经之儒学化及其意义［J］. 中州学刊，2016（5）：116-121.

章士钊. 论翻译名义［A］.// 朱志瑜，张旭，黄立波，等. 中国传统译论文献汇编（第 1 卷）［C］. 北京：商务印书馆，2020：460-466.

朱熹. 四书章句集注·孟子集注［M］. 北京：中华书局，2011.

朱志瑜，张旭，黄立波，等. 中国传统译论文献汇编（第 2 卷）［C］. 北京：商务印书馆，2020.

Huxley, T. *Evolution and Ethics*［M］. 上海：世界图书出版公司，2012.

To Benefit the People by Introducing Western Knowledge: An Analysis of the Confucianization Tendency in Chinese Translation of Western Terms During the Late Qing Period

Zhang Jinghua

(Hunan University of Science and Technology)

Abstract: In the late Qing Dynasty, the translation of western academic works by Chinese intellectuals was featured with a prominent tendency of using Confucianist terms to translate and interpret western academic terms, which demonstrates modern intellectuals' spirit of benefitting the country and the people through learning from western studies. This strategy could achieve the effect of dissolving the conflicts between Chinese and western academic thoughts and learning from western studies through appropriate naming. It inherited the academic tradition of "translation and integration" since the late Ming Dynasty and played a significant important role in the dissemination of Marxism in the late Qing Dynasty. The research has important implications for translation and culture transmission, culture confidence and the construction of modern China's academic discourse system.

Keywords: The Late Qing Period; Translation of Western Academic Works; Confucianization of Terminology

怀特海"过程哲学"视域下《道德经》英译的变异与发展考察

蒋 童① 刘源之②

(1. 北京第二外国语学院；2. 首都师范大学)

【摘　要】近年来，翻译研究关注译文对原文的演变发展。受译者主体性、历史背景、社会意识形态等主客观因素影响，对同一文本不同时期的译本研究格外重要。《道德经》言约意丰，其开放的语意场可为不同社会环境所用。因此，《道德经》在西方译介过程中译本形态不断发展流变。怀特海过程哲学将实际存在物看成是一种过程，认为实际存在物变动不居，处于不断流变的世界中。探讨《道德经》不同时期英译的发展流变，在过程中译本内涵的更迭补充有助于促进典籍研究，同时译本在发展过程中逐渐还原本义，促使中国哲学文本英译有独立的话语体系。

【关键词】《道德经》；过程哲学；怀特海；翻译

---

① 蒋童，北京第二外国语学院高级翻译学院教授，研究方向：翻译研究与比较诗学研究。
② 刘源之，首都师范大学外国语学院硕士研究生，研究方向：翻译。

引言

《道德经》因其开放语意场和深邃思想吸引众多中外学者。目前，《道德经》已有译本百余种。在特定时空下，不同时期的译者根据自身需要阐释《道德经》思想，并在这些思想的重塑中发挥作用。本文根据朱利亚·哈蒂（Julia Hardy）对18世纪以来西方《道德经》传播与形象变迁所划分的三个历史阶段（Hardy，1998：165-167），对译本的社会背景、译者取向、文本特殊意向的处理以及译本之间的相互联系进行比较，利用怀特海过程哲学相关理论探讨译本在翻译过程中的发展流变。

1 18世纪以来《道德经》在英语世界的译介情况

比利时传教士卫方济（Francois Noel）于17世纪出版的拉丁文《道德经》译本推动了《道德经》在西方的传播。1868年，湛约翰（John Chalmers）出版的《老哲学家：即老子，关于形而上学，政治，道德的思考》（*The Speculation on Metaphysics, Polity and Morality of "The Old Philosopher", Lau-Tsze*）是《道德经》英译的第一个全译本。鉴于本文主要探讨18世纪以来《道德经》海外译本的发展流变，故译介情况也以该时期为主。

18世纪以来英语世界《道德经》的译介情况可分为三个历史阶段：18—19世纪期间，传教士为嫁接基督教义，有选择性地对其展开宗教阐释；20世纪初，在复杂的社会思潮影响下，各译者对文本展开现代性阐释，以挖掘其对现代文明的启示意义；20世纪末，西方学者出于学术研究目的，从哲学角度出发探寻老子智慧及思想（Hardy，1998：165）。

第一个历史时期的《道德经》翻译主要由传教士展开，宗教比附意味明显。译者大多对《道德经》的重要范畴与命题进行直接或间接的分析和重释，更有甚者直接否认了原文本身的思想（刘耘华，2005：119）。作为在华传教工具，此时的《道德经》并无独立文学身份，译者的研究及译本大都发表在期刊上。该时期代表译者为理雅各（James Legge），他的译本虽尊重中国学术传统，且附有大量注解，但在其前言中仍注明："在许多方面基督教教义是正确的，而老子的认识是错误的"（Legge，1962：21）。因此，他的译本虽表面上忠实原文，但文本深层仍将基督教神学思想引入道家经典。

第二个历史时期以亚瑟·韦利（Arthur Waley）于1934年出版的《道和经：〈道德经〉及其在中国思想中的地位》（*The Way and Its Power: A Study of the Tao Te Ching and Its Place in Chinese Thought*）研究为起点。该时期的译本多针对一战后西方世界理性文化走向终结、宗教组织涣散的现状，将《道德经》作为批判西方思想和价值的工具。该阶段英文译本达54种，译本的阐释过程发挥了前所未有的建构功能，对《道德经》西方传播影响最深。

1973年，马王堆汉墓帛书《道德经》的出土引发了国内外老学研究的高潮，自此进入《道德经》研究的第三个时期。该时期译者跳脱了将"道"比作"最高神"或"绝对理念"的研究，试图从文本最初意义重建老学理念，以更平等、友好的态度注释中国文化。例如，大部分学者将"道"视为专有名词，译为"Tao"，这让中国哲学文本有自己的话语体系。安乐哲（Roger T. Ames）的译本《道不远人——比较哲学视域中的〈老子〉》（*Dao De Jing "Making This Life Significant": A Philosophical Translation*）从比较哲学的角度出发，依照中国思想文化框架对《道德经》进行分析。其对道家"关联宇宙论"和"无形式"的阐释打破了西方哲学界"哲学就是盎格鲁—欧洲文化传统的专利"的认识，在国际范围内有着显著的时代价值与文学价值。

《道德经》在英语世界三个阶段的传播特点受时代背景影响较大。1868年至20世纪初，传教士出于政治目的以基督教义解读《道德经》；两次世界大战对西方价值观的冲击，推动了《道德经》第二次英译高潮的到来；随着世界各国文化的交融，20世纪末的学者以老子思想与老子著作为核心，从学术视角展开详尽分析。不同时期的译本在《道德经》西方译介过程中都是一种进行着的独特成就，它们彼此渗透，融合纳新，为《道德经》还原本义奠定基础。

2 "过程"与"译":怀特海"过程哲学"与翻译

阿尔弗雷德·诺思·怀特海(Alfred North Whitehead)在开展关于宇宙论的研究时提出了过程哲学。他将宇宙万物的本质看作过程,把过程视为实在的宇宙观。怀特海跳脱出西方传统哲学本体论对思维和研究方法的限制,将传统宇宙观中的"物质"与"实在"视为过程之中的存在物或实有。过程哲学所蕴含的思想与翻译活动极为相似。翻译从译者对文本的选择,到翻译策略的运用再到译本的生成可视为一整个过程,过程之中包含的主客因素共同构成翻译有机体,对翻译行为产生影响。本章通过对过程哲学详尽论述,发现其与翻译活动的关联性,为其后用过程哲学对《道德经》英译本的研究做下铺垫。

2.1 打破实体主义之藩篱:怀特海过程哲学

传统西方哲学将真正实在限定为一种恒在实体,因此其哲学框架总是囿于唯物主义或唯心主义的理论模式。怀特海脱离传统主客二元对立与实体主义哲学,在《过程与实在》中,从发生学角度出发,将实际存在物看作是一个过程:世界就是个体实际存在物的产生过程。实际存在物变动不居,不断流变,存在着从状态到状态的生长(Whitehead,1979:283;杨富斌,2003:517)。也就是说,世界的本质是过程,过程是实在的具体表现。万事万物都会经历从状态到状态的生成,处于不断流变的过程之中。

2.1.1 过程与翻译转换:宏观过程与微观过程

怀特海将过程详细划分为微观过程与宏观过程。微观过程是指不同条件的演变,这里提到的条件是现实性的,客观实在的;而宏观过程是从已获得的现实性过渡到获得之中的现实性的转化。前一过程促成了从实在向现实的增长;而后一过程造成了从"现实的"向"纯粹实在"

的转化（Whitehead，1979：214；杨富斌，2003：391）。过程哲学认为宇宙内各实际存在物相互关联，在过程中相互转化。宏观过程能够满足"获得"转化的条件，微观过程则为实在向现实的转换提供目的（Whitehead，1979：214；杨富斌，2003：391）。

翻译研究的文化转向带来了学者对翻译本质更多维度的认识。许钧对翻译过程给出了新定义，他认为过程能从动态化的角度对翻译现象进行解释。从狭义角度来看，翻译过程指将原文本译入目的语的过程。但是从广义角度来看，翻译过程不仅是文本间的转换活动，文本的获取、生成以及演变等各个环节也包括在内（许钧，2006：80）。怀特海对过程的具体划分也可以对翻译活动产生借鉴。翻译从原文到译文，可谓是从"现实"向"纯粹现实"转化的"宏观过程"，而为了形成较为出色的译文，译者的文本、翻译策略的选择等"微观过程"都实现了原文的"增长"。因此，原文与译文并非毫不相关的独立文本，两者彼此关联、相互渗透，共同构成翻译"有机体"，处于永恒创造和进化之中。

2.1.2 万物关联之"有机体"与翻译

怀特海受柏格森、布拉德雷、詹姆斯和杜威等人的影响，反对传统西方哲学，把世界看作是一个统一的机体和过程，整个宇宙乃是由各种事件，各种实际存在物相互连接而成的有机体。在既定的合生领域中，每一种存在，都能以诸多方式中的这种方式或那种方式与该合生相关联（Whitehead，1979：23；杨富斌，2003：39），在关联中达到有机统一。有机体的核心在于活动，活动表现为过程，万物在过程中相互关联，在联结中不断创造新质，构成一个大的有机体。

整个翻译过程也可以是一个完整有机体，包含原文作者、译者、读者以及赞助商等，而其中某一点都与整个译本联系紧密。正如许钧所说，翻译决不仅是语言的转换过程，它还涉及文本的选择、研究、阐释、接受等具体环节，这些环节都与译本高度关联（许钧，2006：85）。无论从何种角度对翻译过程分类，整个翻译活动都是由无数相互关联的个体构成的"有机体"，其中任意一部分都会对译本质量产生影响。

2.2 过程哲学之"摄入"与翻译

传统"信达雅"的翻译理论或一再追求"对等"效应的翻译研究方法已不能满足翻译需求,"艺术作品的存在就是那种需要被观赏者接受才能完成的游戏"(Gadamer,1990:169;洪汉鼎,2010:240)。因此,翻译的关注点应更多放在谁在何种情况下为谁翻译什么内容、为什么要翻译,以及会产生什么影响等问题上。换言之,翻译过程和翻译结果同样值得关注。正如怀特海所说,最为合适的检验是对过程的检验,而非对结果的检验(Whitehead,1979:14;杨富斌,2003:24)。翻译过程中诸如原文版本、译者选择、社会意识形态、读者期待等共同决定了如何生成以及生成怎样的译本。怀特海认为实际存在物可以通过各种方式加以分析,以"摄入"的形式分析实际存在物的构成是其最具体的方式。每种摄入元素都可以在实际存在物中展现自身特点:摄入本身与周围环境相互作用、相互联系(Whitehead,1979:19;杨富斌,2003:32)。

同理,对于一部译作,可以把它的构成拆分为各种"摄入",这些"摄入"展现了译作作为存在物最本性的特征。语言的差异性决定了译文的杂合性,即当用一种语言文化再现另一语言文化时,译文会不可避免地夹杂两种语言文化特征(余美,2004:117)。除了客观语言差异,译者"摄入"的"矢量"特征也对译文产生极大影响。米歇尔·福柯(Michelle Foucault)在其"话语的秩序"(*The Order of Discourse*)中强调,话语本身就是欲望的对象,与权力紧密相连(Foucault,1981:52;许宝强,袁伟,2000:3),译作的语言加入了译者情感、意图、评价和因果性等,共同构成了翻译过程。正是译者种种自觉或不自觉的"摄入",才有了形态各异的《道德经》译本,才使得不同时期译本比较成为可能。

3 怀特海"过程哲学"与《道德经》译本：在过程中的自我变异与发展

《道德经》因阐释者时代与立场不同，已不止孤零零五千字，而是一个复数的文本集合。语言的更新变化、人类理解的不断完善使每个时代都以自己的方式解读文本，为原文追求"再生"而努力。"文本的终极译本根本就无法实现，我们可以做到的只是在不同的阐述交流条件下译出近似的文本"（Simon, 1996: 23; 许宝强，袁伟，2000: 337）。哈蒂将 18 世纪以来西方学者对《道德经》的阐释划分成三个阶段，本章从怀特海过程哲学视角探讨《道德经》译本的发展，将不同时期的译本视作相互联系、相互依赖的有机体，从而明晰《道德经》的发展脉络，探究其英译的变异与发展。

3.1 宗教比附：《道德经》翻译基督化时期

受到《马可·波罗游记》中"遥远的东方形象"的驱使，以及为了加紧形成文化领域的绝对控制，西方大批传教士来华传播基督教福音。法国耶稣会士傅圣泽率先指出，"道"即造物主上帝（楼宇烈，张西平，1998：267）。传教士选取《道德经》中符合其价值观的成分进行翻译，以求得到"类同性话语支持"。在此期间，传教士理雅各的译本被奉为经典，无论是形式还是思想，都贴切原文。以《道德经》第一章中"故常无欲以观其妙，常有欲以观其徼"为例，理雅各译为：

> Always without desire we must be found, if its deep mystery we would sound; But if desire always within us be, its outer fringe is all that we shall see.
>
> (Legge, 1966: 47)

而同时期的译者亚历山大（George Gardiner Alexander）认为理雅各译本晦涩难懂，决定译出老子思想。他将其译为：

> Now he who would gain a knowledge of the nature and attributes of the nameless and undefined God, must first set himself free from all earthly desires, for unless he can do this, he will be unable to penetrate the material veil which interposes between him and those spiritual conditions into which he would obtain in sight.
>
> (Alexander, 1895: 55)

从两者的译本来看，理雅各翻译体例严谨，紧贴原文。而亚历山大则毫不抑制个人前见，代"道"以"God"，且用语平直，一改《道德经》原文本古奥韵味。事实上，"他（后者）的译文显然跟原文内容偏离甚远"（王剑凡，2001：123），文体也与原文毫不相关。但从西方理解与接受的角度来看，亚历山大译本则更受欢迎。究其原因，理雅各译本过于纠缠学术细节，对受众群体要求较高，而亚历山大的阐释性文本则富有浓厚的本位主义色彩，更符合西方读者的文化心理。以后者为代表的翻译在社会范围内的普及会导致从未接触过《道德经》的读者对其内涵产生误解，从而造成对中国经典文本的误导性传播。

尽管理雅各的翻译在句法上特别小心，有时候简直是有意字酌句比（岳峰，2004：208），但在其前言中仍表明基督教教义的崇高性。该时期《道德经》翻译抛弃原作内容，究其实质是出于强权文化意识形态对弱势文化的蓄意扭曲。"文学作品达成理解的条件正是以先有、先在、先识构成的前理解"（金元浦，1995：65），任何文学的理解都只能从这种"前理解"的状态开始。这些带有民族前见的译本一方面受目的语语境中意识形态、诗学等力量钳制，其意义有所遗失；另一方面译文经由这一脱胎换骨的过程也会产生新形象，发挥意想不到的作用。《道德经》在西方传播的第一阶段变异为宗教附着文本，其蕴含于万物之中天生道德的"道"，变异为君临万物之上的主宰。尽管如此，该阶段为普及《道德经》的传播做了良好铺垫。

3.2 救治良药:《道德经》翻译西方救治时期

每个时代都以自己的方式认识历史文本,并试图在文本中发现自身。西方世界在两次世界大战及经济大萧条的双重打击下,宗教瘫痪、信仰崩塌,开始反思求变。《道德经》中蕴含的反战思想,对个人主义、过分干扰的批判与该时期西方人的真实感受相吻合。张隆溪曾追索过近代西方在往中国的文化行旅中因想象而生的中国形象,发现大多数西方人所了解的中国和实际的中国相差甚远,这些西方人更倾向于相信自己想象出来的中国文化(张隆溪,2004:60)。因此,翻译是特定时代、特定需要的产物,是经过政治文化网络过滤的社会集体想象物。

该时期由于宗教与哲学问题依然存在,《道德经》的翻译文本仍有与基督教义相对比的成分在。但相较于两者力争高下或硬性比附,这一时期的译本更注重对道家文化的对比与认同。史蒂芬·米歇尔(Stephen Mitchell)译本曾在西方世界引起轰动。仍以"故常无欲以观其妙,常有欲以观其徼"为例,米歇尔与理雅各处理方式相似,更贴近原文。他将其处理为:

> Free from desire, you realize the mystery.
> Caught in desire, you see only the manifestations.
>
> (Mitchell, 2006: 1)

从字面意思来看,这里的"free from"比理雅各"without"更具自由反叛精神,而后的"manifestation"更像是某种精神的化身,比"outer fringe"更具先导作用。在处理《道德经》第四十六章"天下有道,却走马以粪,天下无道,戎马生于郊"时,理雅各将其译为:

> When the Tao prevails in the world, they send back their swift horses to the dung-carts.
> When the Tao is disregarded in the world, the war-horses breed in

the border lands.

(Legge, 1966: 88)

而米歇尔对形象做了具体化处理，将其译为：

When a country is in harmony with the Tao, factories make trucks and tractors, and when a country goes counter to the Tao, warheads are stockpiled outside the cities.

(Mitchell, 2006: 46)

在对"走马以粪""戎马生于郊"的处理中，理雅各的译文可能让读者不知所云，直译加注的方法也很难生动传达老子本意。米歇尔用了"factories, trucks, tractors"等词，有助于已步入工业化时期的西方读者理解其意。

如果从是否贴近原文语言及形式的角度来评判米歇尔的译文，其译作或许质量欠佳。但沃尔夫·威尔斯（Wolfram Wilss）详列了德语中指涉翻译行为的词语，以及从其他词汇中汲取的如 paraphrase, substitution, interpretation 等，认为这些词印证了翻译在不同方面要求与侧重不同（Wilss, 2001: 27-28）。米歇尔译本更重可读性与创造性，在对文本的释义、增删、阐释中试图用现代化视角解读老子思想。翁显良也强调，翻译的最终目标在于帮助语言文化不通的读者了解文本真意，应当不断依据时代背景与社会发展的实际情况对文本进行现代化处理（翁显良，1983：2）。总的来说，《道德经》在西方传播的第二阶段从宗教文本变异为有独立思想、有可借鉴意义的开放文本。《道德经》译本在该时期的动态演变有其自身的自我造就能力，但放在怀特海过程哲学视野里，该时期译本仍与其他《道德经》译本处于平等地位，且又相互关联，为《道德经》在西方的传播与发展搭建桥梁。

3.3 汉学成果：《道德经》翻译本土文化觉醒时期

1973 年长沙马王堆汉墓帛书《道德经》甲、乙本的出土推动了西方世界《道德经》的研究热潮。这一时期学者不再把《道德经》看作可随意操纵的文本，而是进行专门的典籍研究。安乐哲与郝大维（David L. Hall）就曾要"去恢复这些文本的本来面目，努力用它们的眼睛来观照和诠释它们的世界"（安乐哲，郝大维，2004：14）。

长期以来，西方用自身的范畴和哲学框架分析和诠释中国哲学文本，所使用的语言也是强调西方重要性的一种改写，这就造成西方国家长期误读中国典籍。为解决这一现象，安乐哲认为应将文本置于"阐释语境（interpretive context）"，即原有的时间和语境中。安乐哲在《道德经》中对"德"的翻译就体现了这一观点。在关键词汇表中，安乐哲建议将"德"译为"virtuality"（Ames et al.，2003：49），而在第二十八章中"恒德不离"的"德"，他处理为"real potency"（同上，2003：105），很明显这里的"德"更多指"道"的功用。所谓"阐释语境"并不仅是让原文回到自身的时代，也指在原文本创造的语境中理解其意。

《道德经》英译本在这一时期逐渐演变为汉学研究成果，"道"这一核心名词"Tao"的译本已占据主流。文本的核心概念与术语是历史的浓缩，任何形式的翻译都无法完全传达其背后的思想内涵。最佳的翻译终归是理想状态，译者只能尽力做到最好的解说（Owen，1992：17；王柏华，陶庆梅，2002：15），因此"Tao"已然成了解释"道"的专有名词，时至今日仍在使用。该时期的《道德经》译本在内容上更具学术性，虽然受众群体有限，但为老子思想在英语世界的传播立下不朽功勋。过程哲学的认识论坚持认识的主体与客体都在认识的过程中产生，整个认识的过程就是个体实在物的合生过程。《道德经》文本在此时期由第二阶段的"开放性"文本变异为"闭合性"文本，译者由原先从原文本出发延伸至无限远的语义场，而后又回归原文本，试图用原文本的思想、话语发生。许多汉学家、学者在该时期起到关键作用，他们的译本并非为了对不同的文化进行优先排序，而是文化间真正的比较研究，从而实现东西方文化的交融与发展。

3.4 《道德经》英译本在过程中的自我变异与发展

过程哲学强调过程与个体的相辅相成。每一个体都是在整体演变过程中通过发展其自身独特性得以脱颖而出，脱离任何过程性整体，个体的独特性便失去了参照意义（陈奎德，1988：68）。诚然，各译本都有自身独立的世界，这种相对独立性正是在《道德经》整个西方译介的过程中体现的。以《道德经》典型意象"道"为例，"道"从宗教比附时期的"way""god"，演变为西方救赎"良药"的各种具体化形象，最终成为典籍研究时期汉学家眼中的"Tao"。正是新旧译本在过程中的良性循环，互为促进，才形成了这一形象的不断整合与再整合，从而使"道"还原本义，实现了从"实在"向"现实"的增长。

西方不同时期、不同派别的译者对《道德经》"仁者见仁，智者见智"的解释，不能说都偏离了原作，同一著作的不同译本正是"百家争鸣"的体现。这些不同时期不同趋向的译本彼此联通，共同构成《道德经》英译有机体。过程哲学跳脱出西方实体哲学，认为过程是一切事物的存在状态。将其原理映射在翻译过程中，即翻译研究跳脱出译文对原文的对照，转而更加关注译文在翻译过程中对原文的演变发展。《道德经》不同时期的译本虽处于不断流变的过程中，但每一个从"现实"向"纯粹现实"转化的译本都是独立个体，映照着不同的社会背景、民族文化、译者动机等。前一时期的译本总为下一时期的译本更迭打下基础，从已形成的"纯粹现实"又转化为"现实"，通过"微观过程"演变为下一时期的"纯粹现实"。各个时期的译本就这样能动、关系性、有机地存在，成为过程链中必不可少的环节。最终，各译本在发展的过程中实现"合生"，形成了较为完善的西方老学体系。

4 结语

《道德经》因阐释者所处的时代与立场不同，拥有众多译本。将这些不同时期的译本看作整体，各阶段译本的流变在过程哲学中得以显现。在经历了宗教比附、救治良药时期后，《道德经》逐渐成为与西方哲学处于对等地位的哲学体系。过程哲学关注现世的变化不居，流变过程取代了静止概念或实体意义。从过程哲学的角度理解《道德经》译本的发展流变，可以明晰他国眼中自身的文化定位，同时不同阶段译本的更迭补充也有助于完善《道德经》内涵，从而丰富、发展自身。

参考文献

安乐哲，郝大维．道不远人——比较哲学视域中的《老子》[M]．何金俐，译．北京：学苑出版社，2004：14．

陈奎德．怀特海哲学演化概论[M]．上海：上海人民出版社，1988：68．

福柯撰，肖涛译．"话语的秩序"，许宝强，袁伟，选编．语言与翻译的政治[M]．北京：中央编译出版社，2000：3．

怀特海．过程与实在[M]．杨富斌，译．北京：中国城市出版社，2003：24；32；39；391；517．

伽达默尔．真理与方法——哲学诠释学的基本特征（诠释学Ⅰ）[M]．洪汉鼎，译．上海：上海译文出版社，2010：240．

金元浦．意义：文学实现的方式[J]．文学评论，1995（4）：65．

刘耘华．诠释的圆环——明末清初传教士对儒家经典的解释及其本土回应[M]．北京：北京大学出版社，2005：119．

楼宇烈，张西平．中外哲学交流史[M]．长沙：湖南教育出版社，1998：267．

王剑凡．中心与边缘——初探《道德经》早期英译情况概况[J]．中外文学，2001（3）：123．

翁显良．意态由来画不成[M]．北京：中国对外翻译出版公司，1983：2．

谢莉·西蒙．翻译理论中的性别．吴晓黎，译．许宝强，袁伟选编．语言与翻译的政治[M]．北京：中央编译出版社，2000：337．

许钧．翻译论[M]．武汉：湖北教育出版社，2006：80，85．

余美．翻译：面对文化杂合与文化失衡[J]．同济大学学报，2004（6）：117．

宇文所安．中国文论：英译与评论[M]．王柏华，陶庆梅，译．上海：上海社会科学院出版社，2002：导言：15．

岳峰. 架设东西方的桥梁——英国汉学家理雅各研究 [M]. 福州：福建人民出版社，2004：208.

张隆溪. 走出文化的封闭圈 [M]. 北京：生活·读书·新知三联书店，2004：60.

Alexander, G. G. *Lao-Tsze: The Great Thinker with A Translation of His Thoughts on the Nature and Manifestation of God*[M]. London: Kegan Paul Trench, Trübner, 1895: 55.

Foucault, M. *The Order of Discourse*. Ian McLeod (trans.). in Robert Young (ed.), *Untying the Text: A Post-Structuralist Reader*[M]. London: Routledge & Kegan Paul, 1981:52.

Gadamer, H. G. *Wahrheit und Method: Grundzüge einer philosophischen Hermeneutik*[M]. Tübingen: Mohr, 1990:169.

Hardy, J. Influential Western Interpretations of the *Tao-Te-Ching*. Kohn, Livia & Michael LaFargue. (eds.), In *Lao-Tzu and the Tao-Te-Ching* [M]. Albany: State University of New York Press, 1998:165-167.

John, C. *The Speculations on Metaphysics, Polity and Morality of "The Old Philosopher", Lau Tsze*[M]. London: Trübner, 1868.

Legge, J. et al. *The Sacred Books of China: The Texts of Taoism* (Vol. V.) [M]. Delhi: Motilal Banarsidass, 1966:21,47,88.

Mitchell, S. *Tao Te Ching: A New English Version* [M]. New York: Harper Collins Publishers, 2006:1,46.

Owen, S. *Readings in Chinese Literary Thought*[M]. Cambridge: The Council on East Asian Studies of Harvard University, 1992: Introduction:17.

Roger, A. T. & David, H. L. *Dao De Jing "Making This Life Significant": A Philosophical Translation* [M]. New York: The Random House Publishing Group, 2003:49,105.

Simon, S. *Gender in Translation: Cultural Identity and the Politics of Transmission*[M]. London: Routledge, 1996:23.

Waley, A. *The Way and Its Power: A Study of the Tao Te Ching and Its Place in Chinese Thought*[M]. London: George Allen & Unwin, 1934.

Whitehead, A. N. *Process and Reality: An Essay in Cosmology*[M]. New York: The Free Press, 1979:14,19,23,214,283.

Wilss, W. *The Science of Translation: Problems and Methods*[M]. Shanghai: Shanghai Foreign Language Education Press, 2001:27-28.

The Variation and Development in the English Translation of *Tao Te Ching* from the Perspective of Whitehead's Process Philosophy

Jiang Tong[1] *Liu Yuanzhi*[2]

(1. Beijing International Studies University; 2. Capital Normal University)

Abstract: Translation studies have in recent years turned to the variation and evolution of the translated work. For the translator's subjectivity and the constraints imposed by specific social contexts and the mainstream ideology, the research of translations on the same text at different times gained prominence. The *Tao Te Ching*, with concise yet profound expressions, can be adapted to different situations. Therefore, the translations of *Tao Te Ching* have continuously evolved and changed during its introduction to the West. Whitehead's process philosophy views entities as processes, arguing that entities are in flux in a changing world. Examing the variation and evolution of English translations of *Tao Te Ching* provides a new prospective for the study of Chinese classics by taking different translation as a whole process. Meanwhile, these variant translations will gradually restore the original meaning of *Tao Te Ching* through evolution, fostering an independent discourse system for the English translation of Chinese philosophical texts.

Keywords: *Tao Te Ching*; Process Philosophy; Whitehead; Translation

《木兰辞》在英语世界的译介研究回眸

——兼论"描述/系统"范式下的改编研究定位

刘碧林[①]

（香港大学）

【摘　要】《木兰辞》作为木兰替父从军故事的最早文字记录，已经通过译本和改编两种形式在英语世界流传多年，学界也对其译介已有相当丰富的研究，但未见有对其已译介研究情况的全面梳理。此外，《木兰辞》的英语翻译（译本）研究与改编研究似乎各行其道，鲜见学者将关系紧密的二者统一在同一视域下探讨。故本文首先回顾《木兰辞》在英语世界的翻译与改编研究情况，其次分析改编研究与翻译研究的关系，最后在文化翻译的"描述/系统"研究范式下对改编研究进行定位。

【关键词】《木兰辞》；翻译研究；改编研究；文化翻译；"描述/系统"范式

引言

2020年，由刘亦菲主演、改编自中国民间故事木兰替父从军的美国

[①] 刘碧林，香港大学中文学院助教、翻译研究方向博士候选人，研究方向：中国文化世界传播、世界文学、海外汉学。

真人电影《花木兰》(Mulan)在全球上映,这是华特·迪士尼影片公司(Walt Disney Pictures)继1998年《花木兰》(Mulan)动画电影之后,时隔22年又一次在影视产品对木兰故事进行挪用。伴随着全球对《花木兰》动画和电影的讨论热潮,学界也纷纷将视线转向了木兰故事在英语世界的传播情况。因为《木兰辞》被学界广泛认作木兰故事最早的文字记录,所以对木兰的域外传播讨论多围绕《木兰辞》的翻译展开。然而,笔者发现,除了翻译研究,还存在许多《木兰辞》的改编研究,两者共同展现了木兰故事在英语世界的流传情况,即译介情况。可是,两者似乎各行其道,鲜有学者将其统一在译介的视域下,造成了改编似与译介有关,但又不知如何对其定位的局面。故本文首先回顾《木兰辞》在英语世界的翻译与改编研究情况,其次分析改编研究与翻译研究的关系,最后在文化翻译的"描述/系统"研究范式下对改编研究进行定位。

1 《木兰辞》英语翻译研究现状

相较于其他中国典籍的英译研究,与《木兰辞》英译相关的研究并不算多。经过对现有相关文献的收集、整理后可以发现,《木兰辞》英译研究主要可以分为译本批评研究、译本对比研究、英译史研究与译本中的木兰形象研究四类。

1.1 译本批评研究

最早一篇发表在学术期刊上对《木兰辞》英译本进行评价的文章是肖莉(2000)撰写的《意形韵的完美结合——汪榕培先生译作〈木兰辞〉赏析》,她认为汪榕培译本不仅做到了对原文的忠实,还展现了诗歌内容、形式与音韵的完美统一。汤棣华(2015)同样对汪译本进行了评价,不过她更加关注汪榕培对《木兰辞》中叠词的翻译,认为译者在每句结尾采用重音词(即阳韵)来体现叠词传达出的力量。丁志聪(2009)对傅汉思(Hans. H. Frankel)的译文进行了分析,认为该译本虽能准确传达原文意境，但中式英语的味道浓厚。康冉（2016）则是第一位发现并点评柳无忌译本的学者，她认为柳无忌通过语序调整、修辞运用、内容增减以及紧缩句来实现译文与原文的功能对等。

1.2 译本对比研究

这一类研究可再细分为两类，一类侧重于从不同视角对几个译本的翻译效果或译者翻译策略进行对比分析。周兰（2012）以认知语言学"图形—背景理论"为基础，对比了傅汉思与汪榕培两人的译本，汪译本更加忠实再现了原文中的意象。潘文岑、范祥涛（2013）运用系统功能语法，统计了巴德（Charles Budd）、丁韪良（W. A. P. Martin）、韦利（Arthur Waley）的三个译本的及物性过程所占比例，发现韦译本最接近原文，丁译本因表现出过多的静态过程而与原文差别较大，巴译本的效果则介于另外两者之间。曾月英（2016）以动态对等理论为基础，选择韦利、傅乐山（J. D. Frodsham）、傅汉思的三个诗歌译本作为研究对象，认为韦译本与傅乐山译本是以读者为导向的动态对等，而傅汉思译本则偏重形式对等。何庆庆、周雪婷（2016）从认知诗学概念转喻理论出发，分析了韦利、许渊冲两译本，认为两人扩大或缩小了转喻，加深了目标语读者对译文的理解。杨运（2019）从解构主义的角度出发，分析了丁韪良、傅汉思、许渊冲、汪榕培的四个译本，对于不同时代背景下特定翻译需求致使译者采取的不同策略进行了描述性研究。刘中阳、李玮（2020）从生态翻译学"三维转换"的视角出发，对比了许渊冲与巴德译本的翻译策略，认为许译本旨在通过异化传播中国文化，而巴译本则对原文进行了改写，呈现为一个用英语书写的中国女子替父从军的故事。孙红卫（2020）对比了韦利、傅汉思、曼提克（Evan Mantyk）、许渊冲四位译者对拟声词"唧唧"的翻译，探讨了不同译法的表现效果。董琪与陈俊玉（2021）、贺金颖与李鸿斌（2021）以及何其芳（2023）都对不同《木兰辞》译本中的文化负载词翻译进行了对比分析，董、陈采用认知语言学的隐喻翻译进行解释，贺、李则选用钱锺书的"化境"概念作为阐释基础，何则采用语料库从归化、异化的视角进行分析。邵琴

(2022)从修辞研究、翻译规范、三美论以及传播学等视角对比了《木兰辞》四个译本的拟声词、对话以及韵律。

另一类则偏重基于译本的译者翻译风格研究。比如，王峰、刘雪芹（2012）通过自建语料库比较了巴德、丁韪良、韦利、许渊冲、汪榕培的五个译本，从篇章、句子、词汇三个层面进行分析，认为巴、丁译的改写主要体现在"场景描写细化""互文修辞简化"与"文化内容略译"三个方面，其余三个译本呈现出"源语取向"，较为忠实地传达了原文信息。付丽燕、张新坡（2017）通过对比许渊冲与丁韪良的两个译本来研究译者主体性在翻译过程中发挥的作用，认为许译本向西方读者传递了中国传统的文化家庭观，而丁译本刻画了充满个人英雄主义色彩的西方木兰形象。

1.3 英译史研究

对某一文学作品的译本进行历时描述是翻译研究的基础部分，而清晰梳理《木兰辞》英译本信息也有利于学界全面了解其英译的情况。然而，对《木兰辞》英译本的记录都散见于各学者的论文中，鲜有学者对译本进行系统梳理。最早对《木兰辞》译本进行梳理的应该是美国马萨诸塞大学阿默斯特分校硕士生 Julie Anne Lohr（2007），她在学位论文《白费力气还是描绘故事的流传图？木兰故事十二个版本之对比》（Reinventing the Wheel or Creating a Tale's Genealogy? A Comparison of Twelve Versions of *The Tale of Mulan*）中对《木兰辞》原文、珍妮·李（Jeanne M. Lee）与张颂南的两个绘本译本以及其他九种改编文本进行了介绍与分析。美国伊利诺伊大学斯普林菲尔德分校教授 Lan Dong（2011）在其专著《花木兰在中国和美国的传奇与传承》（*Mulan's Legend and Legacy in China and the United States*）附录中简要介绍了丁韪良、斯坦顿（William Stanton）、巴德等 12 个译本。在 Lan Dong 的发现基础之上，刘碧林（2021）总结梳理了《木兰辞》的 27 个英译本；而在刘碧林的基础之上，汪杨静（2023）又另外收集了宇文所安（Stephen Owen）等五人的译本。

1.4 译本中的木兰形象研究

部分学者透过译本对其中的"木兰"形象进行分析。例如，Chen（2018）从多模态视角对比了 2010 年上海人民美术出版社出版的绘本《木兰辞》（黄福海译本）与 2012 年外语教育研究出版社引进的迪士尼绘本《木兰》中木兰形象的异同，发现 2010 版绘本展现的木兰以中国传统女性的柔美形象为主，而 2012 版的迪士尼木兰则被刻画成了美国版的假小子，原因是 2010 版绘本主要是向国外读者传播中国文化，而 2012 版绘本则是为了迎合中国儿童英语学习者的需求。戴慧（2020）通过对比许渊冲《木兰辞》英译本与王爱燕《女勇士》的中译本，认为许译本构建了一位果敢干脆的女性形象，而王译本则突显女性"无所不能"且"不亚于男性，甚至胜过男性"的形象。

2 《木兰辞》英语改编研究现状

有关《木兰辞》在英语世界的改编研究主要围绕美籍华裔女作家汤亭亭（Maxine H. Kingston）1976 年出版的《女勇士》与 1998 年迪士尼动画电影《花木兰》展开，也有部分学者对英语世界其他以木兰故事为基础改编的小说与绘本图书进行了探讨。

Zhang（1999）是较早对比《木兰辞》与《女勇士》故事情节的学者之一，他发现汤亭亭在故事发生时间、地点、"兔子"扮演的角色、山名、婚姻状况等方面进行了变更，并融合了岳飞的故事以及加入了复仇的情节，好似创作出另一个故事。卫景宜（1999）同样提到，《女勇士》中的"花木兰"已与原版大相径庭，汤亭亭笔下的木兰以革命者的形象出现，改编只是为满足作者自身的精神需求，即作者只是通过木兰这一形象来叙述自身的故事。相较于卫景宜，刘成萍（2008）更加详细地就《女勇士》中的改编原因进行了分析，认为汤亭亭的家庭、教育、生活时代与社会等因素共同决定了文化变异的必然性。何雪春（2005）认为《女勇士》中对木兰形象的改写契合当时"美国社会由欧洲中心主义转向文化多元主义的文化政治语境",因此才能在美国大受欢迎。与上述学者的观点类似,汪景峰、陈爱敏(2012)引入后殖民主义理论家霍米·K.巴巴(Homi K. Bhabha)提出的"杂合"(hybridity)概念,认为汤亭亭的改写意在借助中国文化典故,表达其作为美国华裔希望建构自己混杂身份的诉求。

相较于对《女勇士》的探讨,学者们对《花木兰》动画的兴趣似乎更加浓厚,这一点从相关文章的数量上可见一斑。余君伟(2001)曾以《木兰辞》为主要依据,以其他木兰故事文本为辅助析出了十三个基本"母题"(motif),并考察了《花木兰》动画对各个母题的改编以及主题的重新诠释。李婉(2007)从叙事学的视角探查了《花木兰》对《木兰辞》的改写,认为迪士尼为达到取悦大众的商业目的,改编了中国故事中的人物与主题。林丹娅、张春(2019)则从性别角度进行分析,认为《花木兰》让花木兰不再需要"女扮男装"来实现自我价值,而是以女性的身份来直面性别歧视环境的挑战。Tian和Xiong(2013)主要对《花木兰》中的中国文化进行介绍,并对英文动画的"文化变形"(cultural deformation)以及中文版译制片的"文化修复"(cultural restoration)与"文化重组"(cultural reformulation)进行探究。Qing(2018)从变异学出发,分析了中美语境中花木兰所承载的文化意蕴的流变之因,认为花木兰通过作家阐释、影视创作的"文化过滤"(cultural filtering)被移植于美国文化之中。

除上述文章外,另有不少硕、博士在其毕业论文中对《木兰辞》的英语改编进行探讨。郑伟玲(2010)采用相关理论,对《花木兰》中的木兰故事变异进行的分析;李兴兴(2006)囊括了更多研究对象,从文艺学角度入手分析了《木兰辞》《女勇士》《花木兰》在不同历史语境下对木兰形象的不同阐释;鹿佳妮(2019)从主题学、形象学、变异学等相关视角,不仅讨论了《女勇士》与《花木兰》的叙事,还分析了美国木兰儿童绘本。Dong(2006)不仅分析了木兰在从中国乐府诗到《女勇士》的转变过程中展现出的道德价值,还将美国市面上可见的木兰影视、书籍进行了较为系统的统计与描述。

上述学者大多是从文化、形象变异等视角以《女勇士》与《花木兰》为代表的作品对《木兰辞》的改编进行思考，而仅有少数学者把这些改编作品看作《木兰辞》在异域的跨文化影响。肖海燕（2012）从符际翻译的角度入手，探讨了《木兰辞》从中国诗歌化身为美国迪士尼电影的过程，并引用"后世生命"（afterlife）这一概念说明动画片《花木兰》如何延续以及超越《木兰辞》来适应美国本土文化。周俊宏（2021）认为，迪士尼对《木兰辞》的改编是为满足文化的契合与达到商业的目的，虽然让英语受众了解到了花木兰，但是《花木兰》还是折损了原作对中国文化的描绘。王煜（2021）对2020年《花木兰》真人电影进行分析，认为该片与《木兰辞》相距甚远，部分情节设置突兀，呼吁国人在推进中国文化对外传播中占据主导地位。吴赟、李伟（2021）认为，以《花木兰》为代表的"木兰"英语可视化读物提高了视像视觉翻译对文化传递的可行性，并认为视像能够更好地让目的语读者潜移默化地了解异域文化，从而进一步感染、转变目的语读者的思维方式与意识形态。

总体来看，大部分学者认为《木兰辞》在英语世界的改编是一种创作方法，或者视其改编为异域文化对木兰故事的一种接受，仅有少数学者（柴仕伦，2021; Hsiung, 2022）注意到改编作为一种典型的"文化翻译"形式所具有的与译本类似的文学跨文化传播功能，从翻译学的角度对动画电影《花木兰》的制作过程进行分析。为从译介或文化翻译这一更大视域深入了解改编研究，我们可以参照"操纵学派"（manipulation school）学者针对文化翻译研究达成的"共识"来对改编研究进行学术定位。

3 "描述/系统"范式下《木兰辞》改编研究的定位

20世纪70年代起，西方翻译学界有感于传统语言学视角对翻译研究的局限，不断出现从文化角度重新审视翻译的学者，并先后召开了几场重要学术会议，包括 1976 年"鲁汶会议"、1978 年"特拉维夫会议"以及 1985 年"巴黎会议"。会后还出版了几部在世界译学发展史上具有里程碑意义的论文集，收录的论文不乏出自我们耳熟能详的学者之手，如霍尔姆斯（James Holmes）、佐哈（Itamar Even-Zohar）、图里（Gideon Toury）、勒菲弗尔（André Lefevere）等，宣告着当代翻译研究全面转向一种文化的研究，即"文化转向"（cultural turn）。然而，由于这些学者从不同角度谈论着自身对文化翻译研究的看法，他们的理论之间都存在着些许的代沟，一定程度上限制了文化翻译研究的发展。为了解决这一问题，赫尔曼斯（Theo Hermans）撰写了《翻译研究及其新范式》（Translation Studies and a New Paradigm）一文，提出"操纵学派"的活动形成了新的范式，因为这些学者

> 都将文学视作一个复杂、动态的系统；都认为理论模式与实际案例研究中间存在着连续的相互作用；都采用一种描述性的、目的语文本为导向的、功能性、系统性的文学研究方法；都对控制翻译生成与接受的规范和约束、对翻译与其他文本加工之间的关系、对翻译在特定文学与多种文学间互动中的地位和作用感兴趣。（Hermans, 1985：10–11）

随后，赫尔曼斯在其专著《系统中的翻译》（*Translation in Systems*）中将这种范式命名为"描述/系统"范式（descriptive/systemic paradigm），正式建立起一个能够融合同意上述"共识"的理论的研究模式（Hermans, 1999）。在"描述/系统"范式下观照《木兰辞》的英语译介研究，译本研究肯定是首要内容。从佐哈的多元系统理论（polysystem theory）来看，这些英译本属于英语文学多元系统中的子系统——翻译文学系统中的《木兰辞》翻译文学。但是，《木兰辞》的英语改编应该如何定位呢？或许我们应该先回答以下两个本质的问题。

首先，改编作品（尤其是涉及非文字符号的改编）属于文学吗？根据刘碧林（2022）的统计，《木兰辞》英语改编可分为剧目、小说、绘

本三类，其中小说、绘本自然属于文学，剧目的归属则有待探讨。谢天振（2007：123）认为，"文学作品通过改编而获得另一种形式"，因此改编只是让文学作品拥有了更多形式而已，如以其他的体裁来呈现，或者以其他的符号（如图像或声音）来表现，但是其本质还是文学，所以将改编作品认为是文学是可行的。据此，剧目改编也可以算作一种"另类"文学形式。此外，翻译研究最初只关注文学文本在语言之间的转换，但现在已将电影等内容纳入其范畴，说明"文学"概念也在随着时代的发展而不断更新，侧面证明了改编作品的文学性质。

其次，改编研究属于文化翻译的研究范畴吗？勒菲弗尔认为，一个作家的作品主要是通过"误解和误释"，即"改写"（refraction）来获得曝光度并产生影响（Lefevere, 2000：234）。这种改写的本质其实是对某一文化中的元素（主要是文学）进行互文性再创造，所以勒菲弗尔认为改写的形式包含翻译、批评、评论、历史传记、文选作品集、戏剧演出等，而在这些改写形式中，翻译只是最明显的一种（Lefevere, 2000：235）。虽然改编似乎并未出现在上述改写形式的行列中，但如果我们细细思考"戏剧演出"这一形式，就会发现它其实就是改编的一种。既然改写理论是"操纵学派"学者主要的理论之一，改编又属于改写的范畴，那么改编自然就和译本一样可以在"描述/系统"范式下进行研究。佐哈持类似的观点，他认为"从多元系统论的角度看，把A系统的文本在B系统中的转化看成是'翻译'，而把A系统向B系统的'渗透'只看成是影响，这是没有道理的（Even-Zohar, 1990：75）"。毫无疑问，改编符合佐哈所描述的从A系统向B系统的"渗透"，那么改编就不应该只是"影响"，而也应该是"翻译"，但是这里佐哈的"翻译"不是指译本，而应该是广义上的文化翻译，所以改编研究自然也属于文化翻译研究的范畴。

当我们达成了"改编与翻译（译本）可在文化翻译中进行统一讨论"的共识后，我们还需要确定本文所关注的《木兰辞》改编的范畴，即什么可以被认作《木兰辞》的英语改编作品。想要解答这个问题，我们需以《木兰辞》英译本作为参照系。所谓《木兰辞》英译本，即指以《木兰辞》为源语文本、将英语作为目的语言的、自称是"翻译"的文本。

根据这样的定位，我们可以绘制出下面图1：

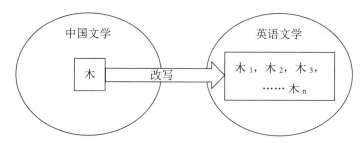

图1 《木兰辞》英译本范畴图

如图所示，"木"代表中国文学中的《木兰辞》原文，"木$_1$，木$_2$，木$_3$，……木$_n$"代表英语文学的多个《木兰辞》译本，箭头代表《木兰辞》被改写成译本的过程。以"《木兰辞》英译本范畴图"为参照，我们可以相应地绘制出"《木兰辞》英语改编作品范畴图"（如图2）：

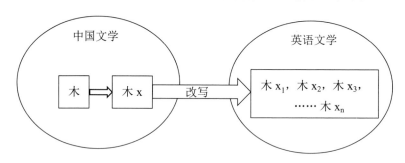

图2 《木兰辞》英语改编作品范畴图

图中"木"的含义与图1一样都代表《木兰辞》原文，但是在改编过程中，原文大部分情况下并非直接被改写为英语的改编作品，而往往是《木兰辞》先被语内改编为某种中介《木兰辞》文本（木x），例如明代徐渭创作的杂剧《雌木兰替父从军》，再从中介《木兰辞》文本进一步被改写成英语"木兰"改编作品（"木x_1，木x_2，木x_3，……木x_n"）。但是，由于"描述/系统"范式下的翻译研究以目的语为导向（target-oriented），不把源语文本作为讨论重点，且中介《木兰辞》文本过多，与英语《木兰辞》改编作品的对应关系也不易考察，所以本文基于勒菲弗尔的"改写"概念与图里对描述性研究过程的理解，认为这些改编作品整体上是对《木兰辞》的"折射"，只关注这些改编作品在目的语文化中呈现的状态。

佐哈认为,各种社会符号现象并不是单独存在,而是相互关联,并且相关符号会组成一个异质且开放的多元系统(伊塔马·埃文-佐哈尔、张南峰,2002)。此外,这些系统内部又存在着若干个不同的子系统,而不同多元系统之间又可能相互交叉、部分重叠、相互依赖,并共同组成一个有组织的"更大多元系统",即文化系统(Even-Zohar, 1990:23)。换句话说,世界上任何符号都有自己归属的一个多元系统,该符号在系统内与其他符号相关联,而该符号所在的系统又在整体文化的范畴(即最大的世界文化多元系统)内与其他相关系统进行互动(伊塔马·埃文-佐哈尔,张南峰,2002:19)。按照多元系统论的观点,我们可以将《木兰辞》的英语译本与英语改编视作两个多元系统,即《木兰辞》英语译本系统与《木兰辞》英语改编系统,前者由《木兰辞》的各个英译本(图1中"木$_1$,木$_2$,木$_3$,……木$_n$"所代表的内容)构成,后者由各种《木兰辞》英语改编作品(图2中"木 x$_1$,木 x$_2$,木 x$_3$,……木 x$_n$"所代表的内容)构成。根据上文对《木兰辞》英译本的范畴划定,我们可以确定这些译本属于佐哈所描述的"翻译文学"(translated literature)(Even-Zohar, 1990:45)。那么从系统的视角来看,这些《木兰辞》英语译本系统属于英语文学多元系统的《木兰辞》翻译文学系统。相应地,当我们把改编作品认作是对《木兰辞》文化翻译过程中除译本以外的另一种形式,那么《木兰辞》英语改编系统也同样属于《木兰辞》翻译文学系统的子系统。将上述内容绘制成概念图则如下图3:

图3 《木兰辞》英语翻译文学系统层级图

作为译介方式,《木兰辞》的英语翻译与改编共同承担起《木兰辞》在英语世界的传播责任;作为文学系统,《木兰辞》英语译本系统与改编系统共同构成《木兰辞》英语翻译文学系统,在英语文学多元系统中占据一席之地;作为研究类别,《木兰辞》英语译本研究与改编研究同属《木兰辞》在英语世界的文化翻译研究范畴。至此,通过《木兰辞》在英语世界的译介研究观察与反思,我们也在广阔的翻译研究框架中为改编研究寻找到了合适的定位。

翻译学视角下的改编研究不仅能够反向扩展翻译研究的边界,还展现出一片广阔的研究前景。例如,蒋梦莹、孙会军(2018)不仅借用符际翻译的概念分析了苏童的小说《妻妾成群》通过英译本、改编电影和芭蕾舞剧在新的文化语境中获得"后起之生命"的过程,还结合根茨勒(Edwin Gentzler)的"后翻译"(post-translation)提出,中国文学"走出去"不仅要依靠文本的翻译,还要充分利用其他符号资源,通过其他艺术形式来改编文学,从而多途径增加中国文学在域外的曝光度。林轶(2023)透过多模态视角,研究了《红高粱》从小说到电影再到绘画的改编历程,认为改编的过程即是原作从文学进化为文学地图的过程,该地图中的各种存在形式互相关联、互相参照,多维度展现着原作的生命力。由此可见,从文化翻译的视角出发将改编研究纳入翻译学的范畴,我们对文学跨文化传播的认识就可以跳脱出以译本为中心的认知局限,从而对异域世界的"翻译文学"产生多元、多方位、多层次的全面了解。

4 结语

本文通过对《木兰辞》的英语翻译研究与改编研究进行综述,呈现了《木兰辞》在英语世界的译介研究情况,但同时发现两种研究之间的疏离问题,随后从文化翻译研究的"描述/系统"范式出发,探讨了《木兰辞》英语改编研究的定位。研究认为,《木兰辞》英译本与英语改编作品共同构成《木兰辞》英语翻译文学,改编研究也属于文化翻译研究的重要部分。同理,任何中国文学在异域的译本和改编都可以共同构成该文学作品在目标文化中的存在形式,其翻译研究与改编研究也就都可以在文化翻译的视角下进行。如此,翻译学界便可拓宽视野,不仅在研究中关注译本，还可以多多探讨改编，以及分析不同文学作品的译本与改编之间的独特关系，从而更加深刻了解中国文学在异域的"来世"面貌。

参考文献

柴仕伦. 论动漫英译片 Mulan 中的现时性文化储存［J］. 湖南科技大学学报（社会科学版），2021，24（5）：174-184.

戴慧. 文学翻译中我国新女性形象的建构——以花木兰为例［J］. 民间故事，2020（17）：58.

丁志聪.《木兰诗》及其译文之得失［J］. 泉州师范学院学报，2009，27（3）：106-109.

董琪，陈俊玉. 认知语言学视角下文化负载词翻译对比分析——以《木兰辞》三种英译本为例［J］. 新纪实，2021（23）：52-54.

付丽燕，张新坡.《木兰诗》英译本译者主体性比较分析［J］. 文教资料，2017（31）：26-27.

何其芳. 基于语料库的《木兰辞》中文化负载词的翻译策略研究［J］. 今古文创，2023（17）：118-120.

何庆庆，周雪婷. 概念转喻视角下北朝民歌《木兰辞》的英译研究［J］. 海外英语，2016（19）：115-117.

何雪春. 文化政治：花木兰形象的后现代改写与接受——《女勇士》再思考［J］. 电子科技大学学报（社科版），2005（4）：67-70.

贺金颖，李鸿斌."化境"理论与中诗英译文化负载词的翻译——以《木兰辞》不同英译本为例［J］. 牡丹江教育学院学报，2021（6）：7-9，109.

蒋梦莹，孙会军. 符际翻译与后翻译研究视角下的中国当代文学对外传播——从《妻妾成群》到《大红灯笼高高挂》［J］. 外语教学，2018，39（5）：90-94.

康冉. 柳无忌《木兰辞》英译中形合意合的动态-功能对等［J］. 唐山文学，2016（6）：138，159.

李婉. 穿比基尼的"花木兰"——从叙事学角度看迪斯尼影片《木兰》对

中国《木兰诗》的改编[J]. 重庆交通大学学报（社会科学版），2007（4）：64-67.

李兴兴. 从花木兰看女英雄的塑造与重写[D]. 广州：暨南大学，2006.

林丹娅，张春. 性别视角下的迪士尼改编《木兰》之考辨[J]. 南开学报（哲学社会科学版），2019（6）：156-163.

林轶. 多模态翻译与文学地图的生成——从小说、电影到绘画的《红高粱》[J]. 上海翻译，2023（4）：73-78.

刘碧林.《木兰辞》在英语世界的百年译介[N]. 中国社会科学报，2021-7-5（A07）.

刘碧林.《木兰辞》在英语世界的翻译、改编与接受[J]. 译道，2022，2（4）：13-22.

刘成萍. 中国传统花木兰形象在美国文化中的变异——以汤亭亭的《女勇士》为例[J]. 成都大学学报（教育科学版），2008（7）：91-93，96.

刘中阳，李玮. "三维转换"视角下的《木兰诗》英译策略——以许渊冲和查尔斯·巴德的译本为例[A]//四川西部文献编译研究中心. 外语教育与翻译发展创新研究（10）[C]. 四川西部文献编译研究中心，2020：251-256.

鹿佳妮. 木兰形象的跨时空演绎与建构[D]. 济南：山东师范大学，2019.

潘文岑，范祥涛.《木兰诗》的及物性及其过程英译中经验功能的再现[J]. 南京航空航天大学学报（社会科学版），2013，15（1）：79-83.

邵琴. 叙事诗中的声音世界——《木兰辞》四个英译本之比较[J]. 四川职业技术学院学报，2022，32（3）：148-151，162.

孙红卫.《木兰辞》拟声词的"译"闻趣谈[N]. 光明日报，2020-11-26（13）.

汤棣华. 英译诗歌中的传神达意——浅析汪榕培译《木兰诗》[J]. 鸭绿江（下半月版），2015（7）：2422.

汪景峰，陈爱敏. 在"第三空间"建构文化身份：《女勇士》中文化移植和改写现象的后殖民解读[J]. 南京工程学院学报（社会科学版），2012，12（3）：11-15.

汪杨静.《木兰诗》英译本考辨[J]. 云南大学学报（社会科学版），2023，22（1）：71-80.

王峰，刘雪芹.基于语料库的译者风格研究：以《木兰辞》译文为例［J］.广西民族大学学报（哲学社会科学版），2012，34（2）：182-188.

王煜.跨文化视阈下中国传统文化故事的改编与传播路径反思——以迪士尼真人版电影《花木兰》为例［J］.现代艺术，2021（1）：71-73.

卫景宜.中国传统文化在美国华人英语作品中的话语功能——解读《女勇士》花木兰［J］.中国比较文学，1999（4）：73-85.

吴赟，李伟.中国文化的视觉翻译：概念、议题与个案应用［J］.华东师范大学学报（哲学社会科学版），2021，53（2）：84-92，178.

肖海燕.翻译视角下经典文学作品的跨文化再生［J］.电影文学，2012（1）：145-146.

肖莉.意形韵的完美结合——汪榕培先生译作《木兰辞》赏析［J］.南华大学学报（社会科学版），2000（2）：71-72.

谢天振.译介学导论［M］.北京：北京大学出版社，2007.

杨运.解构主义视域下《木兰辞》英译本研究［D］.贵阳：贵州大学，2019.

伊塔马·埃文-佐哈尔，张南峰.多元系统论［J］.中国翻译，2002（4）：21-27.

余君伟.从乐府诗到迪斯尼动画——木兰故事中的叙事、情欲和国族想象［J］.中外文学，2001，29（8）：38-69.

曾月英.花木兰的翻译之旅：从对等翻译到翻译改写［D］.高雄：义守大学，2016.

郑伟玲.木兰故事在迪斯尼动画电影中的变异［D］.合肥：安徽大学，2010.

周俊宏.木兰西游记——木兰传说的跨文化改编［J］.绵阳师范学院学报，2021，40（1）：123-129，144.

周兰.图形—背景理论与《木兰辞》经典意象翻译——《木兰辞》两英译文对比赏析［J］.重庆教育学院学报，2012，25（1）：82-85.

Chen, X. Representing cultures through language and image: A multimodal approach to translations of the Chinese classic *Mulan* [J]. *Perspectives*, 2018, 26(2), 214-231.

Dong, L. *Cross-cultural Palimpsest of Mulan: Iconography of the Woman Warrior from Premodern China to Asian America* [D]. Amherst: University of Massachusetts Amherst, 2006.

Dong, L. *Mulan's Legend and Legacy in China and the United States* [M]. Philadelphia: Temple University Press, 2011.

Even-Zohar, I. Polysystem studies [M/OL]. [2022-11-6]. https://www.tau.ac.il/~itamarez/works/books/Even-Zohar_1990—Polysystem%20studies.pdf.

Hermans, T. Introduction. Translation studies and a new paradigm [A] // *The Manipulation of Literature: Studies in Literary Translation* [C]. London & Sydney: Croom Helm, 1985: 7-15.

Hermans, T. *Translation in Systems: Descriptive and System-oriented Approaches Explained* [M]. Manchester: St. Jerome Publishing, 1999.

Hsiung, A-M. *Mulan*'s travel from ballad to movie: A case study of inter-modal translation [J]. *Translation Studies*, 2022, 15(1): 69-83.

Lefevere, A. Mother courage's cucumbers: Text, system and refraction in a theory of literature. In Venuti, Lawrence (ed.), *The Translation Studies Reader* [C]. London: Routledge, 2000: 233-249.

Lohr, J. A. *Reinventing the Wheel or Creating a Tale's Genealogy? A Comparison of Twelve Versions of the Tale of Mulan* [D]. Amherst: University of Massachusetts Amherst, 2007.

Qing, Y. *Mulan* in China and America: From premodern to modern[J]. *Comparative Literature: East & West*, 2018, 2(1): 45-59.

Tian, C., & Xiong, C. A cultural analysis of Disney's *Mulan* with respect to translation [J]. *Continuum*, 2013, 27(6): 862-874.

Zhang, Z. Hua Mulan or Fa Mulan: My understanding of the original story, and Maxine Hong Kingston's interpretation of the heroine Fa Mulan in her novel [J]. *Fiction and Drama*, 1999, 11:107-118.

A Review of the Translation Studies on "Ballad of Mulan" in the Anglophone World: A Concomitant Discussion on Positioning Adaptation Studies under the "Descriptive/Systematic" Paradigm

Liu Bilin

(University of Hong Kong)

Abstract: *The Ballad of Mulan*, the earliest written record of the story of Mulan's military service on behalf of her father, has been circulated in the anglophone community for many years through translations and adaptations, both of which have been studied extensively by academia, but there has not been a comprehensive review of its cultural translation. In addition, the studies on its English translations (translated texts) and those on its English adaptations seem to go their own ways, and few scholars have discussed the two closely related studies in the same context. Therefore, this article first reviews the translation and adaptation studies of *The Ballad of Mulan* in the English-speaking world, then analyzes the relationship between them, and finally positions adaptation studies under the "description/systemic" paradigm of cultural translation.

Keywords: *The Ballad of Mulan*; Translation Studies; Adaptation Studies; Cultural Translation; "Descriptive/Systemic" Paradigm

机器学习视域下政经语篇翻译风格对比研究[①]

——以《国富论》中文三译本为例

孔德璐[②]

(同济大学)

【摘　要】本研究采用机器学习算法,探索政经语篇翻译风格特征研究的新路径。自建亚当·斯密著作《国富论》中文三译本平行语料库,从特征集中筛选出10个显著特征,并结合语篇进行阐释和总结。研究结果表明,筛选后的显著特征能够有效区分三个中文译本的差异,分类器和k-means聚类分析能够实现的平均准确率均达95%左右。在篇章层面,各译本均在词汇、标点、语篇层面显示出不同的风格特征;在检索关键词特征方面,使用频次差异足以显示出译者的个人偏好。本研究以期为政经语篇翻译风格特征的创新研究提供一定实用方法。

【关键词】机器学习;政经语篇;翻译风格;《国富论》

[①] 本文系国家社科基金年度项目"神经网络机器翻译的译后编辑量化系统模型研究"(项目编号:19BYY128)的阶段性研究成果。
[②] 孔德璐,同济大学外国语学院博士研究生,研究方向:机器翻译译后编辑、计量文体学、语料库翻译学。

引言

亚当·斯密是西方经济学奠基人，被誉为"古典经济学之父"，其著作《国民财富的性质和原因的研究》（以下简称《国富论》）成为"西方经济学的'圣经'"，将经济学研究聚焦国民财富增长问题，使经济学成为一门有独立体系的科学（任保平，2003）。《国富论》一经问世便引起很大反响，并译成多国文字在世界范围内传播。

鸦片战争后，随着"西学东渐"思潮的兴起，西方资产阶级经济学说逐步引入中国。1902年，上海南洋公学译书院出版《原富》一书，由资产阶级启蒙思想家、著名翻译家严复先生翻译，这是《国富论》第一次被译成中文（张登德，2010）。不管是20世纪上半叶中国饱受内忧外患、政局风云变幻之时，还是新中国成立后的百废待兴，以及改革开放后的经济腾飞，翻译界对《国富论》的重译和阐释工作从未停止。据统计，从严复开始，《国富论》林林总总共有124个汉译本（肖海燕，2018：42）。纵使译本众多，但学界多针对严复译本进行研究，对再译本的讨论略显不足，同时多译本对比研究寥寥无几，译本间翻译风格的定量实证研究更为阙如。基于此，本文将针对三个不同译者的《国富论》中文复译本，对政经语篇翻译风格特征进行量化对比研究。

1 文献回顾

翻译风格研究是基于语料库的翻译研究中的热门话题之一，主要涉及翻译语言模式的发现和特征的阐释过程。一方面，研究翻译风格可以深入了解翻译的复杂性以及不同翻译版本之间的差异，进而发现在不同语言和文化背景下最适合的翻译策略，以改进翻译品质，提高准确性和自然度。另一方面，研究翻译风格可以帮助翻译人员更好地捕捉原著的艺术风格和语言特点，并将其转化为目标语言的等效表达，这对于保持原作的风格和情感非常关键。

国外采用基于语料库方法的文学翻译风格研究出现较早，Hermans（1996）认为，译本中隐藏着"译者的声音（Translator's Voice）"。Baker（2000）提出译文中会不可避免地展现"译者的指纹（Thumbprint）"，其提出文学翻译风格考察的框架已被广泛用于基于语料库的翻译研究中，一些典型参数（例如形符比、平均句长和特殊动词等）常被用来检验某一译者或译作的风格。Winters（2004；2007；2009）分别从外来词、报道动词和语气助词的角度剖析《美丽与毁灭》两部德语译本中体现出的不同译者风格。国内相关研究也逐步跟进，徐欣（2010）基于多译本语料库分析《傲慢与偏见》的三个译本，从词汇、句法方面讨论不同译本的特有风格；张继东、朱亚菲（2020）从语言特征和非语言特征两个层面考察《追风筝的人》两译本所呈现的翻译风格。可以说，基于语料库的翻译风格研究在国内已经较为成熟，研究成果丰富（刘泽权，闫继苗，2010；黄立波，朱志瑜，2012；黄立波，石欣玉，2018）。

然而，基于语料库的翻译风格研究范式仍存在完善的空间。Mikhailov和Villikka（2001）使用语料库的方法，对比多个俄语和芬兰语对应译本，发现以往研究中常用的参数，如词汇丰富度、高频词等，并不能有效判断译者风格。另外，大多数基于语料库的翻译风格研究中，研究者会预先设定并过于强调某些特征来反映译作风格的作用，却忽略掉一些更能突显风格的隐性特征，削弱总体概括能力；同时这种预先设定研究特征的做法已经打上了研究者主观判断的"烙印"，也被批评为"总是基于学者的自觉……显然这种方法是'人工设计'的"（Ilisei & Inkpen，2011）。

机器学习方法能有效弥补基于语料库翻译风格研究框架的局限，通过建立特征集并利用算法提取出最突显的译作风格特征，减少研究人员主观选择特征这一"诟病"。该方法缘起计量风格学（Stylometry），主要包括采用机器学习方法对作者的创作风格和作品风格进行比较研究。El-Fiqi等人（2016）运用两两对比分类模型，有效区分阿语—英语和法语—英语译作中的译者风格。Lynch和Vogel（2018）利用支持向量机模型，证明英语中的N元语法可以识别译者风格。近年来国内学者也开始将机器学习方法灵活运用到定量翻译研究中，如詹菊红、蒋跃（2017）使用支持向量机模型区分《傲慢与偏见》的两个中文译本；孔德璐（2021）运用分类聚类方法，从篇章特征和关键词特征出发，成功将《德伯家的苔丝》中文三译本进行区分。

目前研究成果多见于文学翻译领域，鲜有研究涉及非文学语篇的不同翻译风格。在对待非文学翻译风格和艺术创造上，人们更多认为"'艺术手法和风格'说的肯定是文学翻译……非文学翻译有的时候甚至无须考虑风格问题"（韩子满，2019）。如果说文学译者为了追求"文学性"尚可对原作进行一定的主观再创作，那么政经语篇作为非文学体裁的一个大类，其表现出的严肃性、哲理性和逻辑性则为探究不同译本的翻译风格提出了挑战。前文述及，《国富论》作为经典的经济学著作，相关翻译领域研究多为对单一译作的探讨和批评（李涛，2014；刘瑾玉，2015），或是对《国富论》百年汉译史的研究等（刘瑾玉，王克非，2020）。

基于此，本研究采用机器学习的方法，通过自建《国富论》政经语篇平行语料库，对三位译者的翻译文本进行分类和聚类，在特征解释部分，结合具体语料，对差异性语言特征进行定性探究。本研究拟回答以下问题：

1）机器学习方法是否可以区分政经语篇的译本风格？
2）哪些特征最能够解释不同译本间的风格差异？
3）如何解释这些差异特征并进行分类和归纳？

2 研究设计

2.1 语料选择

此次研究选择《国富论》原文以及三个不同译本作为研究语料。英文原本选择2015年《国富论》重印本（Smith，2015）；三译本分别选择2009年上海三联书店出版的郭大力、王亚南合译本（以下简称郭译本），2010年中央编译出版社出版的谢宗林、李华夏合译本（以下简称谢译本），以及2011年陕西人民出版社出版的第3版杨敬年译本（以下简称杨译本）。通过豆瓣读书网①对所选译本进行检索，杨译本评分最高（9.3分），五星评分比例最大（72.2%），郭译本（评分8.7，五星评分比54.9%）和谢译本相差不大（评分8.9，五星评分比63.7%）。可见这三个《国富论》译本接受度较广、好评度较高，具有可比性。

语料处理阶段首先对OCR后的语料进行除噪，只保留正文部分作为研究语料，用NLPIR-ICTCLAS汉语分词系统②对语料进行分词和标注。随后，按照UTF-8编码下30kB的文件大小，对三个汉语译文样本切分。固定文件大小的切分方式有助于样本容量基本统一，即每个中文样本中包含5,000—6,000词，因此不同译本间字数的差异也就带来样本数量上的不一致。由于标注系统和编码类型的不同，较难实现跨语言特征集的建立，因此《国富论》英文源本不参与实验。最终建成的英汉双语平行语料库概况如表1所示，最终实验所用样本共计205个。

表1 语料详情

作品	样本	形符数	类符数
《国富论》源本	—	378,392	9,496
郭译本	66	333,817	12,036
谢译本	75	387,568	13,612
杨译本	64	328,999	9,566

2.2 特征集建立

参照以往研究（詹菊红，蒋跃，2017; Lynch & Vogel，2018），本文建立的特征集主要分为两大类，一类为篇章级特征（Document-level），

---

① 豆瓣读书网是读者点评书籍的平台之一，网址为 https://book.douban.com/（访问时间：2024年3月21日）。

② NLPIR-ICTCLAS汉语分词系统是张华平博士负责开发的中文分词和词汇标注平台，详情参考 http://ictclas.nlpir.org/（访问时间：2024年3月21日）。

包括从词汇、句法到篇章的三个层次共计 30 个具体特征；第二类为关键词特征（Keywords），使用 Antconc 3.5.8，逐个将三译本与兰卡斯特现代汉语语料库（LCMC）做对比，提取关键词表，选取每个词表中关键值最高的 10 个主题词，汇总去重后得到 25 个关键词。最终选取 30 个篇章级特征、25 个关键词特征，共计 55 个实验特征（如表 2 所示）。篇章级特征主要针对语篇的宏观层面，从具体的词类分布、句子类型和标点使用等因素来考察各译本间的风格差异；关键词特征则能够更好地从微观角度来分析各译本风格差别，体现译者的下意识个人用词偏好。

表 2　机器学习实验中所使用的特征集

篇章级特征			关键词特征
（1）类形比	（11）文言虚词比	（21）分号比例	亦、价格、资本、所、之、其、税、此、及、于、的、这种、劳动、殖民地、利润、其他、镑、会、他们、或、那些、么、所有、能、货物
（2）标准类形比	（12）实词比例	（22）顿号比例	
（3）平均词长	（13）实词密度	（23）省略号比例	
（4）名词比例	（14）虚词比例	（24）括号比例	
（5）动词比例	（15）虚词密度	（25）引号比例	
（6）形容词比例	（16）平均句长	（26）把字句比例	
（7）副词比例	（17）陈述句比例	（27）被字句比例	
（8）介词比例	（18）问句比例	（28）成语比例	
（9）代词比例	（19）感叹句比例	（29）连词比例	
（10）数词比例	（20）逗号比例	（30）助词比例	

注：（1）词类比例 = 每种词类频次 / 总词数，标点符号和空白字符不算入总词数；（2）句型比例 = 每种句型频次 / 总句数，以句号、问号、叹号、分号、冒号作为判断句子的标准；（3）符号比例 = 每种符号频次 / 总符号数；（4）实词比例 = 总实词数 / 总词数，实词密度 = 总实词数 / 总虚词数；（5）关键词特征均为比例，即每个关键词频次 / 总词数。

借助 Python 和语料库工具 WordSmith 6.0，批量提取出所有样本的类形比、标准类形比、总词数、总句数等特征。最终经过统计，将形成的 205 个文本样本转换为基于 55 个特征的数学表达模型，使用支持向量机（Support Vector Machine，简称为 SVM）、简单逻辑回归（Simple

Logistic Regression)、C4.5 决策树作为分类器。通过机器学习平台 Weka 3.8.4[①]，验证分类器效果，找到能够区分三个译本的主要特征，结合实际语料进行规律总结和阐释。

2.3 分类器和算法

本研究使用 SVM、朴素贝叶斯和 C4.5 决策树分类器。SVM 分类器在 1963 年由苏联的著名数学家弗拉基米尔·瓦普尼克等人设计（Žižka 等，2019：211），最初发展于线性可分情况，其本质是找到基于支持向量的最优的分类面，分类线方程表示为 W·X + b = 0（张学工，2000：37）。SVM 以实现风险最小化为目标，在诸多领域的研究中得到应用，并取得较好效果，如语音识别、图像识别、作者判定等。朴素贝叶斯和 C4.5 决策树分类器分别基于概率和信息熵概念，是机器学习和数据挖掘研究中发展比较成熟，且较为常见的两类分类器。

本研究使用台湾大学林智仁教授团队开发的 SVM 模式识别与回归的软件包 LIBSVM，该工具旨在帮助用户将 SVM 便捷地应用于实践当中（Chang & Lin，2011）。在参数设置上，通过 GridSearch 算法对 LIBSVM 进行调参，朴素贝叶斯和 C4.5 决策树分类器均使用默认参数。

3 研究结果

3.1 分类实验结果

我们将预处理后的数据导入分类器，使用十折交叉验证法进行分类模型精度评估。单次划分可能会导致评估结果对特定的训练集和测试集具有依赖性。为了减少这种依赖性，交叉验证方法被广泛应用。该方法主要

[①] Weka（Waikato Environment for Knowledge Analysis）是新西兰怀卡托大学开发的一款免费开源的机器学习和数据挖掘软件，详情参考 https://www.cs.waikato.ac.nz/ml/weka/（访问时间：2024 年 3 月 21 日）。

是将总数据集随机切分成 K 份,每次运行时都使用其中 1 份作为测试集,剩下 K-1 份作为训练集,并重复验证 K 次,这种方法就叫作 K 折交叉验证。一般将 K 取值为 10,也就是常见的十折交叉验证法,最后的精度验证结果是十次重复验证结果的平均值。十折交叉验证是一种常用且广泛验证的方法,能够在很大程度上平衡评估结果的稳定性和数据利用效率。

为选取分类过程中最显著的特征,本研究利用 Weka 中内置的特征选择分类器(Attribute Selection Classifier),使用卡方评估法,通过计算各类别中样本例的卡方统计量的值来评估特征贡献度,从结果中挑选出 10 个卡方值最高的参数,并利用挑选后的特征再次进行实验,以检验其分类效果。最终的实验结果如表 3 所示。

表 3 特征选择前后分类结果

分类器	特征选择前(全部 55 特征)			特征选择后(显著 10 特征)		
	准确率	召回率	AUC*	准确率	召回率	AUC
SVM	98.0488 %	0.980	0.985	94.1463 %	0.941	0.955
朴素贝叶斯	99.0244 %	0.990	0.991	97.0732 %	0.971	0.995
C4.5 决策树	94.1463 %	0.941	0.954	95.122 %	0.951	0.973

注:AUC(Area Under Curve)为 ROC 曲线下与坐标轴围成的面积。

表 3 中每组呈现的结果主要包含三个指标:准确率,表示分类样本在样本数中的占比;召回率,表示样本中的正例有多少被预测正确;以及 AUC,用来反映模型预测能力。其中,召回率和 AUC 越接近 1,模型分类结果和预测能力越好。整体而言,使用特征选择前全部 55 个特征构建的分类器模型已经达到了理想的结果,平均准确率达到 97%,其中基于概率统计的朴素贝叶斯方法取得最优分类结果。通过对比,运用特征选择后 10 个显著特征的分类实验效果较好,平均准确率达到 95.45%,平均召回率和 AUC 值均达到 0.9 之上。使用特征选择方法可以在确保准确率的同时,减少实验的复杂度,节省实验时间,同时可提取出在文本分类过程中贡献较大的特征,以便进行聚类检验和特征阐释。

表 4 列出 10 个经过特征筛选后对应的特征,其中篇章级特征共 6 个,反映出宏观词汇、句法层面的特征;关键词特征共 4 个,体现不同

译本中较为微观的用词差异。值得一提的是，篇章级特征中的文言虚词比这一参数，使用了文言作品中常见的单字虚词共 12 个：之、或、亦、方、于、即、皆、因、仍、故、尚、乃。

表 4 经过特征选择的前 10 个显著特征

卡方范围值	平均排名	特征	卡方范围值	平均排名	特征
232.314±12.203	1	逗号比例	199.254±9.927	6	文言虚词比
232.314±12.203	2	顿号比例	191.545±7.126	7	及
213.615±5.678	3	亦	173.486±10.23	8	之
211.435±6.879	4	平均词长	171.373±6.877	9	虚词密度
204.334±6.133	5	的	162.613±10.847	10	助词比例

3.2 聚类实验结果

聚类分析（Cluster Analysis）可以将数据对象划分成多个类或"簇"，使同一类或簇中的对象具有较高相似度，而不同簇的对象间差异尽可能大（刘颖，2014：123）。作为一种无监督的机器学习方法，聚类分析能够直观展现可视化结果，在文本分析研究中，如风格判定、作者识别、韵律分析等方面发挥较大作用。

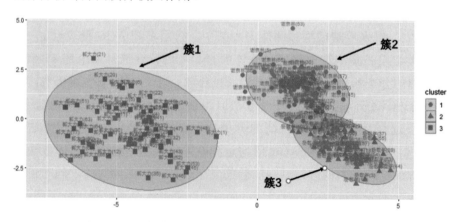

图 1 三译本基于 10 个显著特征的 K-means 聚类结果

本研究借助特征选取后的 10 个显著特征，使用 R 语言中的 K-means 函数，生成 205 个样本的聚类图（图 1），置信椭圆为 95%。如图 1 所示，所有样本明显区分出 3 个簇，簇 1 中的样本表示为方块，皆为郭译本样本；簇 2 样本表示为圆形，多为谢译本样本；簇 3 样本表示为三角形，多为杨译本样本。其中，簇 1 的椭圆面积较大，且可以明显与簇 2、簇 3 区分开，可见郭译本各部分之间风格活跃度较大，但在整体上仍保持有机统一。相反，簇 2、簇 3 的椭圆面积较小，样本位置较为集中，且两个簇之间距离很近，甚至有部分重合。这说明谢译本和杨译本的风格较为接近。同时，两译本整体风格趋于一贯而终，即译文中各部分的风格活跃度较小。

至此，机器学习算法中的分类和聚类分析结果，均足以证明提取出的 10 个显著特征可以有效区分《国富论》三译本的翻译风格，也能够说明机器学习算法可以完成较为困难的政经语篇翻译风格识别。下一部分将对这些特征在不同译文中的实例进行归纳总结。

4　特征分析与讨论

4.1　篇章级特征

4.1.1　逗号比例与顿号比例

从表 4 的排名可以看出，逗号比例和顿号比例可以显著区分出三个译本。通常，研究者较少关注标点符号所起到的作用。在此次研究中，相较于谢译本和杨译本来说，郭译本在逗号比例和顿号比例有着显著的差异。结合表 5 我们可以发现，在逗号的使用上，郭译本整体占比约为 71%，要高于谢译本的 63% 和杨译本的 60%，均呈现显著差异（郭谢：Loglikelyhood= 269.536, $p<0.000$）。而在顿号的使用上，郭译本全文只出现了 36 次，占比不及千分之一，相反谢译本和杨译本中均出现超过一千多次，远多于郭译本（郭谢：ll= 1820.47, $p<0.000$）。

表 5　逗号与顿号比例

译本	标点总数	逗号总数	逗号比例	顿号总数	顿号比例
郭译本	59,598	42,602	71.48%	36	0.06%
谢译本	53,167	33,727	63.44%	1,404	2.64%
杨译本	39,685	23,848	60.09%	1,540	3.88%

注：逗号比例为逗号总数和标点总数的比值，顿号比例为顿号总数和标点总数的比值。

例 1 为从平行语料库中抽取的实际语料，这段话包含众多从业者的具体名称。结合实例能够发现在表达多个并列关系的名词时，谢译本和杨译本会灵活将原文中的逗号转换成连接并列成分的顿号。英文中逗号的作用包含连接并列成分，而郭译本则直接借鉴了英文逗号的用法，同样使用逗号来连接不同的并列成分，在一定程度上这也解释了郭译本中相对逗号比例较高、顿号比例较低的现象。

例 1：

（1）矿工、熔矿炉制造者、伐木者、烧制木炭供熔炉使用的工人、制砖者、叠砖者、照料熔炉的工人、安装或修理熔炉的工人、锻冶工与打铁匠等等，所有这些各行各业的人必须联合起来，才能做出这种简单的剪刀。（谢译本）

（2）采矿工、熔矿炉制造工、伐木工、熔矿炉所用焦炭的烧炭工、造砖人、泥水匠、护炉工、磨坊设计与建筑人、锻工、铁匠，全都必须把他们的不同手艺结合起来，才能生产出剪刀。（杨译本）

（3）为了制造这种剪刀也就须有许多种工人把他们各色各样的手艺结合起来，例如矿工，熔炉的建造者，木材的采伐者，烧炭工人，制砖工人，泥水匠，熔炉的工人，锻工，铁匠，以及其他等等。（郭译本）

究其原因，一方面，谢译本、杨译本灵活使用顿号来转换英文中逗号所发挥的连接并列成分的功能，体现出译者不拘泥于原文，会根据原文的具体含义和词汇之间的关系调整标点符号的使用。另一方面，郭译本多选择沿袭英文中的逗号来表达并列关系是具有一定时代印记,该译本创作于 20 世纪 20 至 30 年代,在那个动荡年代为西方先进经济学说在中国的译介与传播做出了巨大的贡献(蔡强,徐偲,2020)。新文化运动同样为那个时期的语言使用(包括标点符号)带来了巨大的变革。五四运动之后,随着《新式标点符号议案》的颁布,顿号逐步从逗号中分离出来,并在教学实践过程中逐步展现出自身的意义和使用方法,成为汉语自有的一种标点符号(韩秋红,2011)。由此可见,顿号的分离是自新文化运动开始,并经历较长的实践阶段才被民众所接受,所以在郭译本产生的时代,逗号仍发挥着并列的词或词组之间的停顿作用。

4.1.2 平均词长

在三个译本当中,郭译本平均词长为 1.51(66 个样本中最低为 1.46,最高 1.55,标准差为 0.022),谢译本为 1.62(75 个样本中 Min.=1.56,Max.=1.7,S.D.=0.03),杨译本为 1.59(64 个样本中 Min.=1.54,Max.=1.67,S.D.=0.028)。可见郭译本在平均词长上要明显低于另外两个译本,且译本中各部分平均词长变化较小,整体保持了较为固定的字词长度。为进一步观察译本间的词长差异,我们逐一提取三译本的词表,并设置停用词,去除较为常见且影响研究结果的词语。随后从词表中选取前 100 个高频词,按照一字词、二字词、三字词和四字词的词长进行统计,结果如表 6 所示。

表 6　前 100 个高频词词长统计

词长	郭译本		谢译本		杨译本	
	类符	形符	类符	形符	类符	形符
一字词	43	33,432	27	27,493	27	26,533
二字词	53	31,301	70	45,271	68	41,834
三字词	4	1,743	3	1,641	4	1,962
四字词	-	-	-	-	1	373
总计		66,476		74,405		70,702

从统计结果来看，郭译本平均词长较短的原因是一字词比例较大，在同一分词标准下，郭译本中一字词的类符形符在高频词中几乎占到了一半的比例，而谢译本和杨译本中的一字词的形符比例只有36%左右。相反，在二字词上，郭译本的形符占比约为47%，而谢译本和杨译本中的二字词形符比例约为60%，类符比例甚至达70%左右。在三字词上，三译本的差别不大，而四字词只有杨译本词表中存在，为"大不列颠"，全文出现373次。总的来说，平均词长的差别在一定程度上能够反映出郭译本行文简洁明了，善于应用一字词来准确表达原文思想，这和以往研究结果较为吻合（蔡强，徐偲，2020）。

4.1.3 文言虚词比

为了体现译文中的独特语言风格特征，我们统计了12个文言虚词在各个译本中的比例，特征选择的结果也证明了文言虚词比例可以有效区分三个译本。通过图2我们可以看出，郭译本每万词中约出现260个文言虚词，而谢译本和杨译本中每万词的文言虚词只有约50次，前者约是后两者的5倍。

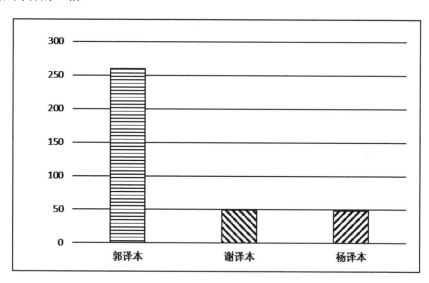

图2　文言虚词在各译本中出现的频数（次/万词）

一方面，文言虚词具有"虚且活"的特点，所谓虚，即其词性和意义均不及实词那样具体、实在；而所谓活，即用法灵活多变（周绪全，1995）。郭译本中丰富的文言虚词，能够帮助语句停顿，起到强调作用、变化语气语意、加重感情表达或调节音韵等，在句子中也能起到很好的表达效果。另一方面，谢译本和杨译本作为建国后的重译本，在文言虚词的使用上不及郭译本。然而，对于现代读者而言，郭译本这种"时代特点"反而会带来局限，例如在亚马逊网站①购买郭译本的顾客评价中，就有留言称"（郭译本是）比较早的译本，用词和时代有些脱节了"，或有"语言风格完全是民国时代的，不符合现在的阅读习惯"等等；当然也有读者评论称"翻译的语言简洁有力，现在的翻译版本篇幅太长"。整体看来，郭译本富含大量的文言虚词，对于现代读者来说不算友好，但因其形成于"觉醒年代"，虽囿于时代但不困于时代，仍不失为是一部经典翻译著作。

4.2 关键词特征

经过特征选择产生的 4 个显著关键词特征可以有效区分不同译本之间的微观用词差异，通过观察这四个关键词在不同译本中的分布以及在具体语境的使用，能够在一定程度上体现出不同译者在行文时下意识的用词偏好。

表 7 显著关键词特征分布统计

	亦		之		的		及	
	形符数	比例	形符数	比例	形符数	比例	形符数	比例
郭译本	1,641	0.49%	2,544	0.76%	22,472	6.73%	2,544	0.76%
谢译本	223	0.06%	285	0.07%	32,893	8.49%	285	0.07%
杨译本	39	0.01%	330	0.10%	31,765	9.66%	330	0.10%

表 7 中呈现的是 4 个显著关键词特征在三个译本中的统计数据，可将这 4 个词分成两组，左边的两个词"亦、之"都属于文言虚词，而右

---

① 具体网址为：https://www.amazon.cn/dp/B00AE3Z9R2（访问时间：2024 年 3 月 21 日）

边的"的、及"中，前者属于助词，后者属于连接词。整体来看，郭译本中除了"的"字出现频数和比例明显低于谢、杨译本之外，其他三个词的比例都显著高于另两个译本。通过检索语料库，我们可以借助具体语境观察译者的用词偏好。

例2中的语料论述资本市场里利润和利率的关系。郭译本中出现3次"亦"，谢译本和杨译本多使用"也"。"亦"在古代多做副词，表示同样、也是；而"也"在古代多用做文言语气助词，现代多使用"也"来表示同样、并行的意思。可见郭大力在翻译《国富论》时会偏好"亦"这个具有古风的词来表达"同样的"意思。这也是郭译本中文言虚词丰富的特点之一，反映出译文中具有时代特点的偏文言译风。

例2：

(1) 我们由此确信：一国普通市场利息率变动了，资本的普通利润，亦不得不相应而一同变动。利息率下落，利润亦随而下落；利息率上腾，利润亦随而上腾。（郭译本）

(2) 所以，无论在哪一国，当寻常的市场利率发生变动时，就可以推定资本的平常利润也有同样的变动。利率降时，它也降，利率升时，它也升。（谢译本）

(3) 因此，根据任何一国通常的市场利息率的变动，我们可以肯定，资本的普通利润一定会随之变动，利息下降利润也下降，利息上升利润也上升。（杨译本）

其他三个词虽然不如"亦"一词的区分力度高，但相较于其他的语言特征，这三个词仍可以将三个不同的《国富论》译本区分开。囿于篇幅，不再结合语料展开分析。其中，"之"字在郭译本中出现频率较高，一方面，该词作为虚词，在一些结构中不提供实际意义，只帮助形成结构；另一方面，该词也能够作为助词，表领有、连属关系，如郭译本中第五篇标题"论君主或国家之收入"；而谢、杨译本均翻译为"论君主或国家的收入"。这表明在郭译本创作时代，"之"字普遍用来表示连属关系，在现代则更多使用"的"字，这也在一定程度上解释了郭译本中

"的"词数量不及其他两个译本的原因。

5 结语

本文借助机器学习中分类和聚类的方法，对政经语篇《国富论》中文三译本进行翻译风格考察，从 55 个特征中挑选出 10 个显著性强的特征，并结合语篇进行统计、分析和阐释。政经语篇本身具有严肃性、哲理性和逻辑性，为探索其不同译本的翻译风格提出了挑战。研究结果表明，机器学习分类算法可以有效区分三个中文译本，同时聚类分析也能够直观地将三译本分成界限鲜明的三个簇。显著特征（表 4）在分类过程中发挥了重要作用，各译本均在词汇、标点、语篇层面显示出不同的风格特征。

在篇章层面，郭译本中逗号的使用较为普遍，在顿号比例上要明显少于其他两个译本。这体现出郭译本创造过程的时代特点，即逗号和顿号使用场景不明晰，两者功能在当时的语言环境中有所交叉。另外，郭译本较其他两个译本的平均词长较小，反映出郭译本用语简洁明了。郭译本中使用的文言虚词也远超其他两个译本，使其译风颇具文言气息，但用户评价对该现象褒贬不一。最后的关键词特征也验证了郭译本中文言虚词的大量使用，这和篇章层面特征所呈现的结果相辅相成，并且不同译本中较多或较少出现的关键词同样也展现了译者的个人偏好，区分不同译本的翻译风格。

本研究试图在翻译风格研究方法上进行创新，为非文学文本的翻译风格特征研究提供了新思路和新方法。机器学习方法为翻译研究增添了科学性和客观性，通过实践研究可进一步探索语料库翻译学实现全面、深度、可持续的跨学科融合发展路径。

参考文献

蔡强, 徐偲. 基于语料库的郭大力翻译风格研究[J]. 江西理工大学学报,

2020（2）：79-84．

韩秋红．"五四时期"国语（文）类教科书实践新式标点符号的讨论［J］．辽宁大学学报（哲学社会科学版），2011（2）：151-153．

韩子满．翻译批评的惟文学思维［J］．上海翻译，2019（5）：1-6．

黄立波，石欣玉．《到灯塔去》两个汉译本基于语料库的翻译风格比较［J］．解放军外国语学院学报，2018，（2）：11-19．

黄立波，朱志瑜．语料库翻译学：研究对象与研究方法［J］．中国外语，2012，9（28-36）．

孔德璐．基于机器学习的文学译者风格考察［D］．上海：上海外国语大学硕士学位论文，2021．

李涛．翻译与"国家富强"：析严复翻译之用意［J］．上海翻译，2014（2）：27-30．

刘瑾玉，王克非．岂一个"富"字了得？——《国富论》百年汉译史述论［J］．上海翻译，2020（2）：62-67．

刘瑾玉．严复手批《国富论》英文底本研究［J］．中国翻译，2015（5）：33-39．

刘颖．统计语言学［M］．北京：清华大学出版社，2014．

刘泽权，闫继苗．基于语料库的译者风格与翻译策略研究——以《红楼梦》中报道动词及英译为例［J］．解放军外国语学院学报，2010（4）：87-92．

任保平．论亚当·斯密《国富论》的方法论基础与特征［J］．经济评论，2003（2）：81-84．

肖海燕．《国富论》在中国的重译研究［D］．北京：对外经济贸易大学，2018．

詹菊红，蒋跃．机器学习算法在翻译风格研究中的应用［J］．外语教学，2017（5）：80-85．

张登德．亚当·斯密及其《国富论》在近代中国的传播和影响［J］．理论学刊，2010（9）：95-99．

张继东，朱亚菲．基于语料库的《追风筝的人》两译本风格对比研究［J］．外语电化教学，2020（5）：50-57．

张学工．关于统计学习理论与支持向量机［J］．自动化学报，2000（1）：34-46．

周绪全. 文言虚词源流初探［J］. 重庆师院学报（哲学社会科学版），1995（2）：112-115.

Baker, M. Towards a methodology for investigating the style of a literary translator[J]. *Target*, 2000, 12(2): 241-266.

Chang, C-C & Lin, C-J. LIBSVM: A library for support vector machines[J]. *ACM Transactions on Intelligent Systems and Technology*, 2011, 2(3): 1-27.

Hermans, T. The translator's voice in translated narrative[J]. *International Journal of Translation Studies*, 1996, 8(1): 23-48.

Ilisei, I & Inkpen, D. Translationese traits in Romanian newspapers: A machine learning approach[J]. *International Journal of Computational Linguistics and Applications*, 2011(2): 319-332.

Lynch, G & Vogel, C. The translator's visibility: Detecting translatorial fingerprints in contemporaneous parallel translations[J]. *Computer Speech & Language*, 2018, 52: 79-104.

Mikhailov, M & Villikka, M. Is there such a thing as a translator's style[C]. *Proceedings of the Corpus Linguistics*. Lancaster, UK, 2001: 378-385.

Smith, A. *The Wealth of Nations*[M]. London: Xist Classics, 2015.

Winters, M. F. Scott Fitzgerald's Die Schönen und Verdammten: A corpus-based study of loan words and code switches as features of translators' style[J]. *Language Matters,* 2004, 35(1): 248-258.

Winters, M. F. Scott Fitzgerald's Die Schönen und Verdammten: A corpus-based study of speech-act report verbs as a feature of translators' style[J]. *Meta*, 2007, 52(3): 412-425.

Winters, M. Modal particles explained: How modal particles creep into translations and reveal translators' styles[J]. *Target*, 2009, 21(1): 74-97.

Žižka, J, Dařena, F & Svoboda, A. *Text Mining with Machine Learning: Principles and Techniques*[M]. Boca Raton: CRC Press, 2019.

A ML-based Investigation into the Translation Style of Political Economic Discourse: A Case Study on Three Chinese Translations of *The Wealth of Nations*

Kong Delu

(Tongji University)

Abstract: This paper applies machine learning methods (ML) to explore new approaches to the study of translation styles of political economic discourses. Three different translations of *The Wealth of Nations* by Adam Smith are taken, first of all, to build up a parallel corpus. Then we select 10 distinctive features through ML algorithms, elaborating them with actual concordances. The result shows that the selected features can effectively distinguish three different Chinese translations, and the average accuracy of classifiers and K-means clustering result can reach about 95%. At the document level, three translations show distinctive style features at different aspects; in terms of keyword features, the difference in frequency of occurrence is sufficient to show different translator's personal preferences. This research provides a practical and innovative approach on the translation style of political economic discourses.

Keywords: Machine Learning; Political Economical Discourse; Translation Style; *The Wealth of Nations*

多语双向跨模态翻译语料库的研制与应用[①]

高渝[②] 张威[③]

（北京外国语大学）

【摘 要】 跨模态翻译语料库作为一种全新的语料库模式，为口、笔译的对比分析提供了物质基础。目前基于跨模态翻译语料库的研究处于初始阶段，且欧洲地区外的跨模态翻译语料库多为双语语料库，不能充分考察语言组合差异对翻译加工及结果的影响。亟须建立一个大型多语双向跨模态翻译语料库，深入开展口笔译跨模态研究，探索口笔译普遍性特征，考察口笔译认知过程，促进口笔译研究的融合发展。文章介绍了多语双向跨模态翻译语料库的研制背景、研制意义和现状，提出设计方案，并探讨基于该语料库的应用与研究计划。

【关键词】 跨模态翻译语料库；多语双向跨模态翻译语料库；口译研究；研制；应用

[①] 本文系国家社科基金重点项目"大型中英连线口译语料库共享平台的创建与应用研究"（18AYY013）、北京市社科基金项目"多语双向跨模态翻译语料库的研制与应用"（19YYB011）、北京市教委2021年度科研计划一般项目"基于口译教学语料库的视译翻转课堂口译质量评估研究"（SM2021110031003）的阶段性成果。

[②] 高渝，北京外国语大学英语学院博士研究生，北京第二外国语学院高级翻译学院讲师，主要从事口译研究。

[③] 张威，北京外国语大学英语学院教授、博士生导师，主要从事翻译研究。

引言

当前，语料库语言学方兴未艾，对翻译教学与研究的影响日渐显著。建设平行语料库和翻译语料库，进行翻译教学、词典编纂、翻译研究，甚至机器翻译的探索，已经成为当前翻译教学与研究的一个战略选择（Baker，1995；廖七一，2000；王克非、黄立波，2008；梁茂成，2010；胡开宝，2011）。Shlesinger（1998）将 Mona Baker 开创的语料库翻译学研究范式扩展到口译研究领域，同时鼓励口译研究中语料对比不仅应涵盖口译文本和相似背景下的口头话语，比较对象还应囊括此类文本的笔译译文。Gile（2004：10）也认为口笔译研究联系紧密，不可割裂。

近年来，融口、笔译形态为一体的"跨模态翻译语料库"（intermodal translation corpus）已经进行了理论探讨，基本明确了其理论价值和应用领域，而且开展了小规模的个案探索（Shlesinger, 2009；Kajzer-Wietrzny, 2015；Bernardini et al., 2016；Neubig et al., 2018）。跨模态语料库不仅进一步丰富了语料库翻译学的研究主题，还有望更新语料库翻译学的原则、方法与程序，推动语料库翻译学的整体发展（张威，2020：80）。然而，以翻译学习者和实践者为对象的跨模态翻译语料库在国内尚未建设，不利于通过实证数据探索口、笔译技能的相互关系，不利于探索口、笔译教学的有效衔接或融合，最终不利于探索翻译人才口、笔译技能综合培养的路径或模式。且欧洲地区之外所建设的跨模态翻译语料库大多为双语语料库，不能充分考察语言组合差异对翻译加工及结果的影响。

多语双向跨模态翻译语料库的研制意义体现在以下两方面：

（1）理论价值：首先，有助于确定跨模态数据链接的操作标准，明确跨模态语料库建设的基本程序，提高跨模态语料库的建设质量，进而丰富语料库类型，推动翻译语料库研制与应用的发展。其次，在跨模态语料库建设的基础上，可展开具有理论意义的口笔译研究，探索口笔译普遍性特征，考察口笔译认知过程，有效衔接口笔译模式，促进口笔译能力的融合发展。

（2）实用价值：首先，多语双向跨模态翻译语料库平台能够丰富翻译教学资源，增强翻译素材的多样性和代表性，提高翻译学习积极性。其次，有利于推动翻译课堂教学改革，逐步探索基于跨模态语料库的口笔译教学模式，改进翻译教学质量。最后，利用跨模态语料库相关资源，便于创建动态开放的翻译教材流程，开发基于语料库的口笔译教材。

1 多语双向跨模态翻译语料库研制现状

1.1 研制现状

翻译实践通常分为口译和笔译。两者在翻译转换方面有很多相似之处，也有很多不同之处，例如，与笔译相比，口译借助译员口头表达且强调语言转换的即时性。然而，口笔译能力的复杂关系并没有在当前翻译教学环境下得到充分论证，造成了口笔译割裂而无法有效衔接的不良现象（Dragsted &Hansen, 2009：602），不利于翻译能力的融合发展。

近年来，两者间的比较和异同引起越来越多的关注。Shlesinger（1998：488）在早期研究中便提出，口译文本不应只是和口语文本相比较，也应该和笔译文本相比较。她认为"笔译研究者可以通过对口译的探索来了解笔译的过程和产出，而口译研究者可以通过观察更慢的、更容易观察的笔译过程和产出来对口译这种高压下的翻译活动做出推测"（Shlesinger&Ordan, 2012：44）。在讨论口笔译之间的关系时，Gile（2004：25-30）从教学培训、质量评估、语言技能和研究方法等方面分析了口笔译研究的共同基础，强调两者的融合研究。在此背景下，基于跨模态语料库的口笔译研究受到了越来越多的关注。

跨模态语料库是指将笔译和口译作为两种不同翻译形式进行对比考察的语料库。Shlesinger（1998：491）在开口译语料研究先河后，首先提出跨模态比较口笔译文本能够帮助研究者关注口笔译在语际协调方面超越模式的共性特点。Shlesinger（2009）建立了一个由实验数据构成的小型单语跨模态语料库，包含译自同一源语话语的口笔译译文（英语—希伯来语），由 8,327 个口译形符和 8,968 个笔译形符构成。随后，Shlesinger 和 Ordan（2012）在学术领域构建了一个更大的单语类比跨模态语料库（每个子语料库约有 24,000 个形符），由译自英语的希伯来口笔译译文和希伯来语原创即兴发言构成。除规模更大外，此次的源语文本为真实语料，并且增加了一个单语类比语料库与口译文本相比较。基于这两个语料库的相关研究探讨同声传译不同于笔译的特征来考察口译的口头形态是否超越其翻译本体特征。结果发现同传口译文本的特点更接近口语文本，而非笔译文本，同时还发现了同一源语文本下职业译员的口译产出和其对应的笔译文本在语言丰富性（形符比）和一系列词汇语法、风格和语用特征等方面存在显著差异。

欧洲议会的会议语料是跨模态语料库的重要语料来源。Kajzer-Wietrzny（2012）建设了口笔译语料库（Translation and Interpreting Corpus，简称 TIC）。该语料库所有文本讲话材料均来自欧洲议会，是一个单语类比跨模态平行语料库，含有从法语、西班牙语、德语和荷兰语译入英语的口译和笔译译文以及直接用英文书写的文本，总库容超过 500,000 词。其中一个重要特征是，纳入口语语料库的口译文本和纳入书面语料库的笔译文本来源于同一源语文本，但 TIC 中没有源语文本，因此没有对笔译和口译文作任何对接。目前基于该语料库已开展了简化等翻译普遍性特征的研究。

欧洲议会口笔译语料库（The European Parliament Translation and Interpreting Corpus）是多语双向跨模态语料库，是欧洲议会口译语料库（The European Parliament Interpreting Corpus）的延伸。语料来源是欧洲议会会议。该语料库包含口笔译文本（英语与意大利语）及其对应的源语文本，目前库容已扩展到 253,818 词。研究者围绕该语料库开展了简化等翻译普遍性特征的研究（Bernardini et al., 2016）。Defrancq 等（2015）基于欧洲议会语料建立跨模态语料库来研究口笔译中连接词的使用。Ferraresi（2016）的研究探索了 EPTIC 在翻译教学中的应用。Bernardini 等（2018）详细阐释了欧洲议会口笔译语料库的建库步骤。

欧洲以外地区也开始探索建立跨模态语料库。Abdelali 等（2018）建立了英语/阿拉伯语双语口译语料库，包含国际会议演讲及其录音、原始演讲和口译的转写文本以及原始文本的人工笔译文本，库容为871,650词，可用于口译教学、研究口译人员的工作特点以及训练机器翻译系统。另一个包含对应笔译文本语料的是日本奈良先端科学技术大学院大学建设的英日—日英双向同声传译语料库（Neubig et al., 2018），当前库容为387,000词。该语料库包含不同经验水平的专业同传译员的口译文本和部分口译语料的笔译文本，有助于比较口笔译译文，分析口译风格差异，比较不同层次译员差异，并阐明译员经验对口译结果的影响。

国内学者近年来也开展了少量基于跨模态语料库的相关研究，除了研究口笔译语料，也开始考察不同口译形式，如同传与交传之间的差别。胡开宝等（2016）通过比较政府工作报告英译本、记者招待会中的交传以及原创英语文本，发现汉英口译中的简化现象主要表现在复合句和动词的使用上，而在类符/形符比和平均句长方面，并未观察到明显的简化趋势。Lü & Liang（2019）的研究揭示了汉英口译（尤其是交传）中更为显著的简化趋势。这是基于对比记者会交传、领导人致辞同传、政府工作报告英译和美国总统国情咨文之间的词汇特征而得出的结论。符荣波和王克非（2021）基于自建新型跨模式汉英会议口译语料库，选用语料库翻译学中常用的词汇参数对交替传译、同声传译和原创英语口语文本的词汇特征进行类比考察。研究结果显示，汉英交传与同传的译语词汇特征无显著性差异。

1.2 不足之处

以上研究均为与跨模态语料库相关的小规模个案探索，有以下不足：

（1）语料来源较为单一。例如，前文所述的欧洲地区跨模态翻译语料库语料几乎都来自欧洲议会，而欧洲议会的演讲篇幅较短（2–8分钟），演讲语速极快（通常超过160字/分），并且演讲主题频繁切换（Setton, 2011：51），这些原因使得相关研究的推广性受到局限。而国内研究中所涉及的口笔译语料大多来自记者招待会和政府工作报告语料。

（2）未充分考虑语言组合差异对翻译加工及结果的影响。不同语言组合对翻译转换会造成不同形态的挑战，因为翻译策略的应用、翻译语言的基本特征等都表现出语言介质性的差异。然而目前国内外跨模态翻译语料库大多为双语语料库，不能充分考察语言组合差异对翻译加工及结果的影响。

（3）鲜有交传、视译等其他形式的口译语料。跨模态翻译语料库建设焦点在于不同传译模式对相同信息加工的影响，因而也更利于探明口译语体的区别性特征，深化人们对翻译行为的认识（王克非，符荣波，2020：15）。然而目前的跨模态翻译语料库中的口译语料绝大多数为同传语料，有少量交传语料。不同的口译形式需要不同的口译技巧与处理策略，因此口译形式的局限限制了跨模态翻译语料库的考察范围。

（4）缺少跨模态翻译学习者语料库及相关研究。会议现场的真实语料匮乏，借助学生的翻译语料是克服这一问题的有效途径。Castagnoli（2009，2011）倡导构建多样本学习者翻译语料库（Multiple Learner Translation Corpora），包括同一源语文本的多个译语文本，便于观察同一源语单位在译文中的多个解决方案。国内学者也开展了学习者翻译语料库的研究和探索（刘泽权，刘鼎甲，2011）。张威（2017）建设了国内第一个口译学习者语料库，涉及真实口译学习情景下英汉双向口译语料。然而，目前国内外跨模态语料库采集语料均为职业译员语料，鲜有研究关注翻译学习者语料的采集和翻译学习者语料库的建设。

（5）未能有效链接翻译教学。翻译教学素材具有材料丰富、主题多元、形式多样的特点。尽管跨模态语料库已经开始了教学方面的应用（Ferraresi，2016），但多数语料库没有对库内语料进行有效的背景信息、类别、难度、翻译策略等标注，更没有实现语料的多媒体链接和对应，无法针对具体翻译教学对象及目的进行迅速而准确的材料提取，不利于翻译课堂教学的有效组织。

综上所述，目前有必要建立一个囊括口译实践者和学习者语料的大型多语双向跨模态翻译语料库，可以深入考察超越语言形态和翻译形式限制的翻译规律，深入分析基于语料库的翻译普遍性特征等，并进一步探索口译实践者和学习者口笔译能力的发展规律，促进翻译教学水平的提高。

2 多语双向跨模态翻译语料库设计方案

多语双向跨模态翻译语料库强调研制与加工并重、口译与笔译研究并重,兼顾笔译和口译文本,力求设计科学、分类合理、加工到位。本语料库注重以下特点和要点:深度加工、多项检索、共时历时、语料平衡、多语双向、新老手对比等。

2.1 框架设计

2.1.1 开发过程设计

本语料库的开放将进行"五层"设计,涉及语料收集、语料加工、语料库功能设计、语料库应用等内容,彼此支持,相互协调(见图1)。

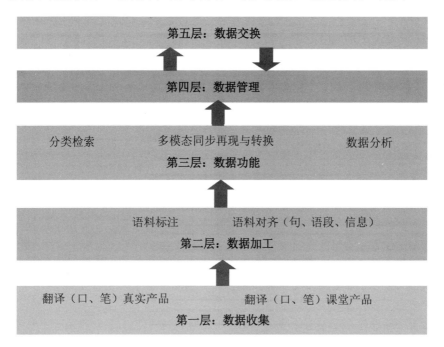

图1 总体框架

2.1.2 语料库框架设计

首先，实现汉语与多种外语的双向复合，初步涉及英语、法语、德语、日语等外语语种。其次，实现不同翻译模态的链接，具体包括：(1) 同一原文匹配口、笔译不同模态译文；(2) 同一原文匹配不同口译形式译文（交传、同传、视译等）；(3) 同一原文匹配不同译者译文（学生口译、职业口译员译文）。以一种形式的口译（英中双语）为例，具体框架设计如下（见图2）：

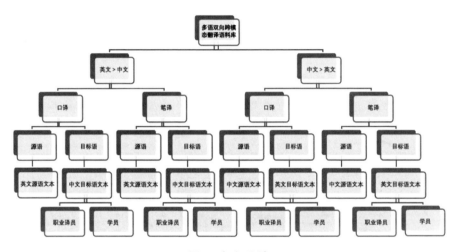

图 2　框架设计

2.2 语料库的采集与加工

2.2.1 语料采集

首先，原文语料主要取自现有教材、网络或其他相关材料，同时确保题材、体裁、语言难度等方面的一致性。其次，根据研究需要，译文取自自然课堂的学生（包括 MTI 学生和本科生）翻译练习。同时争取获取职业译员对相应原文的译文材料，确保不同翻译水平人员译文的参照性。

2.2.2 语料转写与标注

综合利用讯飞听见、AudioNote、oTranscribe、Elan 等工具，实现口译语料语音识别和转写的最优化；利用 TreeTagger、ICTCLAS、

Standford Parser 等工具进行词语切分、词汇归元、词性赋码等一般性处理；利用 ABBYY Aligner、Trados Document Aligner、Transmate 等工具进行双语对齐处理。最后，对所获取语料进行三层标注，第一层标注文本头信息（语言、题材、语言难度、发布形式、字数等），第二层标注文本关系，实现原文、译文匹配，第三层标注文本和音频，实现跨模态同步再现。

翻译困难和翻译策略是本语料库的重点标注对象，具体标注如下：

（1）翻译困难标注：本文参考 Gile（1995/2009：171）对问题诱因的定义，将翻译困难定义为"任何对译员加工能力提出更多要求的因素"。语言因素和文化因素相关困难是口笔译均会遇到的挑战。相比笔译而言，口译困难更为复杂，除语言文化因素外，还包括源语口音、声音质量和语速等副语言因素。本文结合翻译文本特征和翻译困难相关研究，将语料库中标注的翻译困难分为以下几类，除副语言因素只在口译语料中标注外，其他策略在口笔译语料中均做标注：

表 1 翻译困难标注方案

一级标注	二级标注	参考文献
副语言因素（口译）	源语口音	Lin et al., 2013: 30
	声音质量差	Gerver, 1969: 8
	语速过快	Schlesinger, 2003: 43
语言因素	词汇层面（包括专业名词、专有名词和数字）	Hale & Campbell, 2002: 19-22；Mazza, 2001: 87-105
	句式层面（包括长句、英文中的长句和内嵌句、中文中的无主句、流水句、话题句、连动句和兼语句等复杂句）	刘宓庆，2006: 311-327；潘文国，1997: 209-219；张威、董娜，2011: 38-42；Dam, 2001: 30-31; Gile, 2009: 195-196
	语义层面（根据信息密度进行标注）	Alexia&Kliment, 1999: 45-51
文化因素	比喻	Snell-Hornby, 1988: 55
	幽默	Zabalbeascoa, 2005: 187
	习语、俚语	Liu &Chiu, 2009: 8

续表

一级标注	二级标注	参考文献
文化因素	典故	Leppihalme, 1997: 5
	委婉	Ali, 1999: 100
	其他（转喻等）	Tymoczko, 1995: 5

（2）翻译策略标注：在翻译教学领域，特别是在语料库技术支撑下，对翻译实践中的翻译策略进行大规模描述与分析，能够真实反映学习者的策略意识与应用效果，对完善翻译教学组织亦有诸多启示（朱纯深，慕媛媛，2013）。翻译策略方面已经有大量研究，但目前对翻译策略具体所指尚未达成一致。多语双向跨模态翻译语料库在翻译策略标注上参考了现有研究，具体标注转码、明晰化、压缩和应对四大类策略，除了明晰化策略中的自我修正、压缩策略中的完全省略和应对策略只在口译语料中标注之外，其他策略在口笔译语料中均做标注。具体标注内容及解释如下：

表2 翻译策略标注项目及解释

策略	具体策略	定义	参考文献
转码	源语借用	在译语中直接使用源语词汇	Gile, 1995: 132
	仿造	将源语的结构或表达法以直译的形式转换成译语	Gile, 1995: 23
	音译	源语表达用译语中发音近似的字来翻译，译语所使用的字并不具有其本身的意义，只保留其书写形式	Catford, 1965: 66-70
明晰化	重复	译语中使用同义词重复之前提及过的信息，以提高词汇的准确性	Donato, 2003: 108
	解释	译文增加源语中没有的额外信息，例如话语标记和修辞短语，将原文蕴含的意思翻译得更加明确	Leuven-Zwart, 1989: 160
	具体化	译文中使用更为具体的词汇（与原文表达属下义关系），以达到将原文意思明晰化的目的	Gumul, 2006: 174

续表

策略	具体策略	定义	参考文献
明晰化	额外连接手段	添加话语标记（如连接词等）使原文中比较松散的逻辑联系更加清晰	Shlesinger, 1995: 203-205
	自我修正（口译）	译文中的自我修正	Petite, 2005: 29-31
压缩	简化	译文中简化原文语言结构或句子内容	Gile, 1995: 168-169
	宽泛化	译文使用源语表达对应的上义词进行翻译，因此译文表达更加宽泛	Bartłomiejczyk, 2006: 160, 164
	完全省略（口译）	指紧急情况下，不翻译原文	Donato, 2003: 108-109
应对（口译）	平行改写	译文中为了避免较长时间的停顿或者不完整的句子出现，创造了与原文不同的表达法（但该表达法基本能够实现原、译语间交流的功能）	Gile, 1995: 206 Bartłomiejczyk, 2006: 161, 164
	位置变换	原文表达所处位置与相关译文表达所处位置不同	Donatou, 2003: 107
	中性填充	遇到长句、包孕结构以及理解困难时，译员为保证译语流畅，采用无伤意义的赘述方式去补白	Donatou, 2003: 107-108

2.2.3 平台开放

从很大程度上来说，当前制约语料库翻译研究良性发展的一大障碍就是相关资源无法有效共享。多语双向跨模态翻译语料库是开放式平台，通过动态管理和语料库动态扩容来实现资源共享。在共同建设、共同使用的原则指导下，国内不同高校单位可补充上传原始语料或加工语料（即用户根据平台已有语料而生成的翻译材料）。通过交换语料和历时追踪，逐步建成一个大规模的共时历时多语平行语料库。

3 基于多语双向跨模态翻译语料库的应用与研究规划

3.1 研究原则

在开展多语双向跨模态翻译语料库相关研究中应秉持以下原则：（1）基础与应用并重，既强调跨模态语料库的技术标准，对口笔译语言特征、操作规范做系统描述分析，又突出本体研究在教学与实践中的应用价值，实现语料库建设、教学应用、科研探索同步发展；（2）微观与宏观协调，既细致观察个别语言组合对翻译策略、翻译风格等因素的影响，又整体探索多语双向翻译的普遍特性，力争全面反映翻译操作在不同语言组合、不同转换方向中的一般特征；（3）共时与历时结合，既观察学生译员群体，又分析职业译者，客观反映不同翻译技能或水平译者在跨模态翻译中的表现，力求反映翻译策略、翻译能力的动态发展。

3.2 研究主题

以多语双向跨模态翻译语料库的建设为依托，以学习者口笔译文本特征、模式及其发展规律描写为核心，以职业译员的口笔译文本作为参照，可以展开在翻译教学领域的应用与研究，同时开展翻译普遍性、翻译认知过程等多方面的研究。

3.2.1 翻译教学应用研究

翻译教学和培训是翻译语料库最重要的应用环境之一，多语双向跨模态翻译语料库在翻译教学过程中有很高的应用价值。语料库可以用作学生自学的工具，也可以用作课堂教学材料（Ferraresi, 2016：41）。语料库的应用可以充分发挥学生学习的自主性和积极性（胡开宝，毛鹏飞，2012：388）。基于该语料库建立翻译实训平台，可以进行主题、难度、翻译方向等多因素检索；实现文本（包括原文及译文文本）、音频等多形态共现；实现难点（问题诱因）分析、策略应用、效果评价等要素动态呈现；对比分析学生译本和职业译员的译本；进行跨模态译本分析，即对比分析同一原文不同口译形式（交传、同传、视译等）的译文，或对比分析同一原文的口笔译译文。

目前国际化复语型人才培养逐步成为改革趋势，不少综合类重点院校和外语类院校已开设了复语方向。该语料库的多语特性使不同语对间的对比成为可能，从而有利于促进复语方向的教学实践与研究。同时该语料库也很契合信息化时代"翻转课堂"或"混合课堂"的教学模式。学生可在课前课后利用实训平台进行跨模态语料观摩探索，积极主动参与到学习中。

该语料库还可以作为教师评价学生翻译表现的平台。Bowker（2000：183）提出教师可以利用语料库比较学生译作，提供建设性的反馈意见。多语跨模态语料库提供的大量语料为教师进行翻译质量评估提供了有力参考。语料库也常常被用作课堂教学材料。开发建设面向教学的跨模态翻译语料库，通过技术手段汇集音频、视频、文本等不同形式的翻译练习材料，将有利于提高翻译教学材料的丰富度，改革翻译课堂教学形态，促进翻译教学材料的编写。改革后的翻译教材编写应实现口笔译材料相结合。例如，可基于同一材料在不同层次（词语、句法、语篇）设计口笔译练习，同时进行口笔译质量和口笔译策略等的对比分析。

通过语料库的实证数据还可以考察中国翻译学习者口笔译能力发展规律，探索口笔译技能的相互关系，进一步探索口笔译教学的有效衔接或融合。目前已有研究初步证实了笔译训练对口译练习的促进作用（张威，王克非，2015）。在该语料库的建立过程中还可以开展相关行动研究，在多语对背景下更充分地探讨口笔译训练间的关系，进而探索翻译人才口、笔译技能综合培养的路径或模式。

3.2.2　翻译普遍性及其他翻译语言特征研究

翻译普遍性是"翻译文本体现的有别于源语话语的典型语言特征"（Baker, 1993：243），包括显化、隐化、简化和范化等。目前的口笔译语料库研究在翻译普遍性方面进行了大量探索。以"简化"为例，目前已有的多语跨模态语料库开始验证同一源语文本下的口笔译译文是否也有简化趋势（Kajzer-Wietrzny, 2015）。其他翻译语言特征是指在词汇、句法、搭配等层面呈现的典型语言特征。多语跨模态语料库可在不同语对间进行比较，主要涵盖以下方面：研究翻译普遍性和其他翻译文本语言特征，可进一步考察这些特征所揭示的译者风格，并探究这些特征背后所隐藏的翻译规范及影响这些规范的社会文化等因素。

不同语对的翻译语言特征对比研究将是多语双向跨模态翻译语料库的一大亮点。现有的研究局限于少数典型语对的研究，多语双向跨模态翻译语料库在多个语对研究基础上能更为客观地验证翻译普遍性等假说的合理性，也能获得关于翻译语言特征较为全面的认识。

3.2.3 翻译认知过程研究

语料库翻译学和翻译认知研究可以很好地结合：相关研究可以从语料库语言学中借鉴比较描写的研究方法与成果，并从翻译认知过程实验研究的发现中寻求佐证（侯林平 等，2019：72）。还可以利用翻译过程语料库分析翻译认知过程的特征与规律，并在考察大量双语语料的基础上分析译者翻译策略和方法的应用等（胡开宝，李晓倩，2016）。

多语双向跨模态翻译语料库提供了不同语对和不同翻译形式的研究平台，在此基础上开展翻译认知过程研究大有可为。可以建立跨模态翻译过程数据库，其中笔译过程语料库可参考现有的翻译过程数据语料库的建设（Serbina et al., 2015；黄立波，2021：141–142），包含翻译产品和翻译击键记录，语料包括原文和译文，外加中间版本的翻译过程呈现。口译过程语料库则可结合眼动等过程数据探索口笔译认知过程的异同，考察翻译困难和相应策略以进一步阐释翻译认知过程。

除了上述领域，还可以基于多语双向跨模态翻译语料库探索不同语言组合对翻译质量等因素的影响，推动翻译能力、翻译测试等方面的研究。

4 结语

目前，关于翻译语料库的探索已经取得了很大进展，相关建库技术也日益成熟，但跨模态翻译语料库的建设与应用仍是一个新兴领域。开发具有教学与研究双重用途的多语双向跨模态翻译语料库将丰富当前的语料库类别，符合翻译学科发展的未来战略。该语料库的建设可以推动多语种（特别是非通用语种）语料库建设，便于深入开展口笔译跨模态研究，探索口笔译普遍性特征，考察口笔译认知过程，促进口笔译研究的融合发展。同时提升基于语料库的外语教学、口笔译融合教学等相关教学与研究。该语料库的开放式设计秉承"资源共享"理念，将惠及更多受众，进一步推动语料库翻译学的发展。

参考文献

符荣波，王克非. 基于跨模式类比语料库的汉英口译词汇特征研究［J］. 外语教学与研究，2021，53（6）：912-923.

侯林平，郎玥，何元建. 语料库辅助的翻译认知过程研究模式：特征与趋势［J］. 外语研究，2019，36（6）：69-75.

胡开宝. 语料库翻译学概论［M］. 上海：上海交通大学出版社，2011.

胡开宝，李晓倩. 语料库翻译学与翻译认知研究：共性与融合［J］. 山东社会科学，2016（10）：39-44.

胡开宝，毛鹏飞. 国外语料库翻译学研究述评［J］. 当代语言学，2012，14（4）：380-395.

胡开宝，潘峰，李鑫. 基于语料库的记者招待会汉英口译研究［M］. 北京：外语教学与研究出版社，2016.

黄立波. 语料库翻译学理论研究［M］. 北京：外语教学与研究出版社，2021.

梁茂成. 理性主义、经验主义与语料库语言学 [J]. 中国外语, 2010, 7 (4): 90-97.

廖七一. 语料库与翻译研究 [J]. 外语教学与研究, 2000 (5): 380-384.

刘宓庆. 新编汉英对比与翻译 [M]. 北京: 中国对外翻译出版公司, 2006.

刘泽权, 刘鼎甲. 基于语料库的翻译教学与学习者译本评析初探 [J]. 中国外语: 中英文版, 2011 (5): 48-56.

潘文国. 汉英对比纲要 [M]. 北京: 北京语言大学出版社, 2007.

王克非, 符荣波. 语料库口译研究: 进展与走向 [J]. 中国翻译, 2020 (6): 13-20.

王克非, 黄立波. 语料库翻译学十五年 [J]. 中国外语, 2008 (6): 9-14.

张威, 王克非. 口笔译一体化教学模式的实验探索 [J]. 外语与外语教学, 2015 (6): 56-62.

张威, 董娜. 英汉互译策略对比与应用 [M]. 北京: 北京语言文化大学出版社, 2011.

张威. 语料库口译研究 [M]. 北京: 外语教学与研究出版社, 2020.

张威. 中国口译学习者语料库建设与研究: 理论与实践的若干思考 [J]. 中国翻译, 2017, 38 (1): 53-60.

朱纯深, 慕媛媛. 以文本解释力为导向的语料库翻译教学——香港城大翻译与双语写作在线教学/自学平台的设计与试用分析 [J]. 中国翻译, 2013, 34 (2): 56-62, 127.

Abdelali, A., Temnikova, I., Hedaya, S., et al. The WAW Corpus: The first corpus of interpreted speeches and their translations for English and Arabic[C]. Language Resources and Evaluation Conference, 2018.

Alexieva, B., & Kliment S. Understanding the source language text in simultaneous interpreting[J]. *The Interpreters' Newsletter*, 1999(9): 45-59.

Ali, S. S. Euphemism in translation, a comparative study of euphemistic expressions in two translations of the holy *Qur'an*[J]. *Islamic Quarterly*, 1999, 43(2): 100-113.

Baker, M. Corpus linguistics and translation studies: Implications and applications[A]. In Baker et al.(eds.), *Text and Technology: In Honour of John*

Sinclair[C]. Amsterdam and Philadelphia: John Benjamins, 1993: 233-250.

Baker, M. Corpora in translation studies: An overview and some suggestions for future research[J]. *Target*, 1995, 7(2): 223-243.

Bartłomiejczyk, M. Strategies of simultaneous interpreting and directionality[J]. *Interpreting*, 2006, 8(2): 149-174.

Bernardini, S., Ferraresi, A. & Milićević, M. From EPIC to EPTIC : Exploring simplification in interpreting and translation from an intermodal perspective[J]. *Target*, 2016, 28(1): 61-86.

Bernardini, S., Ferraresi, A., Russo, M., et al. Building interpreting and intermodal corpora: A *How-to* for a formidable task [A]. In M. Russo, C. Bendazzoli & B. Defrancq (eds.), *Making Way in Corpus-based Interpreting Studies*[C]. Singapore: Springer, 2018: 21-42.

Bowker, L. A Corpus-based approach to evaluating student translations[J]. *Translator*, 2000, 6(2): 183-210.

Castagnoli, S. A new approach to the analysis of explicitation in translation: Multiple (Learner) translation corpora[J]. *International Journal of Translation*, 2009(21): 89-106.

Castagnoli, S. Exploring variation and regularities in translation with multiple translation corpora[J]. *Rassegna Italiana Di Linguistica Applicate*, 2011, 43(1): 311-332.

Catford, J. C. A *Linguistic Theory of Translation: An Essay in Applied Linguistics*[M]. Oxford: Oxford University Press, 1965.

Dam, H. V. On the option between form-based and meaning-based interpreting: The effect of source text difficulty on lexical target text form in simultaneous interpreting[J]. *The Interpreters' Newsletter*, 2001(11): 27-55.

Defrancq, B., Plevoets, K. & Magnifico, C. Connective items in interpreting and translation: Where do they come from?[A]. In Romero-Trillo (ed.), *Yearbook of Corpus Linguistics and Pragmatics*[C]. Switzerland: Springer International Publishing, 2015: 195-222.

Donato V. Strategies adopted by student interpreters in SI: A comparison between the English-Italian and the German-Italian language-pairs[J]. *The Interpreters' Newsletter*, 2003(12): 101-134.

Dragsted, B. & Hansen, I. G. Exploring translation and interpreting hybrids: The case of sight translation[J]. *Meta*, 2009, 54(3): 588-604.

Ferraresi, A. Intermodal corpora and the translation classroom: What Can translation trainers and trainees learn from interpreting?[J]. *Linguaculture*, 2016(2): 27-51.

Gerver, D. The effects of source language presentation rate on the performance of simultaneous conference interpreters[A]. In Foulke & Emerson (eds.), *Proceedings of the Second Louisville Conference on Rate and/or Frequency-controlled Speech*[C]. Louisville (Kty): University of Louisville, 1969.

Gile, D. *Basic Concepts and Models for Interpreter and Translator Training*[M]. Amsterdam: John Benjamins, 1995.

Gile, D. *Basic Concepts and Models for Interpreter and Translator Training* [M]. Amsterdam: John Benjamins, 2009.

Gile, D. Translation research versus interpreting research: Kinship, differences and prospects for partnership[A]. In Christina Schäffner (eds.), *Translation Research and Interpreting Research: Traditions, Gaps and Synergies*[C]. Clevedon: Multilingual Matters Ltd., 2004.

Gumul, E. Explicitation in simultaneous interpreting: A strategy or a by-product of language mediation?[J]. *Across Languages and Cultures*, 2006(2): 171-190.

Hale, S. & Campbell, S. The interaction between text difficulty and translation accuracy[J]. *Babel*, 2002, 48(1): 14-33.

Kajzer-Wietrzny, M. Interpreting universals and interpreting style[D]. Poznan: Adam Mickiewicz University, 2012.

Kajzer-Wietrzny, M. Simplification in interpreting and translation[J]. *Across Languages and Cultures*, 2015, 16(2): 233-255.

Leppihalme, R. *Culture Bumps: An Empirical Approach to the Translation of Allusions*[M]. Clevedon: Multilingual Matters Ltd., 1997.

Leuven-Zwart, V. & Kitty. Translation and original: Similarities and dissimilarities, I[J]. *Target*, 1989, 1(2): 151-181.

Lin, I. H. I., Chang, F. L. A. & Kuo, F. L. The impact of non-native accented English on rendition accuracy in simultaneous interpreting[J]. *Translation & Interpreting*, 2013, 5(2): 30-44.

Liu, M. & Chiu, Y. H. Assessing source material difficulty for consecutive interpreting: Quantifiable measures and holistic judgment[J]. *Interpreting*, 2009, 11(2): 244-266.

Lü, Qianxi & Junying Liang. Is consecutive interpreting easier than simultaneous interpreting?—A corpus-based study of lexical simplification in interpretation [J]. *Perspectives*, 2019, 27(1): 91-106.

Mankauskien, D. Problem trigger classification and its applications for empirical research[J]. *Procedia — Social and Behavioral Sciences*, 2016, 231(5): 143-148.

Mazza, C. Numbers in simultaneous interpretation[J]. *The Interpreters' Newsletter*, 2001(11): 87-104.

Neubig, G., Shimizu, H., Sakti, S., et al. The NAIST simultaneous translation corpus[A]. In M. Russo, C. Bendazzoli & B. Defrancq (eds.), *Making Way in Corpus-based Interpreting Studies*[C]. Singapore: Springer, 2018: 205-215.

Petite, C. Evidence of repair mechanisms in simultaneous interpreting: A corpus-based analysis[J]. *Interpreting*, 2005, 7(1): 27-49.

Serbina, T., Niemietz, P., Fricke, M., et al. Part of speech annotation of intermediate versions in the Keystroke Logged Translation Corpus[C]. Linguistic Annotation Workshop, 2015.

Setton, R. Corpus-based interpreting studies (CIS): Overview and prospects[A]. In A. Kruger, K. Wallmarch & J. Munday (eds.), *Corpus-based Translation Studies: Research and Applications*[C]. London/New York: Continuum, 2011: 33-75.

Shlesinger, M. & Ordan, N. More spoken or more translated? Exploring a known unknown of simultaneous interpreting[J]. *Target*, 2012, 24(1): 43-60.

Shlesinger, M. Corpus-based interpreting studies as an offshoot of corpus-based translation studies[J]. *Meta*, 1998, 43(4): 486-493.

Shlesinger, M. Effects of presentation rate on working memory in simultaneous interpreting[J]. *The Interpreters' Newsletter*, 2003(12): 37-49.

Shlesinger, M. Shifts in cohesion in simultaneous interpreting[J]. *The Translator*, 1995, 1(2): 193-214.

Shlesinger, M. Towards a definition of interpretese: An intermodal, corpus-based study[A]. In G. Hansen, A. Chesterman & H. Gerzymisch-Arbogast (eds.), *Efforts and Models in Interpreting and Translation Research: A Tribute to Daniel Gile*[C]. Amsterdam and Philadelphia: John Benjamins, 2009.

Snell-Hornby, M. *Translation Studies: An Integrated Approach*[M]. Amsterdam and Philadelphia: John Benjamins, 1988.

Tymoczko, M. The metonymics of translating marginalized texts[J]. *Comparative Literature*, 1995, 47(1): 11-24.

Zabalbeascoa, T. Humour and translation: An interdiscipline[J]. *Humor: International Journal of Humor Research*, 2005, 18(2): 185-207.

Development and Application of the Multilingual Bidirectional Intermodal Translation Corpus

Gao Yu[1]   Zhang Wei[2]

(1.Beijing International Studies University; 2. Beijing Foreign Studies University)

Abstract: The Intermodal translation corpus, a new corpus model, provides a basis for the comparative analysis of interpreting and translation. At present, research based on intermodal translation corpora is in its initial stage, and most intermodal translation corpora outside Europe are bilingual ones, which cannot fully help to explore the impact of different language combinations on translation process and output. A large multilingual bidirectional intermodal translation corpus is needed for an in-depth intermodal research. Universals of interpreting and translation can thus be further explored and the cognitive process of interpreters and translators can be further studied, leading to an integrated development of the intermodal translation research. This paper introduces the background, significance and status quo of the multilingual bidirectional intermodal translation corpus, proposes the designing schemes and discusses on the application and research plans based on this corpus.

Keywords: Intermodal Translation Corpus; Multilingual Bidirectional Intermodal Translation corpus; Interpreting Studies; Development; Application

藏族史诗《格萨尔》在日本的译介图景与超文本传播研究[①]

刘　岩[②]　张星星[③]
(贵州大学)

【摘　要】植根于藏族文学沃土中的《格萨尔》被称为世界上最长的史诗，代表了中国藏族民间文化的最高成就，受到海内外学者的广泛关注，由此积累了很多"格"学研究文献。日本不仅对《格萨尔》进行研究和翻译，还以电影、CD 等形式对其进行传播和推广。基于此，本文从《格萨尔》的海外视角出发，从语际翻译和符际翻译两方面对《格萨尔》在日本的翻译与传播的情况进行梳理，把握《格萨尔》在日本的译介图景与传播的轮廓以及路径。研究发现：《格萨尔》通过学术研究、翻译、媒介推广等形式被日本的学者、译者、读者以及观众所知，其传播形式较为多元，丰富了海外"格"学研究的学术成果与国际传播路径。但与《格萨尔》在西方国家的译介研究相比而言，《格萨尔》在日本的译介研究仍有待加强。厘

[①] 本文系教育部高校国别和区域研究备案中心四川师范大学日韩研究院资助项目"巴蜀地区民间故事在日本的多模态译写与传播效果研究"（项目编号：2024RHZC007）研究成果。

[②] 刘岩，博士，研究方向为中日近代交流史、典籍翻译与传播，贵州大学，日本研究所所长，副教授。

[③] 张星星，硕士研究生，研究方向为典籍外译与研究，贵州大学。

清《格萨尔》在日本的翻译、研究与传播的貌相，有利于把握中国少数民族文学在世界的流变情况。

【关键词】《格萨尔》；日本；译介图景；超文本传播

引言

《格萨尔》是一部流传千年的英雄史诗，是中国少数民族藏族的文化结晶，其中所富含的藏族的风俗习惯、民族记忆，以及独特的传承方式等是藏族人民以及中华文化的宝贵财富。现已有俄语、英语、法语、德语、日语等多个语种的《格萨尔》翻译出版。国内对《格萨尔》的研究发轫于18世纪中期，国外对《格萨尔》的研究早于国内，相关研究成果极为丰富。在《格萨尔》翻译研究方面，汉译研究成果较为丰硕，即将藏文本《格萨尔》或蒙文本《格萨尔》翻译为汉语，相比较而言，在海外传播、翻译方面，主要集中在英语世界的传播和翻译方面，鲜有学者关注《格萨尔》在日本的传播情况。据笔者目前所查资料，日本不仅关注《格萨尔》文字层面的翻译，同时还涉及非语言符号等多元化的传播形式。在中国多民族多语言的背景下，如果说将藏语《格萨尔》译为汉语是一种语内翻译的话，那么相比较而言，日本译介《格萨尔》则是语际翻译（王治国，2010：57）。基于此，本文从雅各布森提出的语际翻译和符际翻译两大理论视角下梳理《格萨尔》在日本的翻译、研究，并整理分析相关资料，考察《格萨尔》在日本的译介与传播情况，把握《格萨尔》在日本的研究动态，以期进一步促进《格萨尔》在海外的译介、传播与接受等相关学科的研究。

1 《格萨尔》在日本的译介：语际翻译

我国各民族文学一直深受海外国家的高度关注，追溯《格萨尔》这一少数民族文学的海外译出之源，西方可追溯至1893年，日本可追溯至

1972年。其作为世界上最长的史诗级别的口头传承文学，在学术界一直保持着较高的研究热度。本节旨在考察《格萨尔》在日本的翻译及研究情况，描绘《格萨尔》在日本译研学术图景，为海外"格"学研究提供借鉴与参考。"

1.1 《格萨尔》日语译本调查

1.1.1 日译本梳理

目前，日本关于《格萨尔》的译本主要集中在简译本、编译本、选译本以及通过网络发布的网络译本。笔者按照译本标题、出版时间、译者、译介方式等分类对《格萨尔》相关日译本进行了整理（表1）。由表1可知，《格萨尔》的日译本共涉及六本，分别是加藤千代翻译的《岭国·格萨尔王的故事》、星实千代翻译的《格萨尔王传之魔岭大战》、铃木道子翻译的《罕萨的口传文艺》、君岛久子翻译的《格萨尔王传说：奇幻的西藏英雄传》、中岛健翻译的《西藏的民间故事》中的《岭国的格萨尔》以及富樫瓔子翻译的《格萨尔王传说：西藏的英雄史诗》。不难看出，《格萨尔》的日译本大多数都是独立的翻译作品，少数包含在"西藏文学"这一范畴内。其中中岛健的《西藏的传说》中除了翻译《格萨尔》之外，还翻译了西藏的创世神话、圣者传说、幻兽传说等西藏民间故事。目前，最新的译本为富樫瓔子的《格萨尔王传说：西藏的英雄史诗》。考察《格萨尔》这部作品在日本的传播范围，一项重要的指标就是看有多少家日本图书馆收藏这部作品（刘国芝 等，2022：60）。富樫瓔子所翻译的《格萨尔王传说：西藏的英雄史诗》在日本亚马逊上的评分为4.6分（满分5分），在乐天上的评分为4分（满分5分），再对这些书城以及书评网站上关于该本书的评价进行调查分析，可知日本读者对该本书的评价呈现积极态势。由日本学术论文数据库CiNii可知，有216家图书馆收藏了该日译本，如：东京大学综合图书馆、神奈川大学图书馆、关西大学图书馆、东北大学附属图书馆等，传播范围覆盖日本东京地区、东北地区等全领域，是日本21世纪翻译《格萨尔》较为成功的译本。

表 1 《格萨尔》日译本信息一览表

译本标题	时间	译者	译介方式
《リン・ケサル物語》	1972 年	加藤千代	简译
《ge sar gi sgrung，bdud gling》	1974 年	星实千代	编译
《罕萨的口传文艺》	1982 年	铃木道子	选译
《ケサル大王物語：幻のチベット英雄伝》	1987 年	君岛久子	缩译
《チベットの民話》	1992 年	中岛健	节译
《ケサル王物語：チベットの英雄叙事詩》	2021 年	富樫瓔子	编译

数据来源：笔者依据日本国立国会图书馆以及亚马逊中有关"ケサル"的检索结果整理而成。

1.1.2 日语译者

从译者主体来看，日本翻译《格萨尔》的学者大致有几个特征：（1）这些学者致力西藏研究，专攻民族学、人类学。如曾作为留学生身份跟随民俗学大家钟敬文先生进修学习的加藤千代，致力于西藏研究的星野千代。该类译者本身对《格萨尔》、西藏的相关文化用语、风俗习惯等有着较深的理解，能够更精准地翻译出相关文化意象。（2）专业的翻译家对《格萨尔》进行翻译。如对中国民间故事研究颇深，专著与译著等学术成果十分丰硕的君岛久子，以及一直致力于翻译法国作家作品的富樫瓔子。这些专业译者拥有更专业的翻译知识，能够呈现出更符合翻译标准的日语译本。（3）网络译者译介《格萨尔》。如日本民族摄影家宫本神酒男在网页上发表了自己所翻译的《格萨尔》。另外还有非藏学研究者从不同的视角解读《格萨尔》，使得《格萨尔》以更多元的姿态呈现在读者面前，如从事民族音乐研究工作的铃木道子，侧重《格萨尔》为口传文艺这一方向展开翻译。总之，《格萨尔》的日语译者或与其他学者合作，或自己独立翻译，为《格萨尔》的日译工作贡献良多。

1.1.3 日译本特征

通过分析以上译本及相关信息，可将《格萨尔》日译本的特征归结如下。

第一，《格萨尔》日译本共性特征：(1) 以藏语或其他语种的译文版本为蓝本进行翻译。表1中所列的日译本大部分是根据藏文本《格萨尔》或由藏民口传翻译而来，少数以法文等其他语种的《格萨尔》译本为蓝本进行翻译。其中值得注意的是，由翻译家富樫瓔子所翻译、今枝由郎添加译注的这本《格萨尔王传说：西藏的英雄史诗》就是以法国著名藏学家亚历山大·大卫-妮尔（Alexandra David-Neel）所整理、编译的法文版《格萨尔》为蓝本。图1为该译本的封面。该译本为日本较全面的《格萨尔》译本，可以说是日本翻译《格萨尔》的最新成果，在《格萨尔》翻译研究等领域中占重要地位。大卫-妮尔为法国著名的东方学家、汉学家、探险家、藏学家，曾多次到西藏以及周边地区进行科学研究，她所翻译的法文版《格萨尔》是译介《格萨尔》藏文本的典型译本之一，是西方学者最早研究《格萨尔》的著作之一（王治国，2010：57-59）。(2) 译本多集中在21世纪以前，并密切集中在20世纪70至80年代。这一时期，日本的藏学研究进入新的阶段，特别是关于藏语的研究，当时的日本藏学界一直持续着"藏日字典的编辑"和"现代藏语的记录研究"这一研究工作（樱井龙彦，李连荣，2006：102-110）。加之随着改革开放的实行，中日两国学者的联系日益紧密，也不难理解日本为何在这个阶段集中翻译《格萨尔》等西藏民间文学。21世纪以后，《格萨尔》的日译本数量呈现下降趋势，表明《格萨尔》的"走出去"工作依旧有很大的努力空间。另外，自1992年《格萨尔》译本出版，时隔数十年，富樫瓔子的《格萨尔王传说：西藏的英雄史诗》问世，表明《格萨尔》依旧具有高关注度，并且该译本在日本的大受欢迎也表明《格萨尔》故事在日本是极具吸引力的。

第二，在上述日译本中，君岛久子所翻译的版本通过将文字与绘画相互融合，翻译风格别具一格。君岛久子是日本著名的民族学者、翻译家，一直致力于中国的民间故事研究。在其翻译作品中以绘本居多，即文字与绘画结合，这一特点在其早期翻译作品《格萨尔王传说：奇幻的西藏英雄传》中也有体现。如图2所示，格萨尔被创作为一个红脸、骑着赤马的形象，不由得让人联想到关羽，在烈火之中一脸肃然地拉弓，拯救深陷水深火热的藏区百姓，与该书背景极为符合。该书的内部也以黑白两色简单勾勒出故事场景作为插图，如图 3 所示，为书中各章节的故事中所出现的角色形象，如青蛙、狗、鹰等。这些副文本信息让人不拘泥于枯燥的文字，也能让日本读者更好地理解原文，促进了《格萨尔》更好地传播。

图 1 《ケサル王物語：チベットの英雄叙事詩》封面

图 2 《ケサル大王物語：幻のチベット英雄伝》封面

图 3 《ケサル大王物語：幻のチベット英雄伝》插画

1.1.4　译介方式

通过对上述译本及其相关信息进行分析，总结出日本主要译介《格萨尔》的方式为文本翻译与网络翻译，文本翻译采用编译、简译、选译、缩译和节译等翻译方法。其中简译、选译、缩译以及节译都是在原文基础上进行删减，而编译则是根据自己所掌握的资料对原文进行适当改编。其中，富樫瓔子是以《格萨尔》法文本为蓝本进行的翻译，而这一法文本是由大卫-妮尔所整理、编译。将日译本与法文本进行比较可知，富樫瓔子所翻译的译本也是编译的方式。据不完全统计，目前藏文《格萨尔》全传至少有 226 部，累计 100 多万诗行，将其翻译成汉语历时八年，可想而知，这一全传的外译工作之艰巨。

而网络翻译利用互联网这一便捷的传播媒介，将《格萨尔》介绍给更多人知晓。宫本神酒男是日本的民族摄影家，日本杂志《怪》的创始成员，一直致力于中国西南少数民族、西藏文化圈、萨满的实地调查研究。他将他去到各地的所见所闻、所拍所想整理制作出一个网页——宫本神酒男的心灵冒险（宫本神酒男のスピリチュアルな冒険），在这个网页中包含大量宗教、少数民族等方面的神话、故事、书籍等，《格萨尔》的相关资料也颇为丰富。在翻译方面，宫本神酒男同样以大卫-妮尔的《格萨尔》译本为蓝本进行翻译，除此之外，该网页中还有宫本神酒男对《格萨尔》翻译的另一版本，经过比对，这一版本的翻译内容与藏学家降边嘉措、吴伟所著的《格萨尔全传》中的内容几乎一致，可以视作是《格萨尔全传》的日译本，在每一章节还附有相应的插图和注释，与他翻译的前一译本所呈现的"全文字"形式相比更显生动有趣。再者，宫本神酒男还翻译了中国当代画家权迎升所编绘的《格萨尔王》漫画的第1卷（赛马称王），以及第3卷（圣光的救赎）。漫画《格萨尔王》以中国水墨入画，以《格萨尔王传》为蓝本，降边嘉措、吴伟担任主编。可见，漫画版《格萨尔》目前虽未有出版发行的日译本，但就宫本神酒男对中国出版的漫画进行的节译来看，日本翻译出版漫画版《格萨尔》也不无可能。

1.2 日本学界的《格萨尔》研究谱系

日本对西藏民间文学的研究始于20世纪初，20世纪80年代随着国内《格萨尔》研究、翻译等的不断发展，中日两国学者的频繁交往，以及日本自身对西藏民间文学的不断深入，《格萨尔》走进了日本的研究视野。对日本所发表的《格萨尔》相关论文进行整理分析，可从发文期刊、研究学者群体、研究内容等方面进行阐述。

1.2.1 发文期刊

从刊载论文的杂志来看，《格萨尔》相关论文主要由《研讨会"格萨尔/格斯尔王传的传承和现在"》《西藏文化研究会报》《桃山学院大学教育研究所研究纪要》《日本西藏学会会报》《比较民俗研究》等杂志收录。《西藏文化研究会报》《日本西藏学会会报》《比较民俗研究》分别是

"西藏文化研究""日本西藏学会""比较民俗研究会"的会刊，前两者一直致力于西藏历史、语言、文化、宗教、习俗等方面的学术研究，后者则以亚洲各民族的民俗研究为中心展开活动，焦点主要集中在中、日、韩三国的民俗。不难看出，日本发表《格萨尔》相关论文的期刊具有一个鲜明的特征，即期刊类型多为会议纪要、学会会刊、论文集等。日本召开《格萨尔》相关学术会议，以及拥有专门的西藏研究机构等现象表示日本对《格萨尔》与西藏的高度关注。另外，日本出版西藏研究相关的书籍中也囊括了《格萨尔》的相关研究。

1.2.2 学者群体

从研究学者群体来看，在日本发表论文的既有日本学者，也有中国学者。这之中或是日本学者翻译中国学者论文，或是日本学者、中国学者分别撰写发表论文。在日本学者翻译中国学者论文这一方面，翻译发表的时间主要集中在21世纪之前，并且以翻译中国《格萨尔》研究专家的论文居多，如杨恩洪、李连荣等。而中国学者也主要以《格萨尔》研究专家、藏学家在日本发表《格萨尔》论文居多，发表时间相对较为分散，但表现出持续为《格萨尔》发声。日本学者及其余国家学者所发表的论文多为独作，很少以合作的形式发表论文，至今仍有相关论文发表，表明《格萨尔》至今仍是日本的关注焦点。发表论文的日本学者主要有铃木道子、冈田千岁、别所裕介、佐藤道郎等。发文作者不仅有长期致力于西藏研究的专家，也有关注音乐、艺术研究等方面的学者，还有为拍摄《格萨尔》电影进行相关研究调查的纪录片导演。如：别所裕介现为驹泽大学教授，长期致力于藏学研究，围绕西藏的语言、宗教、地域文化等方面发表过多篇论文，如《圣山阿尼玛卿与格萨尔——浅析现代草原上的"文化表象"及其意义》（2013年）、《现代西藏中人类与牧畜之间的宗教关系》（2016年）、《媒介装置"山"——藏传佛教的宇宙观与圣山信仰》（2019年），等等。冈田千岁为桃山学院大学教育研究所所员，长期从事音乐、艺术方面的研究，曾发表过《明治初期的音乐教育》（1992年）、《环濑户内传承文化研究》《爱媛县宇摩地区"御船歌"的音乐的推行》（2000年）等论文。

1.2.3 内容述评

第一，日本杂志上刊登的中国学者所撰写的论文的研究焦点主要集中在《格萨尔》文本外部，如《格萨尔》说唱艺人、史诗图像、《格萨尔》的收集、藏语特征等。如：1991年，日本《比较民俗研究》杂志刊登了中国格萨尔研究学者杨恩洪所撰写的《〈格萨尔王传〉的说唱艺人》，该论文由乙坂智子翻译，主要介绍《格萨尔》的说唱艺人的分布情况，藏族、蒙古族等民族的艺人的异同点，另外她还将20世纪80年代的艺人分成了神授艺人、闻知艺人等五类，并依次做了详细的调查分析。2010年，索南措在"中日学术文化交流研讨会：中国青海省和三重县的文化、社会、教育"上作了题为《〈格萨尔王传〉中语言的定型化特征》的报告，该报告被《生活通信学：铃鹿短期大学生活通信学研究所年报》收录。

第二，日本学者所发表的论文主要集中在《格萨尔》的传承与信仰、《格萨尔》的流传与变容方面。如：2010年，别所裕介以东部西藏、果洛地区的《格萨尔》为研究对象，考察在当时国内加强民族政策落实和旅游资源开发的背景下，东部西藏、果洛地区的《格萨尔》的传承复兴运动，并讨论分析这一运动中所涉及的当地的宗教团体和民众信仰。另外，冈田千岁与其他学者不同，其他学者主要关注中国西藏地区的《格萨尔》，他主要以《格萨尔》的插曲为研究对象，考察《格萨尔》在被称为"小西藏"的巴尔蒂斯坦等毗邻地区的流传和变容。冈田千岁所研究的巴尔蒂斯坦，其山民与西藏的藏族同胞在文化和血缘上联系紧密，《格萨尔王》的故事不仅在西藏地区代代相传，在巴尔蒂斯坦等毗邻地区也备受关注，可以表明《格萨尔》流布地域之广。冈田千岁的这一研究在《格萨尔》的流传学研究领域具有重要意义。

1.2.4 学术交流

另外，中国学者与日本学者在学术研讨会上就《格萨尔》进行交流互动，进一步扩大了《格萨尔》的学术影响力。2014年5月24日，日本东方学会在日本教育会馆召开第59届国际东方学者会议，该会议分别围绕"洪迈《夷坚志》的世界""佛典翻译论考——以优秀的翻译为中心""格萨尔·格斯尔王传的传承和现在""律令制中人民支配的比较研究"四个议题召开了四场研讨会。日本东方学会是日本民间学术团体，一直致力于发展日本对东方世界的研究，为东方各国的文化进展做出了突出贡献，举办了多次国际东方学者会议。2014年所召开的这场研讨会的四个议题主要围绕中国文学、佛典翻译等方向进行探讨，其中日本对中国的文学作品持有高度关注，四个议题中有两个议题涉及中国文学。在"格萨尔·格斯尔王传的传承和现在"这一研讨会中，来自中国和日本的学者围绕该主题进行了相关汇报。如中国学者李连荣再次为《格萨尔》发声，介绍了《格萨尔》的几种发展类型，以及在安多地区的发展特点；桃山大学教授冈田千岁则继续以《格萨尔》在巴尔蒂斯坦的传承现状为研究课题；摄影家、西藏文化研究家宫本神酒男也在该次会议中发表了题为《格萨尔王变迁史——从模糊的古代起源到成为新时代的救世主以及漫画英雄》的文章等。该学会于2016年出版了会议纪要《研讨会"格萨尔/格斯尔王传的传承和现在"》，这本纪要目前被馆藏在国立国会图书馆等图书馆当中。

2 《格萨尔》在日本的译介：符际翻译

比起语际翻译，符际翻译形式更多元，也更生动直观。调查资料显示，《格萨尔》除了通过文字译介到日本之外，还通过说唱艺人、CD等听觉艺术，博物馆展览、电影、《格萨尔》动漫、舞台剧等视听结合的形式传播到日本。下面将以口头传承、静态展览、视听结合这三方面来梳理《格萨尔》的符际翻译。

2.1 《格萨尔》的符际传播：口头传承

2.1.1 说唱艺人：阿尼将《格萨尔》传唱到日本

李连荣教授曾在一次访谈中说过"《格萨尔》的存在形式就两种，

一个是艺人说唱,一个是书面文本"(次央,2019:135)。但艺人说唱除了是《格萨尔》的其中一种存在形式之外,还是《格萨尔》最重要的传承、传播方式之一。可以说《格萨尔》能够作为一部活态史诗传承至今,同说唱艺人的努力有着密不可分的联系,另外说唱艺人对《格萨尔》书面文本的诞生也起着至关重要的作用。在翻译这一层面上来说,说唱艺人的说唱活动在《格萨尔》的符际翻译中无疑是最具学术价值、开始时间最早的译介活动。据调查,中国目前的说唱艺人有 150 位左右,主要分为神授艺人、圆光艺人、闻知艺人、掘藏艺人等几大类。说唱艺人的一个重要特点就是云游四方,走到哪说到哪。据新华网 2016 年报道,著名的格萨尔说唱艺人阿尼 15 岁时开始说唱《格萨尔》,从 1984 年开始,阿尼不仅在全国范围内说唱《格萨尔》,还将《格萨尔》唱到了英国、日本等地,真正实现了《格萨尔》的活水流动。

2.1.2 《地球の音乐》:英雄格萨尔的叙事诗——浸润日常的仪礼

由日本胜利唱片公司(Victor Entertainment)制作、藤井知昭监修、日本国立民族学博物馆协作的杂志《地球的音乐》1992 年出版,共 80 卷,如图 4 所示,该杂志是第一本通过实地录音的方式制作出来的"声音的民族志",收录了全世界多个地方不同民族的音乐录音资料,对民族学、音乐教育等的发展有重要贡献,现仍在出刊。藤井知昭是日本的音乐学者,专攻民族音乐,出版了多本与民族音乐相关的书籍,且完成了多个相关课题的研究,在民族音乐方面颇有造诣。该杂志前 10 卷 CD 主要收集了喜马拉雅地区至蒙古再到亚洲中央,以及印度次大陆地域的民族音乐,包括不丹、尼泊尔、蒙古、哈萨克斯坦、印度等地区。其中第 4 卷主题为"英雄格萨尔的叙事诗——浸润日常的仪礼"。如图 5 所示为该卷 CD 的封面,可以看出鲜明的藏族人民的标志,由 CD 的标题和封面可知,他们围成一圈,一边举行着某种仪式,一边演唱着《格萨尔》。该 CD 一共收录了 13 首曲子,总时长为 56 分零 3 秒。曲子的取样地点在锡金或者不丹,这一点表现出《格萨尔》跨越了民族、地区以及国境的特点。其被放在"喜马拉雅地区—蒙古—亚洲中央"这一范围内,也间接体现了《格萨尔》在国内外的流传范围。虽然录制的时间远不能表现《格萨尔》的全部内容，但这一 CD 的发售表明《格萨尔》早在 1992 年便通过声音传播到了日本，反映出《格萨尔》在日本群众中受到了广泛关注，《格萨尔》相关 CD 被日本大谷大学图书馆、京都外国语大学附属图书馆等 26 个图书馆馆藏，涉及日本关东、关西等多个地区。日本民族音乐研究者表示"这样的视听资料不仅能让人们听到珍贵的民族音乐，还能让人拥有不同的文化体验"。

图 4　1992 年版《地球の音楽》封面

图 5　《英雄ケサルの叙事詩——日常を彩る儀礼》CD 封面

2.2　《格萨尔》在日本博物馆的静态展示

随着博物馆界关于"展览讲故事"的呼声日益高涨，博物馆展览这一形式结合物品、文字、语音、图像、影像、场景构建等符号媒介，带给参观者更直观、生动、真实的体验。

在中国的果洛藏族自治州、甘孜藏族自治州等地区都建有专门的格萨尔文化博物馆，供人们全方位体验格萨尔相关文化。日本的"线上文化遗产"（"文化遺産オンライン"）是日本文化厅运营的文化遗产相关的门户网站，可以看到日本全国的博物馆、美术馆所展览的产品、国宝、重要文化财产等信息。日本也将格萨尔这一世界非物质文化遗产陈列在博物馆中进行展览,供日本民众观赏。"线上文化遗产"所陈列的"格萨尔王坐像"为中国清朝时期的文物,所雕刻的形象为格萨尔王的经典造型,是《格萨尔》开篇中格萨尔赛马称王的故事情节中描写格萨尔登顶王座的场景,而雕刻中的莲花台就是现在国内的著名"格萨尔登基台"遗迹。日本对中国这一时期的格萨尔王进行展览,给人以更直接的视觉冲击,参观者通过与真实物件进行面对面接触,其感受更为真切。博物馆展览的形式随着科技、经济水平的发展也变得更为多元、有趣,故通过展览这一形式传播格萨尔不失为一个崭新的好方法。

2.3 《格萨尔》的视听盛宴

当代社会,文学与影视的关系日益紧密,相较于文本,通过视听结合这一媒介形式,人们能更直观地了解到文学作品中所呈现的场景。特别是对于《格萨尔》这一口承文学来说,视听结合能够完美化解文本受到的局限,如《格萨尔》说唱艺人的神态,当时所呈现的氛围等。日本导演大谷寿一曾执掌监制过多个节目、电影,并且对实地调查有着相当丰富的经验,曾前往东非、撒哈拉沙漠、玛雅等地进行实地走访并制作相关节目。2004年至2018年,大谷寿一节目组前往四川、西藏、青海等地对《格萨尔》进行实地调查,多次参加拍摄当地所举办的"格萨尔大会"等仪式活动,并采访当地的说唱艺人、僧人以及普通民众等,制作了三部《格萨尔》系列电影,这是日本首次介绍《格萨尔大王传》的视频作品,意将格萨尔的魅力传到日本。如图6、图7、图8为这三部作品的封面,以2012年《格萨尔大王》(《ケサル大王》)的上映为首,2015年《天空的大巡礼》(《天空の大巡礼を行く》)开始上映,最后以2018年上映的《最后的说唱艺人》(《最後の語り部たち》)为结束,这三部系列作品自其上映开始在日本东京、名古屋、横滨等多地进行展演,让许多日本人初次接触到了《格萨尔》,并赞叹道"这实在是太有趣了,这样的取材太棒了""第一次听到格萨尔大王的名字。如今感动地说不出话来,对规模如此宏大的故事感到震惊"。由此反映出《格萨尔》受到了日本观众的普遍认可,其魅力在日本也得到了彰显。

此外，近年来，动漫越来越受到人们的喜爱，而日本在动漫领域做出的成绩有目共睹。始办于2002年的日本东京动漫展在全球的影响力极高，中国于2013年将取材于藏族史诗《格萨尔》的相关动画电影带至这一展会参展，该部影片在展会上大受欢迎。该影片通过诙谐生动的动画形象巧妙地展现了藏族的文化、服饰、音乐等元素，让日本人从动漫中感受《格萨尔》这部宏大史诗的魅力。这次参展向外界传播了中国少数民族文化的同时也促进了中日两国的交流。通过动漫这一形式传播《格萨尔》，更多人体验到了其中蕴含的厚重的文化气息。随着现代社会的进步，期待人们能够创作出更多形式的《格萨尔》，使其能够在一个多领域的舞台上绽放异彩。

图6 《ケサル大王》封面

图7 《天空の大巡礼を行く》封面

图8 《最後の語り部たち》封面

3 结论

本文从雅各布森提出的语际翻译与符际翻译入手，以《格萨尔》在日本的译介与传播为焦点，整理分析了《格萨尔》日译本、译本特征与译介形式，同时总结了《格萨尔》在日本的研究情况，除此之外，也考察了《格萨尔》的超文本传播途径。

在翻译层面上，日本译介《格萨尔》有两种存在形式：书籍出版和网络翻译，书籍出版的占比大于网络翻译，且翻译方式多为编译、简译等。此外，《格萨尔》日译本数量并不多，比较具有代表性的为君岛久子和富樫瓔子的译本。但不管是书籍出版还是网络翻译，大多根据藏文本《格萨尔》或由藏民口传翻译而来，少数以法文等其他语种的《格萨尔》译本为蓝本进行翻译。宫本神酒男的其中一个日译本就是以降边嘉措所著的《格萨尔全传》为蓝本翻译。另外，宫本神酒男虽只是网络发布，但其翻译的种类较多，包含《格萨尔》、漫画《格萨尔》以及《格萨尔》相关的谚语。诸如此类的网络传播也不乏成为我们传播《格萨尔》的重要方式之一。研究层面上，日本发表《格萨尔》相关论文较少，主要发文集中在21世纪之后。中日两国学者围绕《格萨尔》的说唱艺人、传承与信仰展开了研究与分析，后召开《格萨尔》相关研讨会对其进行集中讨论并发表论文。日本发表《格萨尔》相关论文的期刊类型多为学会会刊、会议纪要、论文集等，表现为日本研究《格萨尔》主要通过学会、会议、论坛等研究形式。传播层面上，《格萨尔》作为一部口头传承文学，通过传唱的方式让日本人更真切地体验到原汁原味的《格萨尔》，说唱艺人、CD、纪录片等形式向世人展现了原生态的、独具藏族特色的藏族史诗。与此相对，静态的博物馆展览也体现了《格萨尔》的历史厚重感，让人能够近距离观察到《格萨尔》的主人公格萨尔王的英勇身姿。中国所制作的动漫和《格萨尔》史诗马秀舞台剧通过改编，以更生动有趣、更吸引人的形式向世人传播了《格萨尔》，体现了《格萨尔》厚重的文学性的同时，又不失其娱乐性。

总体而言，《格萨尔》在日本的传播形式较为多样，日本对《格萨尔》保持了较高的关注度，但文本翻译上，《格萨尔》的日译本较少，也比较集中在编译本、选译本上，全译本较少；研究方向较为局限，主要围绕《格萨尔》的信仰与传承、流传与变容等方向展开研究；超文本的传播途径主要是说唱艺人、CD、电影、动漫等，形式多样，且生动有趣。未来《格萨尔》的日语文本译介有很大上升空间，或可增加文字与绘画相结合的形式，加大《格萨尔》文本的受众面。同时《格萨尔》的动漫等形式多元化的传播或可多多利用，使得《格萨尔》能够被不同年龄层的人所喜爱，推动我国优秀文学能够传播到更广阔的舞台。

参考文献

王治国. 民族志视野中的格萨尔史诗英译研究［J］. 西北民族大学学报（哲学社会科学版），2010（5）：56-62.

刘国芝，池昌海，李清柳. 英译小说《红高粱》在美国的传播与接受［J］. 中国翻译，2022，43（2）：59-66.

樱井龙彦，李连荣. 百年日本藏学研究概况［J］. 中国藏学，2006（4）：100-110，125.

次央. 史诗《格萨尔》专家系列访谈（四）李连荣：《格萨尔》研究路漫漫其修远［J］. 西藏研究，2019（5）：128-138.

The Translation of the Tibetan Epic *Gesar* in Japan and the Dissemination of Hypertexts

Liu Yan   Zhang Xingxing

(Guizhou University)

Abstract: Rooted in the fertile soil of Tibetan literature, *Gesar*, known as the world's longest epic, represents the highest achievement of Chinese Tibetan folk culture, and has received widespread attention from scholars at home and abroad, thus accumulating many researchers of "Ge" research. Japan not only researched and translated *Gesar*, but also disseminated and promoted it in the form of films and CDs. Based on this, this study starts from the overseas perspective of *Gesar* and sorts out the translation and dissemination of *Gesar* in Japan from the two aspects of interlingual translation and symbolic translation in order to grasp the outline and path of *Gesar's* translation in Japan. The study found that *Gesar* is known to Japanese scholars, translators, readers and audiences through academic research, translation, media promotion and other forms, and its communication forms are more diverse, which to a large extent, makes up for the single form of *Gesar's* previous dissemination in Japan. On the other hand, compared with Western countries, the number of Japanese translations and studies of *Gesar* is relatively lacking. Therefore, clarifying the appearance of *Gesar's* translation, research and dissemination in Japan is conducive to grasping the flow of Chinese ethnic minority literature in the world.

Keywords: *Gesar;* Japan; Translation of the Picture; Hypertext Propagation

求真—务实:"译·注·评"的译者行为特征探究[1]

雷 静[2] 郭佳文[3]
(中央民族大学)

【摘 要】 在翻译研究由规范性翻译研究走向描写性翻译研究的大背景下,本文依托于周领顺译者行为批评理论中的"求真—务实"连续统评价模式,以《新译·新注·新评哈姆雷特》为研究对象,从"翻译内"求真和"翻译外"务实两方面分析评价译者行为。研究发现,全书译者行为特征可总结为两大类——第一类,以"译"求真,以"注""评"务实;第二类,以"注""评"求真,以"译"务实。"译""注""评"三部分功能分明,两大类译者行为特征并存,全书达到"求真"与"务实"并重的效果,"求真"与"务实"位于连续统一体两端,二者相互平衡、不可分割。本研究丰富了"求真—务实"连续统评价模式在指导经典文学作品汉译方面的研究,同时在一定程度上推动"译·注·评"译者行为特征探究的发展。

【关键词】 "求真—务实"连续统评价模式;"译·注·评";译者行为特征

---

[1] 本文系教育部"春晖计划"合作科研项目(HZKY20220001)的阶段性成果。
[2] 雷静(1981—),中央民族大学教授,博士,主要研究方向为翻译理论与实践。
[3] 郭佳文(2002—),中央民族大学本科生。

引言

党的二十大报告指出,"尊重世界文明多样性,以文明交流超越文明隔阂、文明互鉴超越文明冲突、文明共存超越文明优越,共同应对各种全球性挑战。"在全球文明交流互鉴的热潮下,2023年团结出版社出版的《新译·新注·新评哈姆雷特》中包含了对莎士比亚经典作品《哈姆雷特》的翻译和评注。其最大特色是集"译""注""评"于一体,这三者清晰、完整地保留了译者的思维轨迹,是译者行为过程的外显,同时也正是周领顺译者行为批评理论"求真—务实"连续统评价模式中"求真"与"务实"的外显。因此,对于译者行为批评而言,包含"译·注·评"译者行为的译著是很好的研究材料,可以将大部分译者行为的过程可视化地呈现于研究者面前。目前,研究者多将"求真—务实"连续统评价模式应用于译者身份研究,或应用于以翻译为主的文学作品,对涉及"译·注·评"译者行为特征的文学作品研究相对较少,而"译""注""评"恰恰是译者翻译行为中"求真"与"务实"的留痕与外显,是周领顺"求真—务实"连续统评价模式的"天然资料库"。因此,本文将利用"求真—务实"连续统评价模式,从"翻译内"求真和"翻译外"务实两个方面对其译者行为进行分析评价,一窥译者的意图,并分类总结其"译·注·评"译者行为特征。

1 文献综述

1.1 译者行为批评理论

周领顺的译者行为批评理论是继黄忠廉提出的"变译理论"以及胡庚申建构的"生态翻译学"之后,又一大由中国学者提出的理论体系(陶李春,许钧,2016:78)。这套理论以"求真"与"务实"等本土概念为根基,同时汲取大量的西方话语,体系完备,阐释力强(孟祥春,2023:15)。译者行为批评理论将关注点聚焦于译者,在此之前,翻译研究往往以作者、原文或读者为聚焦点,而忽视了译者的重要性与决定作用(唐蕾,赵国月,2019:92)。

"译者行为批评"理论最初受到了国外语言学、翻译学研究的影响。20 世纪 40 年代左右,语言学研究经历了"语境转向",逐渐从语言"内向型"研究转向了语言"外向型"研究,从语言层面扩大到文化层面(唐蕾,赵国月,2019:92)。此后,翻译研究也经历了"文化转向",安德烈·勒菲弗尔和苏珊·巴斯内特认为,翻译研究不仅仅应该关注语言层面的问题,还应该在文化这一更宽广的层面展开研究,分析翻译过程中复杂的文本操控是如何受意识形态、诗学观等的影响发生的(Lefevere,1992:4,14-18,26-32)。因此,译者这个群体在翻译研究中逐渐获得了更多的关注。文化转向后,翻译学与其他相关学科互惠互鉴,促进译者研究,翻译界涌现出其他学科的理论,如布迪厄的"场域"理论,萨义德的"东方主义",拉图尔的行动者网络理论,等等。

除文化转向之外,对于译者身份的认同也要部分归功于功能学派的出现(唐蕾,赵国月,2019:92)。功能学派之前的语言学派理论中,翻译研究还聚焦于文本本身。尤金·奈达提出翻译的"动态对等"与"功能对等",约翰·卡特福德在《翻译的语言学理论》一书中,将翻译定义为"用一种等值的语言的文本材料去替换另一种语言的文本材料"(Catford,1965:20),可见语言学派关注的重点在于语言层面译文与原文的对等。功能学派翻译理论的出现为译者争取到更多的关注,凯瑟林娜·赖斯提出,理想的翻译不论在内容、语言形式还是交际功能上,都应该与原文对等(Reiss,2014:115-154)。汉斯·弗米尔的"目的论"认为,翻译是一种行为,任何一种行为都有目的,翻译是一种目的性行为(Reiss,2014:85-92)。在弗米尔的"目的论"基础上,贾斯塔·赫兹·曼塔利继续发展了"目的论",强调了翻译实践中翻译行为、翻译参与者的角色以及翻译过程所处的环境同样重要(Holz-Mänttäri,1984:7-8)。因此,功能学派的理论使得翻译从语言的束缚中脱离出来,让翻译研究者看到语言以外更广阔的空间。

1.2 "求真—务实"连续统评价模式

受到国外翻译研究的影响，国内的译者行为批评思想最早萌芽于2003年，周领顺初步形成了"译者行为批评"理论中的"连续统"思想（唐蕾，赵国月，2019：93）。2010年，周领顺提出其构建的"求真—务实"连续统评价模式，并在"译者行为研究"系列论文中详细阐释（唐蕾，赵国月，2019：94）。"求真—务实"连续统评价模式以译者为研究对象，融合了语言学视角与社会学理论，从翻译内与翻译外、语言层面与社会层面分析译者与译本、与社会之间的互动关系，适用于描写和解释译者行为动因以及翻译社会化程度（周领顺，2010：93）。

周领顺指出，作为一种描述性的评价模式，"求真—务实"是一个动态的过程，译者在翻译活动中处在"求真—务实"连续统之中。"求真—务实"连续统评价模式以译者行为为中心，将翻译行为看作语言性与社会性的结合（周领顺，2014：130-134），是译者行为批评理论的核心评价模式，"求真"和"务实"分别位于连续统的两端。他认为，求真是求原文之真，尽力展现原文的语义以及作者的意图，是译者语言性的体现。而务实是务社会之实，努力实现翻译活动的社会功能，是译者作为一个意志体社会性的表现。二者虽然处于连续统的两端，但不可割裂，二者实际相互制约，"求真"中有"务实"的成分，"务实"中也有"求真"的成分，只是倾向性和强弱程度不同。"求真为本、求真兼顾务实；务实为用、务实兼顾求真（周领顺，2019：119）"，译者的行为往往是在"求真"与"务实"之间寻找一种平衡。

目前，研究者多将"求真—务实"连续统评价模式应用于多个译本的对比研究，译者群体行为研究，或针对某一翻译现象的研究，其研究对象多为以"译"为主的文学作品而并未关注"注"和"评"。比如李鹏辉、高明乐以八个《三国演义》译本为对象，对比研究了19世纪传教士的英译群体行为（2021）；林宗豪、王宏以《天工开物》三大英译版本为对象，对比探究了其中的作者"误见"（2022）；周领顺、孙如莹以李白送别诗《送友人》的三个译本为例，对比探究了唐人送别诗的译者群体行为（2023）；刘深强以余国藩英译《西游记》为例，批评解析了翻译中的忠实原则（2022）；周领顺、高晨在"葛译乡土语言比喻修辞译者行为批评分析"中分析乡土语言比喻修辞现象（2021）；等等。

然而，以"译·注·评"译者行为特征下的文学作品为研究对象，以"求真—务实"连续统评价模式为评价工具的研究相对较少。《新译·新注·新评哈姆雷特》一书，其"译""注""评"结合的翻译行为恰恰是译者翻译行为中"求真"与"务实"的留痕与外显，是周领顺"求真—务实"连续统评价模式的"天然资料库"。因此，本文将利用"求真—务实"连续统评价模式，从"翻译内"求真和"翻译外"务实两个方面对其译者行为进行分析评价，一窥译者的意图与动因，并分析"求真—务实"连续统评价模式对于研究者剖析译者意图的适用性。

1.3 《新译·新注·新评哈姆雷特》简介

《新译·新注·新评哈姆雷特》是北塔于2023年出版的译著。北塔，原名徐伟锋，诗人、学者、翻译家。中国外国文学研究会莎士比亚研究分会秘书长，河北师范大学、北京师范大学、中央民族大学等高校客座教授、研究生导师，曾受邀赴美国、荷兰、蒙古等近三十个国家参加各类文学、学术活动，曾率中国诗歌代表团前往墨西哥、匈牙利、以色列等近二十个国家进行访问交流，参加诗会。已出版诗集《滚石有苔——石头诗选》《巨蟒紧抱街——北京诗选》，学术专著《照亮自身的深渊——北塔诗学文选》和译著《八堂课》等约三十种。

《新译·新注·新评哈姆雷特》是北塔对其2001年版《哈姆雷特》诗体译本的全新修订版，对译文做了上百处精益求精的修订。其最大特点是加入了大量译注，文字量几乎与译文相当，是莎翁文学研究成果的体现。译注既包括对《哈姆雷特》原文的注解，也有对其他译者译文的注释，对梁实秋、朱生豪、卞之琳、孙大雨和黄国彬等五家代表性的译本做了恰如其分的点评，并阐明对译文新的理解。在当今市场上，这种集"译""注""评"三者于一身的译作少之又少，可以说北塔译著的《新译·新注·新评哈姆雷特》为"译·注·评"译者行为特征的研究提供了新材料,为经典外国文学作品的汉译开辟了新思路。

《新译·新注·新评哈姆雷特》不仅版本新、译注全,而且形式新颖,集可读性与学术性于一身,欣赏价值与研究意义俱佳。书中翻译、注解、评语三者并存、相互补充,这三者正是翻译中译者行为的外显,清晰、完整地保留了译者翻译过程中的思维轨迹,充分体现出译者在"求真"与"务实"之间寻找平衡的过程。因此,集"译""注""评"于一体的译著是很好的研究材料,将大部分翻译过程可视化,呈现于研究者面前。本文将利用"求真—务实"连续统评价模式,从"翻译内"求真和"翻译外"务实两个方面对其"译·注·评"的译者行为特征进行分析评价。

2 《新译·新注·新评哈姆雷特》译者行为例析

本文根据"求真—务实"连续统评价模式,深入剖析《新译·新注·新评哈姆雷特》这本译著的译者行为特征,并从翻译内"求真"与翻译外"务实"两大方面进行详细阐述。《新译·新注·新评哈姆雷特》最大的特色是集"译""注""评"于一体,这三者清晰且较为完整地保留了译者在翻译过程中的思维轨迹,相当于思维的留痕。而这种思维的留痕正是"求真—务实"连续统评价模式中"求真"与"务实"的外显。"译""注""评"三个部分功能分明,不可分割、相互配合,使得整本译著连续而统一,达到"求真"与"务实"相平衡的状态。

全书的"译·注·评"译者行为特征可总结为两大类,第一类:以"译"求真,以"注""评"务实;第二类:以"注""评"求真,以"译"务实。两大类译者行为特征并存,整体上达到求真与务实并重的效果,体现出"求真"与"务实"位于连续统一体两端,不可分割、相互平衡的状态。下文将分别对两类特征进行例析,例子中北塔所做的注释部分将以脚注的形式完整地附在文本下方。

2.1 以"译"求真,以"注""评"务实

以"译"求真,以"注""评"务实,即译文部分达到翻译内"求真"效果,而注释和评语部分达到翻译外"务实"效果。以"译"求真,体现在翻译非常贴近原文,力图还原原文真意,即面向原文、求原文之真,体现出翻译上的"求真"。以"注""评"务实,是为了实现译本的社会用途,让译本为社会所用——因为如果只有翻译而没有注释和评语,这种文本层面的"求真"可能会导致读者对文本背后语言文化知识的迷惑,因此译者选择通过"注"和"评",解释语言文化背景、分析其他译者翻译的优劣之处并指出自己采取特定翻译的原因,帮助读者理解如此翻译的原因以及原文寥寥数语背后的故事,这是一种"务实"。

例 1:

原文:
His fell to Hamlet. Now, sir, young Fortinbras,
Of unimproved mettle hot and full,
Hath in the skirts of Norway here and there
Shark'd up a list of lawless resolutes,
…
(英:p.3)
译文:
但他输给了先王。而现在,先生,
小福丁布拉斯年轻气盛,修养
不够,像一把又烫又满的水壶,

在挪威边境各地,如<u>鲨吞群鱼</u>①,
召集了一批无地的无赖。他们
……
(中:p.11)

分析:

译者将原文"shark'd up"翻译为"鲨吞群鱼","译"的部分完全保留了"鲨"这个原文中即存在的意象,从下面的"注"和"评"可以看出译者翻译时较为完整的思维过程,之所以这样翻译并非无从根据,而是根据英文原文和上下文情节严谨推断出的译法。将"shark'd up"翻译为"鲨吞群鱼"是一种严谨的"求真"。

"注"的部分,译者首先给出原文,又给出了"shark"一词的本意。这种贴近原文的译法从文本层面来看非常忠实,而在社会层面,如果只追求"求真"而忽略了"务实"的考虑,就会产生问题,比如会对读者造成一些困惑:"小福丁布拉斯的做法和鲨鱼有什么关系?这里为什么要用鲨鱼来做比喻?"因此考虑到社会层面读者的需求,译者添加了详细的注释,在注释中先给出对应的英文原文,再分析上下文的剧情,帮助读者理解"shark"一词的引申义,即指出"shark"作使动词用时,指的是鲨鱼的捕鱼动作。这样能够使其译文不仅保留了台词的字面本身,也对其背后的含义进行了解释,用注释的方式达到了"务实"的效果。

"评"的部分,译者分别列举梁实秋、孙大雨、朱生豪、卞之琳、黄

---

① 原文"shark'd up"用了"鲨鱼"(shark)意象。"shark"作使动词用时,指的是鲨鱼的捕鱼动作:先"兴风作浪",使上下左右的其他鱼虾都随着浪掀起来,然后自己张着嘴,让其中的一些从高处落入其口。那些鱼呢,一开始还以为它是在跟它们玩游戏呢,就这样被一股脑儿吞噬了。因此,在英语中,"鲨鱼"兼有"骗子"之意,"shark"作动词用时,指的是欺骗。此处应该是双关语,指小福丁布拉斯像鲨鱼一样,威逼并诱骗那些无赖跟随他四处征战。

梁实秋和孙大雨都译为"啸聚",朱生豪译为"召集";卞之琳译为"招聚",好像是综合前两者的译法;四人均未译出"鲨鱼"意象,也就无从寻索其双关之意。黄国彬译为"鸠集",含义是恰切的,以"鸠"代"鲨",也不失为一种保留意象的可取译法。但去掉鲨鱼意象,终究可惜,而且"鸠集"也没有"欺骗"的含义,甚至连那个含义的线索都没有。

汉语中有"鲸吞"一词,笔者遂化用之而得"鲨吞"。留着"鲨"字,不仅留下了"鲨鱼"这个意象,而且可以让有心的读者去揣摩这个词在英国文化语境中的双关含义:小福丁布拉斯之招集无赖,如鲨吞群鱼,连哄带骗。

国彬的译文,从含义、意象、双关等方面详细分析过去翻译的"不妥"之处,而后给出自己的译文。在"评"这一部分,梁、孙、朱、卞、黄五位译者与北塔一起组成了一个微型的《哈姆雷特》译者社会网络,形成了跨越时空的历史联结。正因为身处社会,译者作为一名"社会人",在翻译时一定不是"一个人在战斗",必定受到前人的影响,而受到影响的过程在"评"的部分得到外显,以评论性文字这种可视化的形式展现在读者面前。翻译时,面对这种文本外的社会影响,译者与此前的"社会"交互,并创造自己的译文以影响下一阶段的社会,期待新的译文可以为社会所用,这是文本外"务实"的体现。

例2:

原文:
O God, your only **jig-maker**. What should a man do but be merry? for, look you, how cheerfully my mother looks, and my father died within's two hours.
……
(英:p.50)
译文:

> 哦，上帝，我只会**编编欢快的吉格舞**！^① 一个人除了逗乐子还应该做什么呢？您瞧，我母亲她笑得多乐呵，而我父亲死了还不过两个钟头。
> ……
> （中：p.163）

分析：

"译"的部分，译者在翻译中保留了原文中"Jig"这一文化负载词，保留了其背后丰富的历史文化信息。与注释中其他五位译者相比，只有北塔译出了"吉格舞"的意象，译者对于原文的注重程度由此可见一斑。正如北塔在《译后记》中所说："原文才是本"，他在翻译中尤其重视以原文为中心，严谨求真地确定翻译，体现出文本层面的以"译"求真。

在"求真"之外，为了方便读者对原文和翻译的理解，译者在"译"的"求真"后配以"注"的"务实"，在注释中给出 Jig 一词的释义——吉格舞，详细解释吉格舞在英格兰、苏格兰、爱尔兰的历史文化背景、其欢快活泼的舞蹈特点，并分析了哈姆雷特用"创作吉格舞"来表示"寻欢作乐"的用意，这样充分利用注释服务读者。注释最后，译者还

---

① 原文"jig-maker"中的"Jig"指的是"Jig Dance"（吉格舞），这是一种英国传统民间舞蹈，通常是单人的即兴表演，伴奏的曲子欢快活泼，舞蹈则要求步伐要快、身体其他部位保持不动。在16、17世纪的时候，吉格舞流行于英格兰北部和苏格兰地区，到18世纪，又传入了爱尔兰。伊丽莎白一世时期的宫廷里，吉格舞曾风靡一时。在哈姆雷特看来，这是寻欢作乐的一种典型方式。因此，他用创作吉格舞来表示"寻欢作乐"。

梁实秋译为"最会作乐的人"，显然是意译，没有译出"吉格舞"。不过，"乐"字能让读者联想到音乐，也算是与舞蹈有间接的联系。

朱生豪译为"消遣消遣的"，是更随意的意译，与音乐舞蹈几乎没有任何联系。

卞之琳译为"说笑专家"，也有点意译了，"说笑"不是舞蹈，"专家"与"创作者"或"编舞者"也有差异。

孙大雨译为"演唱滑稽舞曲的"，倒是译出了跟舞蹈关系密切的"舞曲"，但不知这舞曲如何"演唱"？况且，"演唱"与"创作"不是一回事。

黄国彬译为"小丑"则离题较远，小丑尽管也擅长逗乐子，但是逗别人乐，而哈姆雷特的意思包括逗自己乐。另外，这样译法丧失了舞蹈意象。

以上译者都没有译出"吉格舞"及其所携带的丰富的历史文化信息。

如果直译为"吉格舞的编舞者"，不太符合口语特点。中国读者对这种舞蹈可能闻所未闻，所以笔者加上表示其最重要特点的词语"欢快的"，以帮助理解和感受。

考虑到受众的语言环境,认为如果直译为"吉格舞的编舞者"并不符合中文的口语特点,再者中国人可能并没听说过吉格舞,所以译者在注释的最后部分解释了为何翻译中要加入修饰词"欢快的",以满足社会层面读者在理解上的需求,体现出以"注"务实的特点。

"评"的部分,译者分别列举梁实秋、孙大雨、朱生豪、卞之琳、黄国彬的译文,又分别以原文为依据,针对他们翻译的特点和欠妥之处做了点评,从不同方面详细分析五位译者翻译的"不妥"之处,而后给出自己的译文。同例1,在"评"的部分,北塔与其他五位译者跨越时空隔阂,组成了一个微型的《哈姆雷特》译者社会网络。身处社会,译者作为一名"社会人",在翻译时会受到前人的影响、与此前的社会交互,受到影响的过程在"评"的部分得到外显,以评论性文字这种可视化的形式展现在读者面前。翻译后,其译作会在此后的"社会"中与其他"社会人"交互,影响下一阶段的社会,这是文本外"务实"的体现。

由此可见,文本内的"求真"与文本外的"务实"是一个连续体,二者互相依存、不可分割,此处翻译以"译"求真,以"注""评"务实,从整体上呈现出"求真"与"务实"动态平衡的状态。

2.2 以"注""评"求真,以"译"务实

以"注""评"求真,以"译"务实,即注释和评语部分达到翻译内"求真"效果,而译文部分达到翻译外"务实"效果。译者北塔在《译后记》中写道:"原文才是本",可见他在翻译中非常强调"求原文之真",因此《新译·新注·新评哈姆雷特》中的大部分翻译都以"译"求真。然而在少数情况下,译者却转变了方式,"译"的部分变得不那么求真,其原因在于译者考虑到了社会因素,如中国读者的文化背景、忌讳等等,这种情况下,译者的翻译就做灵活处理,更偏向于"务实"的处理方式。而"求真"的部分则放到"注"和"评"的部分详细解释。

例3:

原文:

Shall I strike at it with my **partisan**?

（英：p.4）

译文：

要不要我用**长矛**① 教训它？

（中：p.15）

分析：

译者将"partisan"翻译为"长矛"，"译"的部分并不"求真"，在"注"的部分译者对这个词语作了介绍。中国没有这种兵器，因此没有已有的固定译法，也没有一个最准确的翻译，因此为了让读者看到翻译更容易理解，译者将其译为另一种中国常见的兵器"矛"，让译文对于中国读者而言更加流畅易懂。译者考虑到了译文在社会层面的接受度，因此"译"的部分，译者采取"务实"处理。

在"注"与"评"两部分，译者解释了采取务实译法的原因——partisan 并没有一种已成惯习的固定译法，且在形态上与任何一种中国兵器都不尽相同，因此不便完全"求真"；另外，译者还希望尽量保留 partisan 的意象。可见译者身处社会，所做的翻译必然受到文化环境的影响，需要考虑自己的翻译在时下社会受众群体中的接受程度。因此，译者在这一处翻译上选择以"译"务实。

以"译"务实的同时，译者在"注""评"两部分"求真"，让读者在理解原文的基础上了解这一处翻译采取"务实"处理的原因。在"注"中，译者先给出了原文所用的 partisan 一词，解释这种兵器的特点，然后在"评"中列出了其他大部分译者的代表性译法"戟"，并指出相比于自己的译法，这种译法不准确之处。"译""注""评"三大板块作为一

---

① Partisan（也写作"Partizan"）是欧洲中世纪的一种武器，柄长，有一两个突出的横向锋刃，类似于长矛。几乎所有人都把它译为"戟"。但是，作为中国古代十八般兵刃之一，戟融合了枪、矛和戈的形状与功能，在戟杆一端装有金属枪尖，一侧则有月牙形利刃通过两枚小枝与枪尖相连，可刺可砍。两者明显不同。

卞之琳意识到了这种差异，译成了"长钺"。但是，作为十八般兵刃中的另一种，钺通常由青铜或铁制成，形状像板斧而较大。本来，钺是刑具（用于斩首或者斩腰），而不是兵器，后来则主要用作礼器。可见，钺比戟更加不像 Partisan。笔者只好译为更加普泛的"长矛"。

个整体,囊括了文本内的"求真"与文本外的"务实"充分体现出"求真"与"务实"两者动态平衡、不可分割,缺少任何一部分,都会减损翻译的意义传达或翻译的社会之用。

例4:

原文:
Or if thou hast uphoarded in thy life
Extorted treasure **in the womb of earth**,
For which, they say, you spirits oft walk in death.
(英: p.6)

译文:
免祸。哦,快说啊!或者,如果
你生前曾经把敲诈勒索来的财宝
埋藏在大地的**怀抱**① (人们传说,
……
(中: p.15)

分析:

"译"的部分,作者将"womb"翻译为"怀抱",从翻译内的角度来看这并不"求真",译者在"注"中提到,将"in the womb of earth"直接翻译为"在大地的子宫里"才是最直接,最"求真"的译法。从

---

① 原文"in the womb of earth"的原义为"在大地的子宫里"。中国人可能普遍忌讳说"子宫"这一女性生育器官,译者要么避而不译,要么用另一个词来替换。梁实秋和朱生豪都译为"在地下",黄国彬译为"在泥土中"。三人的译文中都没有"子宫",甚至没有替代物。卞之琳译为"地下哪一个角落里",用"角落"替代"子宫",孙大雨译为"地下哪一处洞窟里",用"洞窟"代替"子宫"。

笔者之所以把"子宫"稍稍转换性地译为"怀抱",首先是因为"怀抱"既没有"子宫"那么扎眼,同时又保留了身体性意象。其次是因为它与"财宝"押韵。此处三行的原文为:
Or if thou hast uphoarded in thy life
Extorted treasure in the womb of earth,
For which, they say, you spirits oft walk in death.
其中既有押行尾韵的(如 earth 和 death),也有押行内韵的(如 upboarded 和 Extorted 等),因此,译文必须要有明显的押韵,以达成某种程度的与原文对等的效果。

"注"与"评"中,读者可以窥见译者放弃"求真"的三点原因——首先是译者翻译时考虑到"中国人普遍忌讳"这一社会因素,选择用一种更隐晦的方式处理,所以翻译为"怀抱";另外还考虑到了保留意象和押韵的问题。可见译者身处社会,作为"社会人",必然受到文化环境的影响。同时,译者也会考虑自己的翻译对社会的影响,考虑自己的翻译是否能为时下大部分读者所接受。因此,"译"的部分,译者采取"务实"处理,使得译文更加为社会所接受。

同时,译者又希望读者能理解原文、了解他如此翻译的原因,所以在注释中"求真",给出了原文,让读者了解原文之真,分析了上下文语境,列出了其他译者的代表性译法,并且结合中外文化详细阐释了此处翻译的原因。由此可见,这一例中文本内的"求真"与文本外的"务实"依然是一个互相依存、不可分割的连续体,以"注""评"求真,以"译"务实,整体呈现出"求真"与"务实"的动态平衡。

3 结语

《新译·新注·新评哈姆雷特》形式新颖,集"译""注""评"于一体,三者正是翻译中"求真"与"务实"过程的外显,将译者翻译过程的思维轨迹可视化。书中体现出的"译·注·评"译者行为特征是"求真"与"务实"结合的典范。

"求真—务实"连续统评价模式非常适用于分析这类融合了"译""注""评"特点的译者行为。在《新译·新注·新评哈姆雷特》一书中,北塔的译者行为兼顾语言层面的"求真"与社会层面的"务实"。全书的译者行为特征可总结为两大类:第一类,以"译"求真,以"注""评"务实:以"译"求真,译者力图通过译文还原原文真意。以"注""评"务实,译者通过"注"和"评"帮助读者理解原文,实现译本的社会用途;第二类,以"注""评"求真,以"译"务实:以"译"务实,译者考虑到读者的文化背景、忌讳等社会因素,偏向于"务实"的灵活翻译方式,而后在"注"和"评"两部分着重"求真",解释原文真意。总体而言，译者北塔在翻译中充分发挥"译""注""评"三部分独特而分明的功能，其"译·注·评"译者行为特征依据侧重的不同主要体现为两大类，达到"求真"与"务实"并重的效果，体现出"求真"与"务实"位于连续统一体两端，不可分割、相互平衡的状态。这种针对译者行为开展的研究将为今后外国经典文学作品汉译以及中国经典文学作品的海外传播提供一定的依据和借鉴。

参考文献

北塔. 新译·新注·新评哈姆雷特［M］. 北京：团结出版社，2023.

李鹏辉，高明乐. 译者行为批评视域下19世纪英译群体行为研究——以《三国演义》为例［J］. 外语学刊，2021（6）：55-60.

林宗豪，王宏.《天工开物》三英译本作者"误见"之译者行为批评研究［J］. 上海翻译，2022（6）：73-79.

刘深强. 忠实之道的译者行为批评解析——以余国藩英译《西游记》为例［J］. 外语教学，2022，43（5）：96-101.

孟祥春. 翻译动理学：创构与阐释［J］. 中国翻译，2023，44（3）：14-24，189.

唐蕾，赵国月."译者行为批评"十年回顾与展望［J］. 外国语文研究，2019，5（5）：91-100.

陶李春，许钧. 关于翻译研究的思路与重点途径——许钧教授访谈录［J］. 中国翻译，2016，37（3）：78-82.

周领顺. 语言层面上的译者主体性［J］. 上海师范大学学报（哲学社会科学版），2007（2）：120-127.

周领顺. 译者行为与"求真—务实"连续统评价模式——译者行为研究（其一）［J］. 外语教学，2010，31（1）：93-97.

周领顺. 译者行为批评：理论框架［M］. 北京：商务印书馆，2014.

周领顺. 译者行为批评的理论问题［J］. 外国语文，2019，35（5）：118-123.

周领顺，高晨. 葛译乡土语言比喻修辞译者行为批评分析［J］. 解放军外国语学院学报，2021，44（5）：102-110，161.

周领顺，孙如莹. 唐人送别诗译者群体行为批评分析［J］. 山东外语教学，2023，44（2）：89-102.

Lefevere, André. *Translation, History and Culture*[M]. London and New York: Routledge, 1992.

Catford, J. C. *A Linguistic Theory of Translation*[M]. Oxford: Oxford University Press, 1965.

Holz-Mänttäri, Justa. *Translatorisches Handeln: Theorie und Methode*[M]. Helsinki: Suomalainen Tiedeakatemia, 1984.

Reiss, Katharina and Hans J. Vermeer. *Towards a General Theory of Translational Action: Skopos Theory Explained* [M]. London and New York: Routledge, 2014.

Shakespeare, William. *Hamlet, Prince of Denmark* [M]. London: Oxford University Press, 1914.

"Truth-seeking" and "Utility-attaining": Study on the Translator Behavior Featured by "Translation-Annotation-Commentary"

Lei Jing   Guo Jiawen

(Minzu University of China)

Abstract: In the context of the transformation of translation studies from prescriptive ones to descriptive ones, relying on the "Truth-seeking" and "Utility-attaining" Continuum Mode of Evaluation proposed by Zhou Lingshun, this paper analyzes and evaluates the translator's behavior of *Hamlet: New Translation, New Annotation, New Commentary* from the two aspects, namely "truth-seeking" and "utility-attaining". The study finds that the translator behavior featured by "Translation-Annotation-Commentary" in the book can be summarized into two categories. The first category is "seeking truth" with "translation" and "attaining utility" with "annotation" and "commentary"; and the second category is "seeking truth" with "annotation" and "commentary", and "attaining utility" with "translation". In general, in the translator behavior featured by "Translation-Annotation-Commentary" "truth-seeking" and "utility-attaining" are attached equal importance, reflecting that the two are located at both ends of the continuum, inseparable and balanced with each other.

Keywords: "Truth-seeking" and "Utility-attaining" Continuum Mode of Evaluation; "Translation-Annotation-Commentary"; Translator Behavior

翻译实践

凡有所学，皆成性格

——蒙特雷国际研究院荣休教授叶子南先生访谈

修文乔[①]
[中国石油大学（北京）]

叶子南，浙江绍兴人，毕业于杭州大学（现浙江大学）外语系，后在杭州大学教授英语和英汉翻译课。目前为美国加州蒙特雷国际研究学院（MIIS）高级翻译语言学院荣休教授，广西大学外国语学院特聘教授。他早年从事科技翻译，近年的研究方向是翻译教学与应用翻译理论。其著作包括 Introduction to Chinese-English Translation（合著）、《高级英汉翻译理论与实践》《英汉翻译对话录》《灵活与变通：英汉翻译案例讲评》《认知隐喻与翻译实用教程》《英汉翻译：译·注·评》《斯蒂文森散文》（待出版），以及散文集《蒙特雷随笔》。此外，叶老师多年来为《中国翻译》"翻译自学之友"专栏撰稿，并为中国外文局培训班和中国译协全国高校翻译教师培训班授课。本次访谈中，叶老师从翻译实践、翻译教学、翻译研究、翻译培训等多个方面阐述自己的观点。下文为访谈内容，笔者简称"修"，叶子南简称"叶"。

修：叶老师，您能简要谈一谈您的人生经历以及与翻译的缘分吗？
叶： 我是在冰天雪地的北国长大的南方人。20 世纪 60 年代中期，我

[①] 修文乔（1981— ），博士、教授、硕士生导师，研究方向为翻译理论与实践、翻译史、翻译教学，在 CSSCI 和外语类学术期刊发表论文近 30 篇，主持完成国家社科基金青年项目 1 项。

随父母从沈阳回到老家绍兴，从工业城市移居到生活步调缓慢的江南水乡。我是"文革"前的老三届初中生，1967—1969年如火如荼的"文化大革命"正慢慢退潮，我最基本的文字训练和性格铸造就是在那几年完成的，那段时间成为我一生中最重要的时刻。我如饥似渴地阅读中国文化和外国文学书籍，莎士比亚、托尔斯泰、李白、杜甫的作品都是我阅读的对象。在那段时间里以及后来8年在农村插队落户的生活中，阅读成为我生命的核心，充足的时间使我能细细品味阅读的作品，和当今网络时代囫囵吞枣式的阅读方式很不相同。

除了阅读，我还常背诵诗文。通过反复背诵，将诗文内化为精神的依托，转化成性格的底蕴，正如培根所说："凡有所学，皆成性格。"在广泛阅读和背诵诗文之外，我还自学英语。原来有一点英语基础，加上"文化大革命"期间的自学，我开始翻译医学文献，并于1971年发表了第一篇有关肿瘤发病机理的译文。恢复高考后，我考取了杭州大学外语系，毕业后留校任教。1990年我离开杭大到美国生活工作，最终在蒙特雷教英汉翻译20余年，这个被学生称为"蒙村"的小镇成就了我教书匠的一生。

修：《中国翻译》自20世纪80年代设立"翻译自学之友"栏目，20多年来，您曾频繁为该栏目撰稿，精心选择文本进行译、注、评，从文本背景到语言难点，从相关理论到翻译策略，每一篇都非常经典，为一大批翻译爱好者、从业者和翻译专业师生释疑解惑。您能谈谈这个栏目吗？

叶：《中国翻译》的前身是《翻译通讯》，在20世纪80年代前就有老一代翻译工作者用英汉对照的方式在这本刊物上发表英汉对照的文章，但发展到今天这个面貌确实经历了一段演变过程，这期间《中国翻译》的杨平老师发挥了很大作用。

1999年，北大曾经召开过一次翻译研讨会，由辜正坤老师主持，我在那个会上第一次见到杨平老师。原来80年代编辑室的老编辑，如罗进德和高峰老师已经离开或退休，杨老师接手这个工作后邀我为"翻译自学之友"写稿。在我之前，这个栏目一直沿用原文+译文+注释的形式，其中注释部分以人物、地名、语法为主，侧重基本语言的学习，很少详尽地讨论翻译。我不满足于这类简单的注释，觉得应该有所拓展，仅仅用百科知识来注释不过瘾，于是就在译文后附上短文，从一条一条的译注扩展为一篇短小的文章，内容涉及翻译、语言、文化，当然也包括百科知识。这种模式后来因不同作者风格不同而有所变异，如有的附文颇长，但栏目基本特点未变，核心是脱离了简单的注释，特点是增加了谈翻译的比重。

修：您能否谈一谈为这个栏目写稿的一些体会？

叶：由于这个栏目的存在，我为更多的翻译同人和青年学生所熟悉。一方面栏目为我提供了更多的机会与大家交流，另一方面也多少给了我一些压力。原文和译文都放在那里让人挑毛病，要做到100%准确几乎不可能。总体来说，这20年来我的译文受到的诟病比较少。但从我个人的角度讲，由于受制于栏目英汉对照的特征，因此感觉到被大家盯着，所以在翻译的自由度上可能会有5%—10%的空间未敢利用。也就是说，本可以再灵活一些的地方，却由于怕误导读者，或者说怕别人说你译得太自由，译笔就拘谨了些。读者阅读我的译文时，在译文与原文贴得较近的地方，也许可增加10%左右的自由度，以"松弛"我潜意识的拘谨。

修："翻译自学之友"栏目开办了20余年，确实惠及了一大批青年翻译学子。我们注意到近年有其他优秀的英语刊物，如《英语世界》，也出现了原文＋译文＋译评的模式，对于撰写类似的译评文章，您有哪些建议？

叶：我的记忆是商务印书馆的《英语世界》杂志在20世纪80年代早期就存在了，这份杂志似乎一开始或很早就有了英汉对照加注释这一模式，只是由于杂志性质不同，每期篇幅有限，很难脱离较简单的注释模式，但这本杂志是英语及翻译学习的普及杂志，而"翻译自学之友"只是一本学术杂志中点缀的一朵带有普及色彩的小花。

从我个人为"翻译自学之友"撰稿以及翻译教学的经验来说，英译汉的准确性仍然是最主要的问题，年轻学生最大的问题还是理解原文。他们有时会说："我中文不好，做起翻译来像'茶壶里煮饺子'。"其实根本问题还是理解不到位，或者理解不清楚。若理解到位，靠他们自己本可以翻译得更好。另外，由于这个栏目带有很强的实践和普及性，所以为这类栏目写文章就需要时刻记着读者，而这里的读者是翻译学习者，他们有他们渴望知道的知识，这些知识不同于那些侧重于学术文章所提供的知识。为这个栏目撰稿，当然可以谈点语法，说点语言，但更重要的是告诉读者你是怎么在本可以那样翻译的时候，偏偏选择了这样翻译，这才是翻译学习，毕竟这不是语言学习。我觉得写"翻译自学之友"这类栏目的文章就得暂且忘掉那些"阳春白雪"的学术东西，就算是要把学术引入翻译实践，似乎用"下里巴人"的语言说更有效。确实我自己有时也想把一些学术的东西引入翻译实践，比如我就曾反复尝试将认知语言学的理论普及翻译实践中来，但我目前的感想是，这样做可能也只能走到尝试这一步，再往前走，也许就会潜移默化地改变了栏目的初衷。换句话说，我们无意挤入学术的殿堂，所以也不想高谈阔论。

修："翻译自学之友"作品选材偏向文学性的散文，您在甄选文章时有什么样的标准？

叶：我也不是经常看杂志，并不很了解栏目的全貌，应该也常有实用性的文章吧？其实目前重逻辑的实用文本颇受青睐，因为它们和市场关系较近，而纯粹的以"情"为特征的文本则不很受重视，因为与市场关系不紧密。我想栏目近年来肯定会选用一些与市场相关的材料。但在我看来，培养一个比较全面的译者，重"情"的文本有其独特的价值，必须成为翻译教学的一部分，甚至是最主要的一部分。从这个意义上说，我的这个观点是倒退到 20 世纪 80 年代，当时就是文学为主。当然我这里论及的是正规的翻译教学，一般的翻译职场培训避开这个"情"倒没有问题。文本的不确定性、文本多重解释的可能性、词的多义性、语法结构的背离常规特征，所有这些偏离语言标准体系的元素，在以逻辑理念为主的文本中非常缺乏，甚至完全没有。但在以"情"为主的文本，如诗歌散文中，却表现得非常充分。而人类需要这种不稳定的语言特征，需要这种模糊性，需要这种反常规的结构，恰如人需要空气一样。为什么多选散文？我想，小说篇幅长，不宜节选，诗歌太简约，离生活太远，散文既有"情"类文本的特征，又容易节选，自学栏目选散文为主，也许自然有其道理。

修:"翻译自学之友"中的部分文章源自您的课堂作业和讨论,在您的课堂翻译教学中,文学和非文学语篇的比例大概是多少?有没有时效性的考虑?

叶:限于课堂教学的目的和容量,真正文学意义上的散文和随笔选用的不多。我把具有一定抒情特征的散文和散论称为"软文本",教学中这类语篇和实用性语篇大概各占一半。按照一般高翻学院的教学传统,所选文本一般都与政治、经济、商业、科学、法律相关,软文本的比例可能不会像我选用的那么多。不过我也会让学生进行实用文本的翻译练习。教学的过程也是学习的过程,我曾经为了给学生讲解电脑相关的文章,到硅谷一个软件公司工作了一个星期。因为学生今后要参与实际的翻译项目,笔译译者要具备基本的语言功底,所以实用性的文本也应该成为教学的一部分。但这类文本中存在很多既定的译法,比如 glossary 彰显了翻译文本的趋同性特征。而我所说的具有语言特征和文化内涵的文本需要译者自己体会、反复揣摩,常会在两个选择之间艰难权衡,决策是译者内心的临时选择,而不是行业预先统一的选择。这种思维训练有利于增强译者翻译的后劲。这并不是说实用文本容易翻译,而是二者性质不同,译者在大脑中进行翻译决策和转换取舍的过程不同。"硬文本"一般都是新近的材料,"软文本"有些具有时效性,比如我会选用 *Vanity Fair, New Yorker* 等知识、文艺综合类杂志上的专栏文章,这类作品文化含量较高,对于中国学生了解美国文化和西方社会很有帮助。至于有关人生等抽象议题的文章则无须时效性。

修:您在课堂上讲解的语篇基本都有自己的译本,您能否与我们分享一下您的翻译过程?

叶:我在课堂上使用的参考译文大部分是自己的译文,使用他人译文的情况较少,但不是没有,比如课堂作业《第三帝国的兴亡》的节译,我在讲解时就参照了董乐山的译本,因为这是英汉翻译的经典译作,我个人非常喜欢这个译本。不过即便是用别人的译文,我自己还是会翻译一遍,不自己动手就看不出翻译中的问题。我认为在翻译过程中,分析文本是至关重要的一环,文本分析得清楚,译者心里才有底。一般来说,我会一段一段翻译,中间要查阅很多材料,因为很多文字有多层含义，译者需要进行判断。我常常使用的是 OED（Oxford English Dictionary）。OED 虽稍微古旧一些，但网络版的 OED 一年要更新数次。有些解释一般词典上查不到，或解释不够充分，OED 中都有。英汉翻译中理解错误是很大的问题，我们用中国式的思维考虑问题，有时想都没有想到，自己的思路居然是错的。我在翻译过程中经常会反思，这里会不会弄错，有没有其他可能性？

而学生经常缺乏这种意识，不知道自己错了。翻译错误的原因主要源于两点：一是太关注细节，忽略了语境，而事实上语境已经提供了依据，只是译者没有细读。二是太依赖语境，忽视了语言的细节。学生们直接跳过白纸黑字的语言细节，凭着语境进行想象和推断，这可能是更大的问题。翻译错误在所难免，但我们要保持警惕，多想一想，善于发现自己的问题，学会减少理解错误，而不是像一匹狂奔的野马一样，一路错下去。

对于自己拿捏不准的地方，我经常向朋友请教，特别是身为教授学者的美国同事。译者的角度比较独特，更多的是从语言出发考虑问题，而文化方面的问题则需要多向源语文化的学者请教、讨论。学生在做翻译中也应多与同伴讨论，不要寄希望于自己闷着想出答案。我通常布置两种形式的作业，individual assignment 会暴露出某个学生各种各样的问题，而 group assignment 的好处在于学生通过相互讨论能弄清很多问题，收获很大。

修：您刚才谈了理解过程，那表达阶段又该如何提高呢？很多学生都认为自己文采不足，希望提高中文水平。

叶：在我看来，提高中文水平必须建立在广泛阅读的基础上，阅读不要带有任何功利的目的。我在 20 岁之前读得很多，名著自不必说，翻译小说，莎士比亚、巴尔扎克……边读边摘录，年轻时记忆力非常好，一读就能记住。阅读一定要以兴趣为前提，并在阅读中将内容内化为自己的语言，20 多岁后语言基础不会有质的提升。我建议年轻一辈在大学毕业之前要多读、杂读，比如京剧唱段，可能不会直接有机会用到译文中，但其中的文字可以改头换面用在译文中。读到一定阶段之后，中文水平提高自然是水到渠成，英语阅读也是一样。

修：您在散文《远从硅谷望江南》中曾引用过陆游《游山西村》的诗句"莫笑农家腊酒浑，丰年留客足鸡豚"，借以表达江南故人的盛情款待。在"翻译自学之友"的一篇译文《感恩节寄语》中，有这样一句原文"The abundance of the food piled on the table should signify that there is plenty for all, plenty to be shared."您的译文是"桌上菜肴如此丰盛，足够我们丰年留客，有福同享。"此句中"丰年留客"便是语言内化的具体体现。

叶：现在回想起来，这个"丰年留客"肯定是受到陆游原诗的提示了。当然，有时这类受提示后的选择会和原文有些小出入，但这就需要译者权衡了。比如"有福同享"严格地说不够准确，因为原文是"有足够的食物与他人分享"，但是说"有食同享"有点别扭，于是就决定用"福"代替了"食"。这种判断过程是内心的，机器翻译无法取代。

修：您的专著如《英汉翻译对话录》、翻译教材和自学之友中的例文有不少源于课堂习作和讨论，您认为这种研讨式翻译教学对学生有何助益？对您自己的翻译实践、研究有促进作用吗？

叶：我选用课堂上的对话式或研讨式教学最初是因为国内来的学生习惯于老师满堂灌，话太少。虽然我在课上的话也不少，但我特别关注学生的反应。翻译教学中课堂很重要，我在课上会时刻盯着学生，只要有一个人没集中听课，这其中肯定有原因，我就要想办法，比如突然讲一个吸引人的话题把学生拉回来。虽然我备课非常仔细，但讲课不一定和教案完全一样。这就像唱戏，演员在台下要先练，但到了台上，唱得好的人在细节的拿捏上会临场发挥，老师也应该根据学生情况及时调整，避免照本宣科。我始终认为，教学是个双向的过程，我自己做的工作可能占到60%，还有40%的成绩要归功于学生。我在课堂讨论和批改作业时常受到学生的启发，我在专著、教材、论文里使用的材料也都有学生的影子。

修：我在蒙特雷访学期间经常听到您与学生分享翻译过程与思路，您对此有何考虑？

叶：翻译教学重在讲过程，而不仅仅是给答案。学生有了原文和译文，老师的作用如何体现？我的理解是，即便有了结果，有了好的译文，如果没有你的讲解，学生仍然不知道译者是怎样走到这一步的。老师要在讲点上发挥作用，把自己的思考过程说出来。拿出学生的译文，把利弊得失讲清楚。对专门学翻译的学生来说，还可以稍微讲讲之所以然，上升到一定的理论高度。但是讲理论一定要非常小心，不能只管老师自己讲得高兴，而不顾及学生的反应。学生不听讲，不一定在看 email，而是对你的东西不感兴趣。理论切入讲求时机，比如 skopos 理论确实非常有用，Pym 曾经根据目的论生发出"good enough theory"— not 100% accurate, but good enough for my translation。很多文本外的因素都牵涉到 skopos，我在翻译中经常发现这个问题，上课时会随机插讲进去。

修：我通过阅读您的早期论文发现，您的学术触角非常敏锐。比如早在 2000 年您就开始关注全球化和本地化的相关问题，撰写了《全球化和标准化语言的翻译》。您非常善于吸取其他学科的研究成果，从不同的视角讨论翻译问题。借用乔姆斯基的转换生成语法，从深层结构和表层结构角度讨论医学翻译，从心理语言学角度看待翻译中的词性转换，您还著有《认知隐喻与翻译实用教程》，您如何看待翻译理论和翻译实践的关系？

叶：其实早期的那些牵强的语言学理论应用，现在看来只能是当时跟风的肤浅之作，真没有什么价值，不过最近几年我对认知隐喻的理论思考要比早期的幼稚尝试深刻不少。现在翻译界从事翻译理论和翻译实践的似乎是两批人。我们能找到不专注于艰深翻译理论的好译者，也能找到理论功底扎实的好译者，前者如蔡力坚老师，后者如王东风老师。但有翻译理论的人要做好翻译，完全依靠理论是不够的，他们都得有扎实的实践基础，像曹明伦、王之光这样优秀的译者都是译作等身的。

其实老一辈翻译家并没有像我们这样在翻译系学过翻译，不用说翻译理论，连翻译实践也没学过，但他们有一个共同特点：中外两种语言基础扎实，对于语言、文化和跨文化交流的本质有非常深入的体会。这种体会可以是理论的，但也完全可以是经验的。如果对这些经验进行整理，完全可以成为文学或翻译理论。但对于翻译实践者来说，没有系统整理的、分散的、点点滴滴的想法有时反而更有益处，因为翻译实践遇到的问题并不是系统的，而是分散的、点点滴滴的。所以"没有理论的理论"（theorizing without theory）也许是理论切入实践的一个相当不错的视角。

如果理论学习得法，完全可以使译者如虎添翼。比如目的论是否会在我们原本不敢大胆删除时给我们这样做的底气？对等理论是否会帮助我们不过度游离原文，造成错译？理论帮助我们的空间其实是很大的。

但如果理论应用不当，却可能适得其反。在翻译这台"戏文"里，理论不应该是总在"前台"晃悠的演员，它应先由译者消化成自己的知识，成为译者雄厚的内涵，然后在背景处潜移默化地影响他的决策，而不是对号入座地硬把某个理论与某个译法配对成双。译者最终的任务是提供一个好的译文，而不是一个好的理论。我在《高级英汉翻译理论与实践》一书中就反复强调这一观点。

修：您能否介绍一下蒙特雷翻译教学的总体特点和方法以及蒙特雷在招生和就业方面的情况。

叶：如果说蒙特雷翻译教学有共性，那就是实践导向，理论很少涉及，没有语种内专门的翻译理论课程，只有跨语种的理论大课，比如Pym 就来我们这里上过几年翻译理论课。在具体的教学方法上各位老师相对独立，差异性较大。学校每年鼓励口译教师完成一些口译工作，鼓励笔译教师做一些课外的翻译工作，不知道现在是否还是这样。老师拥有比较充分的教学自由，在我二十多年的教学生涯中，从未被任何形式的行政手段干预过，学校对老师的唯一约束是学生评教。评教满分为 5分，如果得到 4 分以下可能会被系主任谈话，如果长期评分低下，可能就比较麻烦。至于教材选用、授课内容、教学进度，学校从来不干涉。

蒙特雷在生源上有很大变化。20 世纪 90 年代主要是台湾地区来的学生，但现在大陆学生占大部分，这与近年来我们与中国译协、内地学校广泛联系密切相关，鲍川运老师在学校走出去的过程中发挥了极大作用。从生源上看，学生水平明显越来越高。从求职和学生去向角度讲，前几年都想留下来，但近些年回去的学生渐渐多起来。

学生除了完成学校规定的学分之外，还要参加毕业资格考试，未能通过者需参加毕业前八月份的补考，由于学生基础较好，加上学习比较努力，完全不过者为数甚少。本地化专业就业形势比较好，大部分学生都能留下来。美国自由职业者不多，口笔译专业的学生也需要到公司求职，而且专门的翻译职位比较少，一般口笔译人员要兼任行政助理或其他工作。学校设有就业指导中心，定期为学生开设就业指导课程，提供实习和兼职信息，以及就业咨询。一年级结束后学校会推荐学生到美国公司实习，表现好的学生有可能留下来签约就业。

修：国内 2000 年前后开始兴起的 MTI（翻译专业硕士）教育注重培养学生的实践能力和职业素养，这与蒙特雷注重实践的倾向有相似之处。您近年一直在从事翻译师资培训，根据您的教学体会，您对国内的 MTI 教学有何建议？

叶：我受外文局和中国译协邀请担任翻译师资培训教师差不多有 12 个年头，译协举办的翻译师资培训班原来只讲翻译教学，大概有二三百人的规模。近些年培训范围和种类不断扩大，涵盖了翻译理论、笔译实践、笔译教学法、翻译技术等，我只讲笔译实践。

就师资培训的情况来看，主要有两方面的问题：一是有些老师本身太年轻，实践和教学经验不足，英文水平不够，教授翻译实践课程比较吃力，这个问题在中小城市的教师中比较普遍。还有一部分翻译教师为了适应国内高校的晋升机制或出于个人学术兴趣，将大部分精力投入翻译研究，而在平时的教学中缺少实践积累，这在大城市的翻译教师中相对突出。这个 MTI 学位的重点应该还是实践为主，所以我觉得没有必要过多涉及理论。随着国际交流现状的变化，MTI 的教学可能也得相应调整，它的未来我无从预测。

修：近年来 AI 技术迅猛发展，有关机器翻译取代人工翻译的论调不绝于耳，您如何看待机器翻译及机译时代的翻译教学？

叶：以谷歌、讯飞等翻译平台为代表的人工智能翻译系统在便捷性和准确性方面确实取得了长足进步，有的学生为此担心职业生涯受到威胁。我认为这种担忧不是没有道理，但好像还是不用过度担忧。人工智能肯定会抢走一部分本来由人做的工作，但是前面讲过，被取代的主要是那种标准化或接近标准化的文本，因为译者的选择相对较少，人工智能可以应付得了。但是那些以情感为底蕴的文本翻译的选择太复杂，目前的 AI 技术还是无法应付的。你看看 ChatGPT 翻译的标准化文本，有的几乎接近完美,但抒情类文本还是常会令人哭笑不得。退一万步讲,就算是 AI 能把斯蒂文森的散文翻译得惟妙惟肖、以假乱真,但仍不存在取代的问题,因为不同译者呈现原文的可能性本来就是无限的,它能取代一个译者,但无法取代所有译者,只有标准化类的文本的译者有被取代的可能,因为那种文本不需要多个译文并存。一个经济报告有一个译文足够,没有译者间的争锋斗艳,但散文诗歌是可以鼓励多个译本"竞争"的,AI 可以参加进来,成为众多译文中的一个竞争者,但无法取代人译,因为人译本来就是多元的,难不成《瓦尔登湖》的好几个译本 AI 一个一个都要去取代?

从文本类别来看,机器翻译系统主要涉足"硬文本"领域,所参照的翻译文本多为联合国和欧盟等国际机构的语言标准化文件,这类实用性文本的主要功能是信息交流,但信息交流并非语言的唯一功能。自然语言具有杂乱、模糊、不可预测等特性,而信息类文本则冲淡了语言丰富的"内核",仅仅解读和翻译这些文本会导致语言理解力退化,表达苍白无力。斯坦纳在其著作《通天塔之后》中指出,"自然语言松松垮垮、杂乱无章的特征是激发人类想象力所不可缺少的因素,语言的歧义、多义、模糊,乃至不符合逻辑、违背规则等不是语言的病态,而是语言精髓之所在。没有了这些东西,人的生命之花将会枯萎。"(Steiner,1992:239)机器翻译实际上剥夺了译者在语言中痛苦挣扎、感受语言精华的机会。目前的翻译教学重视了语言信息交流的功能,却忽视了语言富于创造的一面。我认为翻译教师应选取一定人文色彩浓厚的文章,让学生有机会琢磨语义模糊、解读困难的文本,通过这种训练激活译者和文本间的互动,我想这是培养有后劲的译者的关键一环。

修:您前面提到了 ChatGPT,这可把现在想步入翻译领域的年轻人给难住了。本来就觉得机器翻译是个要命的东西,这下又跳出了这么个 AI 新技术。可否请您谈谈怎么看待 ChatGPT 这个"不速之客"?

叶:我一向对新技术采取拥抱态度,所以我的建议是,既然有了这个技术,我们得挖掘一下如何利用它。我自己目前不仅每天频繁使用 ChatGPT,还用谷歌的 Bard。我前面不是提到过学生理解原文是最大问题吗?这个新技术就可能给我们极大的帮助。每当在你不理解原文或者是你不确定的时候,你去问 ChatGPT,在大部分情况下,ChatGPT 的答案都是可靠的。我们确实听到不少它胡言乱语的实例,但是在理解英文原文方面,ChatGPT 还是有所"建树"的。比如下面这句:

> This world is yet for him no abiding city. Friendships fall through, health fails, weariness assails him; year after year, he must thumb the hardly varying record of his own weakness and folly. It is a friendly process of detachment.

这句对大多数译者来说,都会感到理解困难,或者说理解起来把握不大。什么是 thumb the hardly varying record of his own weakness and folly,什么又是 a friendly process of detachment? 你把问题扔给 ChatGPT 后,它就会为你把所有关键词语都详细解释一遍,然后给你一个总结性的回复:

> When the author says "thumb the hardly varying record of his own weakness and folly", they are essentially saying that the person has to repeatedly review and confront their own mistakes, shortcomings, and past errors, and these tend to be consistent over the years. It implies that the person often encounters similar problems or makes similar mistakes throughout their life, which can be a source of frustration or self-reflection. (ChatGPT)
>
> When the author describes this as "a friendly process of detachment", they are suggesting that facing one's own weaknesses and follies, despite being a recurring and potentially uncomfortable experience, can be beneficial in a way. It allows the person to detach emotionally from their past actions, gain perspective, and perhaps grow or learn from them. It's not a hostile or punishing process but rather a constructive one, helping the person evolve and mature over time. (ChatGPT)

你看，有了这个帮助后，你翻译起来不就胸有成竹了吗？当然我们确实也得时刻保持警惕，AI 确会出错，甚至睁眼说瞎话（hallucination）。比如下面这句：

> And as we dwell, we living things, in our isle of terror and under the imminent hand of death, God forbid it should be man the erected, the reasoner, the wise in his own eyes--God forbid it should be man that wearies in well-doing, that despairs of unrewarded effort, or utters the language of complaint.

这个 the erected 我的初步理解就是能直立的意思，ChatGPT 问世后，我去请教了它一下，结果完全出乎我的预料，它居然认为这不是字面意义上的直立，而具有隐喻意义：

> The word "erected" typically refers to something that has been built or constructed, often used in the context of buildings or structures. However, in this context, it is used metaphorically to describe a person who may be characterized by a sense of arrogance, pride, or self-importance. (ChatGPT)

它解释成了隐喻的意思了，暗指骄傲自负、自命不凡。但我还是觉得我几年前对这句的理解没有问题，所以我去和一位文学教授讨论了这个词的意思，得到的回答是这样的：

> But I feel the word "erected" refers more to homo erectus, which means the literal meaning in this context is more relevant than the metaphoric meaning. All the three refer to the human's qualities being as species, human being able to stand upright, human being being able to reason (not animals), human being being wise. So literal meaning is first and metaphoric meaning is second?

你看，使用 ChatGPT 却不能完全依靠它。只要有这个态度，很多译者的理解难题都可以从 ChatGPT 那里求得答案。这个例子更进一步证明，人文语言是多么有趣，多么模糊不清，真正在翻译的田地里耕耘的人是多么幸运！

修：作为译者、学者和翻译教师，您始终怀揣初心，以谦逊的姿态、开放的心态和全球视野在翻译领域躬耕不辍，以优质的译作滋养读者的心灵，以精彩的课程和精妙的译评提升学生的专业素养，以务实、开放、包容的教育理念影响译界同人。非常感谢叶教授的分享。

参考文献

Steiner, George. *After Babel: Aspects of Language and Translation (Second Edition)* [M]. Oxford: Oxford University Press, 1992.

中医名词术语英译格式探讨

朱 珊[①] 谢 洪[②]
(北京第二外国语学院,山东大学)

【摘　要】当前中医名词术语英译的格式问题较为突出,本研究梳理并分析四类格式不规范现象,即名词术语英译为"句子"格式、"名词＋过去分词"格式、"介词短语引导的名词"格式和"名词＋of＋名词＋of＋名词"格式。基于其中存在的问题,笔者对相应的译名进行修改和重译,提出解决方案,即辨清词间关系、遵循回译性原则、遵循英语语法和语义规律以及遵循简洁性原则。规范中医名词术语的英译格式,提高其准确性具有重要的现实意义和实践价值,借此研究旨在推动中医文化在海外的传播和交流,促进中医术语的国际化和规范化发展。

【关键词】中医名词术语;英译格式;解决方案

中医名词术语英译是中医翻译的重要组成部分,也是中医术语译名标准化发展的关键。如中医词典中的术语、世界卫生组织和世界中医药学会联合会各自发布的英译术语等,其格式的规范性不可小觑,关系到

---

① 朱珊(1984—),研究方向为翻译学,北京第二外国语学院高级翻译学院院长助理,副教授。
② 谢洪(1997—),研究方向为翻译学,山东大学翻译学院博士研究生。

中医文化对外传播和国际医疗卫生合作能否顺利进行。目前国内外学者对中医名词术语英译的研究集中在术语译名内容标准化（洪梅，朱建平，2013：46-51；朱琼，周锋，2023：1737-1741）、译名结构简化技巧（李永安，李经蕴，2008：1127-1128）、翻译原则（李照国，1996：31-33；张晶晶，戴琪，2006：740-742）和翻译策略（周恩，2018：741-744）四个方面。但英译格式作为中医名词术语译名最重要的组成部分之一，其问题更应引起研究者的注意。笔者将结合具体案例对此进行探讨并提出相应的解决方案。值得一提的是，研究中医名词术语的英译格式，不但确保翻译的准确性和一致性、避免产生歧义和混淆，更有助于提升中医药文化在国际上的精准传播和话语构建，具有重要的现实意义和深远的影响。

1 格式问题

在中医名词术语英译中，常见的英译格式是：一个名词＋一个名词，如 choroid plexus（脉络丛）和 hair papilla（毛乳头）；一个形容词＋一个名词，如 yin nourishing school（滋阴派目）和 anesthetic leprosy（麻木性麻风）；名词＋of＋名词，如 head of femur（股骨头）和 manipulation of heating the needle（火针手法）（李永安，李经蕴，2008：1128）。但也不乏部分不合乎中医英语规范的译名格式，如名词术语翻译成句子格式、名词＋过去分词格式等。

1.1 名词术语英译为"句子"格式

在英译格式上，名词术语翻译成句子主要体现在把主谓关系和动宾关系的中医名词术语翻译成句子的形式。这种形式由于句子结构复杂造成译文的可读性下降，读者尤其是母语非英语的读者阅读起来可能会感到困惑。另外，由于句法结构差异，译文变成句子后会导致信息传达不准确，有时难以准确表达中文术语蕴含的传统医药的文化内涵。再有，这种形式导致中英文之间翻译风格和文体的不统一，缺乏翻译的规范性和统一性。

1.1.1 主谓关系的名词术语译成句子

部分中医名词术语仅在语义上是主谓关系，但逻辑上，却被译成主谓宾格式的句子。以《汉英医学大词典》（金魁和，2004）（以下简称《词典》）里面的中医术语英译为例，如表1所示。

表1 中医名词术语与《调节典》译名比较举例

中医名词术语	《词典》译名
胆者，中正之官	The gallbladder serves as a regulator
胆主决断	The gallbladder controls decision-making power
寒则气收	Cold causes contraction

表1中，"胆者，中正之官"和"胆主决断"两者语义上是指胆与中枢神经系统的某些精神活动（决心判断）有关。中医认为，胆脏不仅仅是消化系统中的一个器官，还与情绪、意志和决断力有关。因此，中医将胆脏视为"中正之官"，意指它在调节情绪和情感方面扮演着重要的角色。而"胆主决断"不仅强调保护和调理胆脏的健康对于维持人体的决断力和勇气的重要性，而且表明健康的胆脏可以抵御某些精神因素刺激，维持人体气血的正常运行。在不同的医患场景中，病人疾病状况不同，谓语的施动者也会不同。因此这两个术语进行英译时，逻辑上的谓语施动者不能一概而论为 The gallbladder。

表1中第3个术语"寒则气收"，它的释义是当人体受寒后，会导致体内的气血收敛和凝聚，从而引起气机郁滞，导致气血运行不畅。这一理论是中医对于寒邪侵袭人体后的生理变化的描述。寒邪侵入人体后会导致人体阳气受阻，阴寒内盛，从而使得气血凝聚收敛，导致气机郁滞。这就表现为"寒则气收"的现象。寒气收缩，使阳气不得宣泄，寒在皮毛腠理，则毛孔收缩出现恶寒。该名词术语翻译成句子格式"Cold causes contraction"，不仅语义上与源语不符，体现不出"寒邪使人体的

气机受阻,气血凝聚,从而引起一系列的症状"的内涵,而且也不符合名词术语的常见规范格式(李永安 等,2017:246)。

1.1.2 动宾关系的名词术语译成句子

中医名词术语语言风格属于"文言文",但其英译属于科技名词翻译,尤其是动宾关系的名词术语,在翻译过程中需要严格体现动宾的英语格式,若翻译成句子就违背了科技名词术语翻译的基本性原则(李照国,2008:68)。笔者发现在中医名词术语英译中,仍存在部分把动宾关系的名词术语译成句子的现象。以《传统医学名词术语国际标准》(World Health Organization,2007)的中医名词术语英译为例,详见表2。

表2 译成"句子"的译名

中医名词术语	《传统医学名词术语国际标准》译名
扶正解表	reinforce the healthy *qi* and release the exterior
釜底抽薪	take away firewood from under cauldron
攻逐水饮	expel retained fluid by purgation

表2可见,《传统医学名词术语国际标准》均把动宾关系的名词术语"扶正解表""釜底抽薪"和"攻逐水饮"翻译成了句子。这违背了中医英译的基本原则,使名词术语整体带上了英语句子的情感倾向属性(李纲等,2010:106),失去了中医名词术语的本质属性——客观性。在中医理论中,名词术语的客观性表现在其是否能够在客观条件下被观察、验证,或者是否能够被科学方法证实。例如对人体脏腑、经络、气血等的描述,这些可以通过解剖学、生理学等现代科学方法来进行观察和验证,因此具有客观性。

比如表2中"攻逐水饮"这个术语,是用来处理水饮(也称为水肿或水肿病)的中医疗法。攻逐水饮的治疗方法主要包括利尿、消肿和排除体内湿邪。具体的治疗手段包括选用具有利尿作用的中药,如茯苓、桑寄生、泽泻等,以促进排尿;同时也会采用其他中药或针灸疗法来消除水肿和清除体内的湿邪。把这个术语译成"expel retained fluid by purgation",无法体现源语的客观性,似乎现代科学条件下难以直接观测和验证。这会导致外国受众对中医理论产生误解,认为中医只是一些主观的概念而非基于客观观察和实践的医学体系。这种译法不仅影响其在临床实践中的有效运用,更会造成传播困难,使中医的理论和实践难以在国际上得到认可和接受。

1.2 名词术语英译为"名词+过去分词"格式

后置的过去分词短语与其修饰的名词之间既可以表达一种主谓关系,也可以表达一种动宾关系,这种关系可以解释为被动的,它常常用来表达被动的、被描述的或者与名词有关的动作。在英语中,过去分词短语通常放在名词之后,用来修饰名词,形成后置定语。因此中医名词术语英译成"名词+过去分词"格式的时候必须紧扣中医术语的使用语境,否则会产生歧义(马伦 等,2021:161)。以《词典》里面的中医名词术语英译为例,如表3所示。

表3 译成"名词+过去分词"格式的译名

中医名词术语	《词典》译名
脾虚多涎	salivation caused by deficiency of spleen
气(怒)膈	dysphagia related to *qi*
辨证取穴	point selection based on syndrome differentiation

表3中,"脾虚多涎""气(怒)膈"和"辨证取穴"的翻译采用了后置过去分词作定语修饰前面的名词,倘若只看英文,前面的名词既可以是过去分词行为动作的发出者,也可以是过去分词行为动作的受事者。如果进行回译,就会出现语义模糊不清的现象,这会导致名词信息的流失,自然也就无法完整表达中医名词术语源语蕴含的深厚的中华文化。

1.3 名词术语英译为"介词短语引导的名词"格式

介词短语引导的名词可以用来描述位置、方向、时间、原因、目的等。它们可以帮助我们更清楚地表达动作或状态发生的地点、时间、方式等信息。介词短语引导的中医名词术语,在此处特指英译格式为 because of, due to, to 等引导的中医名词术语。这些介词短语出现在中医名词术语英译中,赋予了前后词汇特定的因果关系和目的关系。以《词典》里面的中医名词术语英译为例,如表4所示。

表4　译成"介词短语引导的名词"格式的译名

中医名词术语	《词典》译名
甘疳	malnutrition of children due to improper diet
肝郁胁痛	hypochondriac pain due to stagnation of liver-*qi*
定惊	to relieve convulsion

表4中,译者把名词术语"甘疳"和"肝郁胁痛"的词内语义关系理解为因果关系,但实际上"甘疳"是小儿疳证之一,多因脾虚、伤于肥甘、积滞化热所致。"肝郁胁痛"则多因悲哀恼怒引起。术语本身的含义是指一般情况,排除了特殊情况。由此可知,直接英译为 due to 格式为中医名词强加上了任何情况下都存在的因果关系,造成语义错误。再如"定惊"译名直接以不定式短语 to 引导,这不符合中医英语的规范。

一方面,to 后面既可以加 $V_{原}$ 也可以加 V_{ing} 形式,其后面接的动词形式不同,术语适用的语境、功能和含义也大相径庭。另一方面,在英语中,动词具有矢量性,即英语动词概念化时对动作行为的矢量特征的处理方式是具有方向性的,该方向由动词施事主体和受事主体共同决定(石毓智,2008:404)。例如用火煎熬白术 decoct Rhizoma Atractylodis Macrocephalae,矢量方向为 V → O;用火取暖 warm oneself by a fire,矢量方向为 S ← O。但 to+$V_{原}$ 类英译格式往往限定了动词的矢量为 V → O,违反了英语动词的语法和语义规律。

1.4　名词术语英译为"名词 + of + 名词 + of + 名词"格式

简洁是中医用语的一大特点,因此中医名词术语英译也应保留这一特点(李永安 等,2017:245),力求简明扼要地传递名词术语中蕴含的医学信息。名词术语英译为"名词+of+名词+of+名词"格式,使用过多 of 结构,不仅会使英文译名显得冗长,而且会淡化译名核心词的意义。由于涉及多个名词和介词,这种结构不但使译文显得拥挤、难以阅读,也可能导致歧义,因为读者可能会困惑于其中名词之间的关系。另外,过度使用 of 结构可能会使句子显得啰唆和不够简洁。以《中医基本名词术语中英对照国际标准》(李振吉 等,2008)里面的中医名词术语英译为例(表 5 所示),"病机学说""足发背"和"锁喉痈"的译名都使用两个 of 连接单个名词。这不仅不符合英语名词的使用习惯,而且冗长的英语名词也进一步淡化了 of 前后修饰的核心词意义,造成英语受众理解障碍。

表 5 译成"名词+of+名词+of+名词"格式的译名

中医名词术语	《中医基本名词术语中英对照国际标准》译名
病机学说	theory of mechanism of disease
足发背	phlegmon of dorsum of foot
锁喉痈	cellulitis of floor of mouth

2 解决方案

通过上述案例分析可知,中医名词术语英译格式仍存在问题,值得商榷,下面,笔者将结合中医翻译实践和理论研究提出相应的解决方案。

2.1 辨清词间关系

中医学根植于中国传统文化,具有自身独特的语言特点和文化内涵,在"取象比类"的背景下有着大量的隐喻式概念(周恩,2018:741)。因此,在中医名词术语英译之前,译者需要积累深厚的中医药专业知识,充分了解中医名词蕴含的表层含义和深层含义,厘清词与词之间的关系,避免译成句子的格式。从上述 1.1 的句子译例可以看出，译者把名词术语语义上和逻辑上的词间关系（季长青，2002：58）混为一谈，忽视了源语本身的格式和词性，直接导致了译名的语义错误。因此，中医名词术语英译时应充分区分术语词汇间的语义关系和逻辑关系，遵循名词术语本身或主谓或动宾的格式并兼顾名词词性。如译成"N + V-ing"格式，这相当一个复合形容词作修饰语构成名词，该动词与前面的名词在逻辑上为动宾关系（李永安，李经蕴，2008：1128）。这样翻译出来的术语既符合现代医学名词术语的格式要求，也体现了这些中医名词术语源语语义上的主谓和动宾关系，避免了误译甚至错译。据此，笔者有选择地将上述表 1 和表 2 的译名进行修改，如表 6 所示。

表 6　句子格式译名修改举例

中医名词术语	《词典》译名	修改译名
胆者，中正之官	The gallbladder serves as a regulator	the gallbladder serving as a regulator
胆主决断	The gallbladder controls decision-making power	the gallbladder controlling decision-making power
扶正解表	reinforce the healthy *qi* and release the exterior	reinforcing the healthy *qi* and releasing the exterior
攻逐水饮	expel retained fluid by purgation	expelling retained fluid by purgation

2.2　遵循回译性原则

回译性原则将目的语翻译回源语，然后再与原始文本进行比较，以此检验翻译的准确性和质量。通过这个过程可以更好地发现翻译过程中可能存在的问题，例如意思的偏差、语法错误、遗漏或增加的信息等。这个原则在翻译质量控制和评估中具有十分重要的作用。在回译性原则下，中医名词术语源语和目的语的结构和字面意义都极其相近。在国际中医药交流中，这样的译名有利于实现信息的双向传递（李永安，王萱，2011：993）。但上述 1.2 中的译名格式却因译名施事主体和受事主体的不明确而发生信息失真，即术语本身携带的医学信息会产生流失，难以回译，这不利于构建中医国际形象（李永安 等，2020：151）。因此这类术语英译时需要遵循回译性原则，避免动词动作的施事主体和受事主体的混乱，准确传递术语信息。笔者试将1.2中的译例作如下改译（表7所示）。

表7 "名词＋过去分词"格式译名修改举例

中医名词术语	《词典》译名	修改译名
脾虚多涎	salivation caused by deficiency of spleen	spleen deficiency salivation
气（怒）膈	dysphagia related to *qi*	*qi* dysphagia
辨证取穴	point selection based on syndrome differentiation	syndrome differentiation to point selection

2.3 遵循英语语法和语义规律

英语具有特定的语法规律和组词结构，词汇间也具有明确的语义联结关系。因此在中医名词术语英译过程中，译名需要严格遵循上述规律，不能生搬硬套，无的放矢，否则会传递错误的医学信息，严重者甚至会导致医疗事故。中医术语的英译要确保译文在句法结构、时态、语态等方面符合英语的表达习惯，注意上下文的连贯性，确保术语翻译的内容在语义和逻辑上与源语一致。

笔者倘若使用1.3中提到的英译格式，会为译名强加上任何情况下都存在的因果或目的关系，这不符合源语与目的语之间的语义联结关系。此外，在to+V$_原$引导的名词术语中，其动词矢量方向固定为从左到右，这违背了英语动词的矢量规律。因此译者遇到这类中医名词术语时，需要注意源语是否明确表明了动词动作的矢量方向，再严格遵循英语语法和语义规律去进行翻译。因此，上文表4中的译名需要遵循英语语义和语法规律进行修改，详见表8。

表 8 "介词短语引导的名词"格式译名修改举例

中医名词术语	《词典》译名	修改译名
甘疳	malnutrition of children due to improper diet	children dietary malnutrition
肝郁胁痛	hypochondriac pain due to stagnation of liver-*qi*	liver-*qi* stagnation hypochondriac pain
定惊	to relieve convulsion	arresting convulsion

2.4 遵循简洁性原则

简洁性原则要求中医名词术语不可释义性翻译，需简明扼要地表达其蕴含的医学信息（李照国，2008：69）。在上述 1.4 的英译格式中，运载信息的源语被分解成多个 of 连接的目的语词，译名变得极其烦琐，核心词汇意义被淡化，整体信息密度降低。信息密度通常指的是单位数据量中所包含的信息量。数值范围越大，信息密度就越高。在翻译语境下，信息密度高说明更多的信息可以在同样的时间或空间内传输或存储，从而提高翻译工作效率。由于信息密度高，在有限的资源下存储更多的目的语信息，更有效地利用源语资源。

按照信息密度的统计公式：信息密度 = 原文词的语义单位（实词）数 / 译文词的语义单位（实词）数（李照国，2008：69），即名词术语中虚词 of 越少，英译的名词术语传递的信息就越多，信息失真度就越低。例如"阳虚阴盛，deficiency of *yang* with exuberance of *yin*"，源语的语义单位有 4 个，目的语语义单位有 7 个，那么其信息密度就是 4/7=0.57<1，这说明译名失去了部分源语的语义信息。因此上述 1.4 格式的译名需要简化以增强信息密度，可去掉 of，适当调整实词的名词、形容词等的词性，译出简洁且信息完整的译名，笔者将表 5 译名进行修改，具体如表 9 所示。

表 9 "名词 +of+ 名词 +of+ 名词"格式译名修改举例

中医名词术语	《中医基本名词术语国际标准》译名	修改译名
病机学说	theory of mechanism of disease	disease mechanism theory
足发背	phlegmon of dorsum of foot	foot dorsum phlegmon
锁喉痈	cellulitis of floor of mouth	mouth floor cellulitis

3 结语

在本文中，笔者对中医名词术语的英译格式提出了一些粗浅的见解。中医名词术语作为中医文化在海外传播中的核心载体，其英译涉及中医学理论、诊断、治疗等方面的专业术语，这些术语在国际传播和交流中的准确性和规范性至关重要。然而，由于中医学体系与西方医学有着不同的理论基础和表达方式，因此中医名词术语的英译常常面临着语言障碍和文化差异的双重挑战。中医术语英译格式的问题以及如何实现标准化仍需要进一步深入探讨，以推动其格式的规范化发展。

参考文献

洪梅，朱建平. 中医药名词英文翻译与规范原则关系的探讨 [J]. 中国科技术语，2013，2：46-51.

金魁和. 汉英医学大词典 [M]. 北京：人民卫生出版社，2004.

李纲，程洋洋，寇广增. 句子情感分析及其关键问题 [J]. 图书情报工作，2010，54（11）：104-107，127.

李永安，董娜，史文君，等. 对两套中医译名标准化方案中的语法问题的探讨 [J]. 中国中西医结合杂志，2017，37（2）：245-246.

李永安，李经蕴. 对目前中医名词术语翻译中的一些建议 [J]. 中国中西医结合杂志，2008，28（12）：1127-1128.

李照国. 论中医名词术语的翻译原则 [J]. 上海科技翻译, 1996, 3: 31-33.

李永安, 曲倩倩, 卢琰, 等. 中医国际形象的翻译策略研究 [J]. 西部中医药, 2020, 33（2）: 149-151.

李永安, 王萱. 英汉语言差异在中医翻译中的应用 [J]. 中国中西医结合杂志, 2011, 31（7）: 991-993.

李照国. 论中医名词术语英译国际标准化的概念、原则与方法 [J]. 中国翻译, 2008, 29（4）: 63-70, 96.

李振吉, 贺兴东, 王奎. 中医基本名词术语中英文对照国际标准 [M]. 北京: 人民卫生出版社, 2008.

马伦, 李永安, 曲倩倩.《传统医学名词术语国际标准》英译问题探讨 [J]. 西部中医药, 2021, 34（7）: 158-161.

季长青. 语境、语义与逻辑——英语工程技术资料译例浅析 [J]. 中国科技翻译, 2002（2）: 58-59.

石毓智. 英汉动词概念结构的差别对其被动表达的影响 [J]. 外语教学与研究, 2004（6）: 403-411, 481.

张晶晶, 戴琪. 中医名词术语翻译"五性"原则 [J]. 北京中医药大学学报, 2006, 29（11）: 740-742.

周恩. 中医隐喻英译: 原则与策略 [J]. 中国中西医结合杂志, 2018, 38（6）: 741-744.

朱琼, 周锋. 基于语料库中医针刺术语英译标准比较研究 [J]. 中国中医基础医学杂志, 2023, 29（10）: 1737-1741.

World Health Organization. WHO international standard terminologies on traditional medicine in the western pacific region[M]. Geneva: World Health Organization, 2007.

Pattern of TCM Terminology in C-E Translation: Problems and Solutions

Zhu Shan   Xie Hong

(Beijing International Studies University, Shandong University)

Abstract: Currently, a host of problems are witnessed in the Chinese-English translation patterns in terms of terminologies of traditional Chinese medicine (TCM). Thus this paper analyzes this issue in four aspects: "Sentence" pattern, "Noun + Past Participle" pattern, "Prepositional Phrase + Noun" pattern and "Noun + of + Noun + of +Noun" pattern are used in translation in disorder. Faced with these questions, we modify and re-translate these terminologies and put forth the corresponding solutions.

Distinguish the relationships between words, follow the principle of back translation, the rules of English grammar and semantics, and the principle of conciseness. Apparently, standardizing the Chinese-English translation patterns of terminology in TCM boasts significant theoretical and practical value in terms of the improvement of accuracy and normalization. Also, this study aims to facilitate the dissemination and communication of TCM culture overseas, and the internationalization and normative development for TCM terminologies.

Keywords: TCM terminology; Chinese-English Translation Patterns; Solutions

从口译能力到译员能力

——杭州亚运会民族志研究[①]

沈洲榕[②]

（北京第二外国语学院）

【摘　要】学界对"口译能力"与"译员能力"多为自上而下的规约性讨论，本研究从真实场景出发，进行自下而上的描述性探究。口译能力是完成语言转换的能力，不能等同于口译从业者的译员能力。当前中国口译行业面临着译员不断增多、科技与人工智能不断发展、客户外语水平不断提升等新业态。在此背景之下，译员能力的内涵与外延亟须得到丰富与补充。本文通过民族志和文本分析定量定性结合的手段，依托笔者在杭州亚运会期间担任译员的一手经历，讨论口译能力与译员能力的关系，以及译员能力的要素构成。研究从微观、中观、宏观三个层次，提出了新行业动态下译员能力需要扩充与涵盖的新元素。

[①] 本文系 2024 年度教育部人文社会科学研究青年基金项目"VR+AI 情境下口译教学生态的数智化重构路径及效能研究"（编号：24YJC740022）、第十二批中国外语教育基金项目"教师范例与个性化点评：口译教学中的效能与学生偏好对比研究"（编号：ZGWYJYJJ12A105）、北京第二外国语学院校级科研项目"英语普及化与人工智能背景下的（学生）译员身份转型"（编号：KYZX23A005）的阶段性成果。

[②] 沈洲榕，北京第二外国语学院高级翻译学院讲师、硕士生导师。研究方向：口译理论与实践、口译教学。

【关键词】 口译能力；译员能力；口译行业；杭州亚运会

引言

口译能力是口译研究的重要话题，在口译职业化中备受关注，与口译教学、测试、质量评估、职业发展等紧密相关。学界对口译能力的讨论主要围绕语言能力、百科知识、口译技能（仲伟合，2003：63）展开。在译员能力的讨论中，与语言转换相关的能力备受瞩目，但其他能力未能得到充分讨论。

译员能力研究主要基于传统口译模式和行业背景。中国口译行业近年来发生了多项变革，MTI毕业生数量激增，大量译员进入市场，行业趋显饱和。科技发展，尤其是人工智能给口译行业带来新变数。新冠疫情推动了技术赋能的远程口译广泛应用。英语作为通用语言（English as Lingua Franca, ELF）的背景下，口译用户的英语水平提升，非英语母语的讲者更多选择英语进行国际交流。新时代行业的变化也为译员带来新挑战，提出新的译员能力。因此，研究需要予以关注，以期为行业发展和口译教学提供理论支持。通过结合实际，自下而上描述新业态下译员能力的内容和要素。

1 文献综述

对口译能力最初的讨论来自 Kalina，在教学视域下，Kalina（2000：4-5）认为口译能力为译员在人们使用自身知识与意图参与交际的情境之下工作的能力，而译员能力为在以语际中介（interlingual mediation）为目的的双语或多语交际情境中，译员处理文本的能力。尽管这种定义区分并不明晰，但开启了学界对二者的讨论。口译能力是一种以语言为中介的跨文化交际能力，其发展需经过新手、入门、熟练、专家等不同阶段。口译任务中突发情况多、涉及的知识广、语言灵活，这些都需要译员有极强的应变能力和洞察能力，有扎实的语言文化基础，其中双语交际能力和翻译技能应当作为中间阶段，即翻译专业本科的培养目标（苏伟，2011：117）。这种定义将语言与语言转换认定为口译能力的基础，将交际与应变认定为口译能力的进阶。Pöchhacker未明确区分两个概念，转而使用"口译中的能力"，并将其定义为任务需求与资质的统一体，起点为双语技能，资质则包括身体能力、记忆能力等有关的个人特质和能力（Pöchhacker，2016：166）。

虽然研究对于具体译员能力的构成尚无共识，但对口译能力与译员能力的区别意见较为统一。口译能力为翻译过程中的文本转换能力，而译员能力则强调译员在真实场景中处理文本转换之外挑战的综合能力。古琦慧（2009：33）指出口译课程的最终目标是要培养学生的译员能力，使其成为符合社会需求的合格译员，因此口译教学应当同时重视口译技能和综合素质的培养。Albl-Mikasa（2013：19）根据口译过程，基于经验性讨论，将译员能力分为译前能力、译中能力、译后能力、周边能力（peri-process）（合作精神、外向性格、职业化、抗压能力）、辅助能力（para-process）（商务知识、客户关系和职业水准、终身学习、元反思）。研究指出译员能力的获得呈现阶段性，但某一能力的获得并非局限于特定阶段。

学界对口译能力主要关注语言转换，如语用能力（周红民，1999）、语言能力（孙序，2010；朱锦平，2010；陈雪梅，2020）等。董燕萍等（2013：76）在其研究中就直接将口译能力定义为译员的口译水平，不关注"语言外能力"。对口译能力的研究主要围绕口译教学，这与译员能力发展的阶段性相吻合。此类研究关注口译过程的语言转换，如学生译员的口音处理能力对口译过程的影响（白佳芳，陈桦，2018）。其他研究关注译员及学生译员的记忆、听辨、认知、逻辑和策略能力（韩小明，2004；张威，2006；詹成，2010；李学兵，2012；王晓露，纪蓉琴，2015；许艺，穆雷，2017）。除了经验性思辨和实证研究，也有理论视角的剖析，如程跃珍（2010：114）结合吉尔的认知负荷模型，指出商务译员应当具有双语能力、百科知识、口译技能、心理素质和职业素质。赵颖、杨俊峰（2014：49）从图式理论出发，认为口译能力应当包括语言、知识、技能和职业素养。这些论述主要集中在译员初期训练阶段的语言技能，对职业发展阶段的译员能力则仅有"职业素养"的论断，未对其内涵进行具体分析。

对译员能力的讨论更为全面，涉及口译过程中非语言因素所链接的单项能力。如心理、跨文化交际、矛盾处理和面子保全能力（曹建新，1997；尹耀德，2003；詹成，2010；王炎强，2018），还包括口译过程的全部环节，如译前准备和术语能力（张吉良，2003；王少爽，2012）。随着科技发展，学者提出了技术能力（王华树，张静，2015），并将其归为口译能力中的"职业素养"或译员的口译技能。为了系统归类并区分，王斌华（2007：47）将"口译能力"定义为完成口译任务所需的内在的知识和技能体系，"译员能力"为口译工作者应具备的内在的知识和技能体系以及职业素质和身体／心理素质。"口译能力"作为智力性因素模块，包含双语能力、言外知识、口译技巧，与非智力性因素模块的身体、心理素质、职业素质共同构成了"译员能力"（王斌华，2012：77），将"口译能力"视为"译员能力"的一部分。

对译员能力的既有研究以经验反思居多，实证研究主要集中在口译教学和译员的单项能力上。也有研究使用实验和访谈等方法，将译员视为研究对象，探讨译员能力。本研究从译员视角"主位"（emic）出发，关注译员对自身能力构成的认知。

2　研究方法

2022年9月23日至10月8日，第19届杭州亚运会（简称"杭州亚运会"）在杭州举行。笔者在亚运前夕就参与了相关会议的口译，并在亚运期间担任专职口译员，与其他51位译员一道，在半个月的时间内共同生活工作，全程亲历并完成观察记录。本文通过民族志研究方法，以参与式观察记录译员的工作生活全貌，并关注重要报道人的口译经历叙事，以此提供质性数据。为了与民族志数据对照与验证，研究还对亚运期间有关译员的报道与采访进行了文本分析。本文收集了来自官方媒体和微信公众号的10篇有关译员的报道，总字数为19540字。[①]通过三轮数据清洗，筛选出仅涉及译员工作生活的文本内容，使用ROST CM6进行社会和语义网络分析。

民族志研究要求研究者以沉浸的方式较长时间和受访人群在一起生活，一般研究者难以获得长时间观察真实口译场景的机会。口译研究中使用民族志方法不多，但民族志研究法却是深入了解译员工作方式和状态的重要方法（Angelelli，2015：150）。在少数有关口译的民族志研究中，出现了有关加拿大印第安人译员角色（Kaufert & Koolage，1984）、北美法庭口译（Berk-Seligson，2017）、医疗口译中的译员角色（Angelelli，2004）等研究。其评价标准不同于一般意义的质性研究，不将理论建构视为主要的研究目标和评价标准，重视对读者的召唤与交流，鼓励读者来思考、对话那些影响和框定人们日常生活与生命事件的文化模式与社会结构（殷文，张杰，2017：85）。国内使用民族志方法对口译的相关研究尚不多见，亟须得到补充。

3 数据呈现

杭州亚运会是中国继北京冬奥会后举办的最大规模国际体育赛事。杭州亚运会效仿北京冬奥会设立远程同传中心。除了为非竞赛场馆分配的少数译员外，绝大多数译员在远程同传中心负责竞赛项目的赛后新闻发布会。经过前期筛选，52名译员全部持有国家外语翻译考试二级口译证书，多数具有多年经验。译员集中在村外酒店居住，每天搭乘班车前往亚运村。工作期间需在指定地点使用钉钉打卡，每日工作时间8小时。根据竞赛安排，译员主要在下午至晚上工作，有些需要工作至23点。译员每日关注微信群内信息，了解工作安排，并参与其他译员遇到的事件处置讨论。多数竞赛项目采用远程同传和交传模式。口译箱中的译员机由两台笔记本电脑替代，通过外置耳机和话筒实现声音输入输出，使用瞩目软件完成口译，同传箱设备设置见图1。

[①] 对外经济贸易大学谢维佳同学承担了数据整理工作。

图 1　同传箱设备设置

如图1，同传箱配置两台笔记本电脑。译员需同时在两台电脑上登录瞩目系统，左侧电脑以听众身份接入耳机，关闭麦克风；右侧电脑以译员身份链接话筒，关闭扬声器。切换语言频道时，需在左侧电脑切换输入，紧接着在右侧电脑切换输出。为了快捷切换，组委会还安装了按键精灵软件，仅在登录瞩目系统后开启，并须选中瞩目系统中的频道切换。实际工作中，译员还会携带个人电脑进同传箱，浏览译前准备材料。工作中常见问题有：发言人语种超出服务范围、技术操作、口音、设备故障、政治敏感问题等。亚运会在开幕式之前已经开赛，一名提前开始工作的译员1总结了9条经验与其他译员分享：

（1）他山之石：尝试和同个项目的译员老师进行交流，汲取经验。特别是第一场翻译，如果有机会，可以提前去听一下同个项目老师的发布会翻译，熟悉不同场馆和媒体提问的话术，也能收集到一些常提及的术语。

（2）其他职业比赛或俱乐部的名字也可相应了解，例如足球发布会有提到曼联、巴黎圣日耳曼、亚洲杯、中超联赛等等。

（3）如果是热门项目，抖音上可以听到CCTV直播解说，信息量较大，使用的术语也非常正式和准确，例如胸部停球、解围、定位球、阵型等。结合比赛听这些术语，不了解的可以及时查ChatGPT，了解中英说法和背后的含义，对于不熟悉项目的译员是非常好的背景补充。

（4）不仅要了解比分是多少，还有how，比赛是如何取胜的，有哪些关键点。

（5）前后比赛会对阵的国家/选手，提前了解为宜，媒体记者经常会问到。

（6）CGTN等媒体直接用英文提问外国教练时，也需翻成中文，不能省去。

（7）如涉及其他语言接力，需提前沟通和确认。

（8）远程同传间的麦克风收声不算特别好，需要离近一些翻。实时关注麦克风和耳机的音量，如有问题及时反馈给PM。

（9）每场发布会的难易和时长差异极大，目前15—60分钟都有。有些场次会涉及具体的竞赛术语，而有一些则会更为宽泛。译员无法提前预测，怎么准备都觉得还是不够，所以只能尽量多收集各方面信息，能多翻出一点是一点。

亚运期间，部分译员接受了媒体采访和所在机构的新闻宣传，分享了他们在亚运工作期间的经验。研究者收集了10篇报道，经过三次数据清洗后，绘制了社会和语义网络分析图。

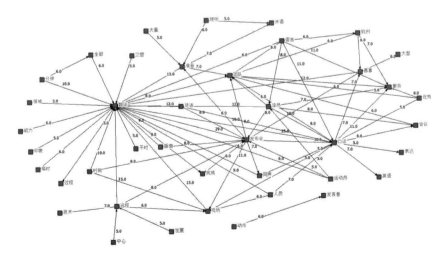

图2　社会和语义网络分析图

从图 2 中可以看出，译员对亚运口译服务的描述形成了三个与其他词条有 10 条以上的链接的一级语义中心，分别是翻译、发布会、口译。同时，还有三个二级语义中心，与其他词条有 5 条以上的链接，分别是远程、团队、准备。通过一级中心、二级中心和末端节点的关系网，可以观察到一些核心词汇，例如"临时翻译""大量准备""远程技术"等，这些关键词反映了亚运工作的特点。结合译员工作状态和社会语义网络分析，笔者将译员能力分为宏观、中观、微观三个层面，并结合具体案例进行分析和讨论。

4　译员能力构成

刘猛（2014：100）将交传口译能力分为六个一级要素（语言能力、认知能力、口译技能、知识模块、职业能力、身体要素）和十二个二级要素（语言能力、心理耐力、认知能力、实践能力、百科知识、口译技能、生理耐力、职业意识、交际能力、合作能力、演讲能力、工具能力）。该研究确定了各项能力的主次关系，但没有区分译员能力与口译能力。卢信朝等（2019：767）梳理了 36 项同传译员能力，其中口译能力之外的能力包括职业道德、多任务处理知识和信息获取、自我学习提升、专注力、抗压、喜欢挑战自我、好奇心、元认知同传工作间工作能力。这些能力类别由研究者基于文献归类，再由译员评分。

在中国口译市场，译员可能同时承担交传和同传工作，亚运工作亦如此。几乎没有译员将自己明确定义为"交传译员"或"同传译员"。因此，译员能力的类别需要自下而上的描述性验证，按照口译模式、规约性地划分译员能力难以反映行业现实。本研究结合亚运会及新业态讨论译员能力构成的元素，并以其距离译员口译活动的远近进行分类。将与口译语言转换过程相关的能力定义为微观能力，将不涉及口译过程，但发生在事件活动场域以内的相关能力定义为中观能力，将事件活动场域以外的能力定义为宏观能力。

4.1 微观能力

首先，从社会和语义网络分析图中可以看出，"翻译"是一级语义中心，与其关联度最高的是二级语义中心"准备"，其他关联度较高的词组包括"大量准备""规则术语""临时""插曲""远程"等。在译员1提供的9条经验中，6条都涉及译前准备，既包括竞赛术语，也包括竞赛安排、职业联赛、运动员经历、媒体互动、其他竞赛等。译前准备是译员最为关注的话题。以一场晚8点举行的赛后新闻发布会为例，译员前一天晚上9—10点会收到语服经理发来的任务，比赛当天上午收集相关信息，下午观看比赛。准备内容由本场比赛核心要素（运动员及赛况）为原点，向周边不断发散。译员需要具备足够的信息收集能力、预测推理能力和筛选能力，以便在海量信息中识别最能帮助译员完成任务的信息。例如柔道项目，仅组委会提供的竞赛术语就有1134条。预测推理能力不仅局限于口译转换过程中对讲者的预测，也包括译前对口译情景的预测和判断。

其次，译员需同时关注多个争夺译员注意力的元素，包括声音输入电脑、输出电脑、输出话筒、自带电脑、自带打印材料、口译笔记本，同时关注瞩目传译系统和按键精灵等软件操作。自由译员49在亚运结束一周以后曾发布朋友圈："后遗症：梦里一直切换着瞩目键。"译员还需随时关注微信和瞩目聊天界面，留意场馆和项目经理可能随时发来的信息。从本次亚运会的设备运行设置和人机关系来看，译员应当具备精力分配能力，或者可将其称为多线程处理能力（multi-tasking），不仅应用于同传中的语言处理，也包括现实情景的处理与应对。

最后，"远程技术"是社会和语义网络分析图中呈现的第二个一级语义中心。远程同传因技术发展赋能而得以成为现实，因此有观点将译员与远程口译的交互关系归纳在技术能力范畴下讨论。本研究认为，电子设备及软件的操作是现代社会公民的基础能力，译员与远程口译技术层面的互动仅涉及简单的操作，与日常电子设备的使用并无异。相较于"技术能力"，使用"技术素养"用于表述译员与技术的关系似乎更为贴切。在亚运会工作中，译员通过自主信息收集和社交，了解当前存在的技术及其赋能翻译的方法，学习其他译员对这些技术的利用。这种技术素养多用于译前准备，在口译过程当中鲜见应用。

4.2 中观能力

在日常会议中，译员仅需与同传箱中一两名译员协作。在涉及多个平行论坛的大会中，译员需要与多名同事互动。在亚运会的场域下，译员需要与数十名同事发生人际链接。从社会和语义网络分析图中可以看出，"团队"也是一级语义中心。有关广州亚运会的研究指出，在口译过程中译员应具备很强的交际能力（詹成，索若楠，2012：110）。但口译过程之外的交际能力对译员的重要性较少出现在学术讨论当中，从本次民族志观察中可以看出，译员在一个口译活动场域内，与共同参会（但并不一定承担同一场口译任务）的译员交往对个人的口译表现和职业发展能够起到积极作用。一方面，译员通过场域内社交，可以获得更紧密的行业链接，增强译员对行业的归属感和社会认同。另一方面，则能够获得更多的口译机会。不少译员在亚运后，通过亚运场域内的社会链接在其他会场共同承担口译任务。而且，译员间对口译工作的讨论、具体的翻译策略以及对特殊情境的应对并不会发生在专门的业务讨论会中，而是会出现在餐桌、外出游玩、往返班车等非正式场合。这些讨论对译员的口译表现将起到潜移默化的正面影响。

亚运会口译工作压力较大，译员普遍担心遭到投诉。译员对工作环境和待遇会产生一定的负面情绪，因此情绪能力对译员至关重要。译员需要自我调节以应对负面情绪，具有一定的抗压能力。在其他译员出现负面情绪时，也需要具有共情能力，提供情绪价值。译员的"同伴精神"对整体口译工作能够起到积极影响，尽管这种影响并不直接反映于口译过程，但却为译员口译工作的顺利完成提供了"看不见"的保障。

在译员口译工作结束后，场馆及组委会语服处会评价译员表现。一些投诉有据可依，但当译员被错误投诉时，译员需要为自身专业性和口译产品申辩。如译员16在翻译马术比赛时，场馆投诉译员没有将华天的马匹"海王"翻为"Haiwang"。此时译员指出，华天马匹的官方英文名即为"Poseidon"。在 ELF 背景之下，多数听者都会掌握部分双语能力，因此更乐于对译员口译产品做出评价，尽管这种评价可能并非基于双语对照，而是基于听者对母语的认知（Shen & Gao，2023：8）。译员会面临对用词选择、意义表达等方面的质疑。例如译员 27 曾被质疑用词过"大"、误译媒体名称，随后译员 27 立即寻找本场发布会的备用译员求证，并证实并未误译。此类事件不仅出现在亚运会口译，也会出现在其他会议当中。译员对口译产品应当负责，但当口译产品受到不公正评价时，译员也应当具有申诉能力，为自身正名。

4.3 宏观能力

在对译员能力组成的既有研究中，对涉及口译过程的能力的描述最为细致。与口译过程距离越远，对相应能力的描述就越为笼统。例如，将职业意识、交际能力、实践能力、合作能力统一划归为交传译员职业能力，将实践能力定义为实践活动的次数、规模、层次（刘猛，2014：100）。这种对职业能力的定义来自于客位视角，从外部视角评价译员实践的重要性和丰富性。译员能力的发展亟须从主位视角出发得到讨论。

首先，多数译员能够承接亚运会口译项目，是因为具有一定的行业累积，包括翻译公司推荐、简历投递或同行担保。通过组委会的测试后，译员需完成议价并签订口译合同。然后，译员需推掉同时期的其他会议，为亚运留出时间。译员普遍表示，为亚运提供口译服务的经历将成为未来口译工作的重要加分经历，提高客户对自身口译能力和资质的认可，有利于长期职业发展。亚运结束后，多数译员会在朋友圈公布服务亚运的经历，还有一些会在社交媒体上发布相关帖子，如图 3 所示。在谈及发布动机时，译员表示这是对个人的宣传，有助于带来更多口译机会。本研究认为，在宏观层面上，译员应具备市场能力，包括工作机会获取、议价、个人宣传和会议管理能力。

图 3　译员 49 在小红书上发布的帖子截图①

一般认为,语言能力是口译能力或译员能力的核心。卢信朝等(2019:767)指出,国内教学单位普遍易忽视语言能力的基础地位,在学生语言能力未达到较高水平时就关注技能教学,专业译员培养也无从谈起。然而,语言能力是从事口译活动的基础和前提,是口译能力的必要不充分条件。理论上,进入口译硕士阶段学习的学生应当已经是熟练的双语使用者,需要学习的是语言的转换能力。职业译员本身已经具备可接受的语言能力。然而,几乎所有译员都会认真学习其他译员的翻译表达。在译前准备中,通过积累提升语言能力。本研究认为,语言能力应被归纳为宏观能力,分为核心属性和附加属性。核心属性是译员在口译专业训练阶段所打下的基础,而附加属性则是译员在职业生涯中持续对语言能力的打磨与提升。

最后,译员对职业能力的认知与学界的定义存在一定差异,这种差异来自主位视角和客位视角对口译职业的不同认知。学界将口译视作一

---

① 图片来源:https://www.xiaohongshu.com/explore/652388a600000000230181e7,读取日期 2023 年 11 月 7 日。

种社会活动加以分析讨论,而译员则将口译视作个人事业。从广义上讲,任何与口译活动相关的能力甚至都可以被归纳为译员的职业能力,成为"译员能力"的同义词。对译员而言,职业能力并非一种对口译过程的解构,而是对待自身职业的敬畏感以及对行业发展的责任心与情怀。新闻语料中的译员访谈即论证了这一观点。如教师译员 27、34 分别表示:

> 白天工作时大家基本在埋头苦干,办公室里只能听见鼠标点击的声音。在准备阶段,译员们会分享整理好的词汇表,互相帮忙查找媒体名单,确认运动员的中文译名,等等。
>
> 女篮姑娘精湛的球技、拼搏的精神,以及关键时刻沉着冷静的心态都给我留下深刻印象。我想不论做任何一个领域的工作,都应该像她们这样,专业、冷静、不畏艰难。在整个亚运会工作过程中,各位同事的敬业精神是让我印象最深的地方。

除此之外,译员普遍对行业展现强烈的认同感。亚运译员微信群中不止一次展开了对行业发展和译员角色的讨论。译员 2 表示:"自从互联网和流媒体开始发展,同传有时也被推到了台前。尤其是高关注赛事的直播口译。科比退役发布会上的翻车事故,就是反面教材。行业特别需要 J 老师、W 老师这样的行业翘楚,树立积极健康的行业形象。"译员 12 发言:"译员应保持 a healthy level of fear。"因此,本研究认为,职业能力也应当包含不断自律以维持的敬业精神。职业能力培养应从口译教学初期开始,通过讲授正面行业榜样、教授正确的职业伦理实现。职业能力将贯穿译员职业生涯,同时伴随新业态的出现以不同形式彰显。

5 研究总结

本文以杭州亚运会为案例,结合民族志研究法和文本分析,通过笔者作为杭州亚运会译员的亲身经历,自下而上地通过描写性手段讨论译员能力的要素构成,从微观、中观、宏观三个层面进行分析。研究认为,语言能力是口译能力的必要不充分条件，而后者是译员能力的必要不充分条件。译员在新业态下面临着复杂多变的挑战，需要新型译员能力来应对。

微观层面强调了译员的口译过程性能力。译前准备不仅包括信息收集，也包括预测推理（对口译情景的预测和判断）和筛选能力。译员的技术能力应被定义为了解、操作相关软硬件的能力，或被称为技术素养。在 ELF 背景下，口音辨析能力应被提到重要位置。译员同时应具有超越语言转换的多线程任务处理能力。中观层面强调了译员在口译场域内的社会能力，包括社交能力、情绪能力和申诉能力。宏观层面上，译员应具备市场能力，包括获取工作机会、议价、宣传和会议管理，同时不断提升自身的语言能力以巩固微观的口译过程，并在职业生涯中不断自律以维持敬业精神。

在新业态和新技术的背景下，行业对译员能力的要求也将出现新变化。希望本研究为口译教育和口译研究提供一些建议和思路。另外，民族志研究方法在口译研究当中鲜有应用，但民族志研究是描述真实译员工作的重要途径，应在口译研究当中得到更多重视。

参考文献

白佳芳，陈桦．非本族语英语口音程度与熟悉度对英汉交替传译质量的影响——以东南亚英语口音为例［J］．外语界，2018（6）：87-94．

曹建新．口译的心理差异与生理影响［J］．中国翻译，1997（1）：25-27．

陈雪梅．论口译工作语言能力［J］．上海翻译，2020（1）：32-37．

程跃珍．从吉尔的口译模式看商务英语口译能力要素的构成［J］．华北电力大学学报（社会科学版），2010（4）：110-114．

董燕萍，蔡任栋，赵南．学生译员口译能力结构的测试与分析［J］．外国语，2013，36（4）：75-85．

古琦慧．口译课程模式的开发及应用——以培养译员能力为中心的模式［J］．外语界，2009（2）：33-39．

韩小明．从记忆机制看口译教学中记忆能力的培养［J］．重庆工学院学报，2004（6）：156-158．

李学兵．如何在口译教学中培养学生的逻辑思维能力［J］．外国语文，2012，28（S1）：198-200．

刘猛．认知能力与交替传译能力的关系［D］．上海：上海外国语大学，2014．

卢信朝，李德凤，李丽青．同声传译译员能力要素与层级调查研究［J］．外语教学与研究，2019，51（5）：760-773，801．

苏伟．本科阶段口译能力发展途径研究［D］．上海：上海外国语大学，2011．

孙序．交替传译信息处理过程中语言能力与口译能力的关系研究［D］．上海：上海外国语大学，2010．

王斌华．"口译能力"评估和"译员能力"评估——口译的客观评估模式初探［J］．外语界，2007（3）：44-50．

王斌华．从口译能力到译员能力：专业口译教学理念的拓展［J］．外语与外语教学，2012（6）：75-78．

王华树，张静．信息化时代口译译员的技术能力研究［J］．北京第二外国语学院学报，2015，37（10）：25-32．

王少爽．译者术语能力探索［D］．天津：南开大学，2012．

王晓露，纪蓉琴．听辨能力训练与交替传译质量提升之关联度研究——基于交替传译认知负荷模式的实证研究［J］．外语电化教学，2015（2）：42-46．

王炎强．媒体直播同传译员"面子"保全策略研究［J］．上海翻译，2018（6）：44-49，94．

许艺，穆雷．中国英语口译能力等级量表的策略能力构建——元认知理论视角［J］．外语界，2017（6）：11-19．

殷文，张杰．讲自己的故事就是"自我民族志"？——自我、叙事与读者关系的民族志新进路［J］．新闻记者，2017（12）：79-86．

尹耀德．口译现场争执的处理［J］．中国科技翻译，2003（2）：25-27，61．

詹成．论口译中的跨文化交际能力［J］．语文学刊，2010（6）：78-79，118．

詹成，索若楠．电话口译在我国的一次重要实践——广州亚运会、亚残运会多语言服务中心的电话口译[J]. 中国翻译，2012（1）：107-110.

张吉良. 论译员的口译准备工作[J]. 中国科技翻译，2003（3）：13-17.

张威. 口译过程的认知因素分析：认知记忆能力与口译的关系——一项基于中国口译人员的调查报告[J]. 中国翻译，2006，27（6）：47-53.

赵颖，杨俊峰. 从图式理论谈商务英语口译能力的培养[J]. 中国翻译，2014，35（3）：49-52.

仲伟合. 译员的知识结构与口译课程设置[J]. 中国翻译，2003（4）：65-67.

周红民. 语用能力与口译[J]. 中国科技翻译，1999（2）：30-32.

朱锦平. 会议口译专业口译能力与外语能力的追踪对比研究[D]. 上海：上海外国语大学，2010.

Albl-Mikasa Michaela. Developing and cultivating expert interpreter competence[J]. *Interpreters' Newsletter*, 2013(18): 17-34.

Angelelli Claudia. *Revisiting the Interpreter's Role: A Study of Conference, Court, and Medical Interpreters in Canada, Mexico, and the United States*[M]. Amsterdam; Philadelphia: John Benjamins, 2004.

Berk-Seligson, Susan. *The Bilingual Courtroom: Court Interpreters in the Judicial Process*[M]. Chicago: The University of Chicago Press, 2017.

Kalina Sylvia. Interpreting competences as a basis and a goal for teaching[J]. *Interpreters' Newsletter*. 2000(10): 3-32.

Kaufert, Joseph. M. & Koolage, William. W. Role conflict among "culture brokers": The experience of native Canadian medical interpreters[J]. *Social Science & Medicine,* 1984, 18(3): 283-286.

Pöchhacker Franz. *Introducing Interpreting Studies* (2nd ed) [M]. London and New York: Routledge, 2016.

Shen, Zhourong & Gao, Bin. Public perceptions of diplomatic interpreters in China: A corpus-driven approach[J]. *International Journal of Chinese and English Translation & Interpreting*, 2023: 1-18.

From Interpreting Competence to Interpreter Competence: Ethnography Research on Hangzhou Asian Games

Shen Zhourong
(Beijing International Studies University)

Abstract: The discussion on "interpreting competence" and "interpreter competence" is mostly prescriptive. This study takes a descriptive bottom-up approach by focusing on real interpreting events. Interpreting competence is the ability of language conversion, which cannot be equated with the interpreter competence. New developments have emerged in China's interpreting industry, such as an increasing number of interpreters, the advent of AI technology, and better English proficiency among clients. Thus, the connotation and element of interpreter competence need to be enriched. This study combines ethnography and textual analysis to look into the author's first-hand experience as an interpreter during the Hangzhou Asian Games. The relationship between interpreting competence and interpreter competence, as well as the composition of interpreter competence is discussed. The study proposes new elements for interpreter competence and categorizes them at micro, meso and macro levels.

Keywords: Interpreting Competence; Interpreter Competence; Interpreting Industry; Hangzhou Asian Games

翻译行业

AI 驱动下的孪生译员研究与实践

何征宇[①]　毛红保[②]
(传神语联网网络科技股份有限公司)

【摘　要】AI 进入大模型时代之后,机器对人类语言的理解有了质的跃升。翻译行业是语言技术和应用的前沿,必然在这一浪潮下迎来变革。我们提出了孪生译员构想并进行了相应技术探索,将最新的 AI 技术应用于翻译工作的各项流程之中,实现了翻译质量和效率的显著提升。本文重点剖析了孪生译员的四项主要功能及其技术方法,包括孪生学习、术语处理、译文质量评估和译文润色,详细阐释了 AI 技术如何在翻译工作的各个环节中发挥作用。通过对孪生译员的研究和实践,探索了一条 AI 技术应用于翻译行业的可行技术路径,对翻译行业的技术革新具有重要借鉴意义。

【关键词】AI；大模型；翻译行业；孪生译员

[①] 何征宇,软件工程硕士,传神语联网网络科技股份有限公司 - 语联网研究院院长、中国翻译协会翻译技术委员会副主任委员。主要研究方向为机器翻译技术、人机共译技术,以及区块链在语言服务行业的应用落地。

[②] 毛红保,博士,高级工程师职称,传神语联大语言摸型算法团队负责人,研究方向:深度学习和自然语言处理。

1 行业背景及理念

当前的人工智能领域，随着深度神经网络技术的广泛应用和大模型（LLM）的加速落地，机器翻译在准确度和流畅度上得到了显著提升。现如今，机器翻译的译文虽然已经可以满足基本的阅读需求。但与人类译员相比，在精准翻译方面机器翻译仍存在较大差距。究其原因，首先机器翻译是以句子为单位的双语平行语料进行训练的，这意味着它缺乏对上下文的理解能力；其次，机器翻译将原文和译文视为两种不同的符号编码，实际上做的是编码转换，而语言承载了人类的知识、文化、情感、逻辑等信息，这些是很难从单一维度的双语数据中获得的。此外，在翻译篇章时，机器翻译可能会导致上下文不够连贯，用词（尤其是术语的翻译）也可能不统一。

目前很多译员和翻译公司都在通过 MTPE（机器翻译加译后编辑）的人机共译方式进行翻译作业，但是普遍存在以下瓶颈：一方面，在人工对机器翻译结果进行译后编辑时，如果要保证较高的质量，就必须全文阅读检查错误，这样人机共译对效率的提升就受限于人工的阅读速度，大大削弱了机器翻译所带来的效率优势；另一方面，当机器翻译产生错误并由人工修正后，修正结果无法反馈给机器翻译引擎（大多数机器翻译引擎面向所有用户而不是某个特定用户，因此也无法对某个个性化的修改提供实时学习的功能），相同的错误将会重复出现，人工译员也不得不反复修改。

基于"孪生译员"技术的人机共译系统，是一个全新的人机协作模式，能够更加充分地体现机器的效率优势和人工干预的质量优势。首先，它利用机器翻译质量评估模型对机器翻译的结果进行评估，标记出高风险的句子，译员可以将注意力聚焦到这些最需要人工干预的内容上从而大幅提升译后编辑的效率。其次，译员在译后编辑的过程中所修改的内容，孪生译员系统会进行实时的学习，并自动更新后续相似机器译文，大大减少了译员对同类问题的重复修改量。再次，孪生译员会跟随译员的翻译过程不断学习迭代，在后续遇到相似领域和场景下的翻译时，能够输出更加优质的译文，进一步减少需要修改的内容，从而真正提升人机共译的效率。最后，孪生译员系统融入术语处理、译文润色等功能，使得篇章翻译时具有更好的一致性和流畅度。

下面我们就孪生译员系统中所涉及的关键技术分别进行介绍。

2 孪生学习，持续提升机翻能力

2.1 场景

一位优秀的译员一定会保持终身学习的状态，在项目经历中持续提升自身能力，总结经验，孪生译员亦是如此。因为信息化翻译工具的普遍使用，翻译过程数据被完整记录下来，尤其是那些机器翻译之后被人工编辑和干预比较多的译文，体现了机翻的薄弱和不足之处，它们是优化提升机翻能力的宝贵原料。如果使用像谷歌翻译这样的外部翻译服务，因为它是一个黑盒子，调用者无法接触其内部模型，因此后编辑数据难以被模型学习和利用。而孪生译员系统则是完全开放和透明的，其模型可以被访问甚至是修改，这种开放所带来的好处是：当翻译人员对机器翻译系统所生成的译文进行后编辑之后，原文和编辑过的译文作为新鲜的语料数据，通过孪生学习技术去优化模型。通过孪生学习，机器翻译引擎将会更正一些错误的翻译输出，避免以后的重复出错；也可以学习译员的翻译风格和偏好，使机翻具有个性化，越来越凸显"孪生"的特性。孪生学习的目的都是为翻译人员提供质量更高的译文，从而减少译员后编辑工作成本，提升整体翻译效率。

如图 1 所示，孪生译员系统设计了两种孪生学习机制。一是定期更新，即待 PE 语料库积累到一定程度之后，更新翻译模型本身，实现基座模型性能的迭代提升；二是即时学习，通过检索 PE 语料库获得与当前待译句子关系密切的语料，以 prompt 指令的方式影响当前句子的机翻结果。前者无法使模型两次更新之间的 PE 数据得到利用，后者则刚好弥补了这一缺陷，但它每次机翻时所需的额外 prompt 数据增加了算力开销。

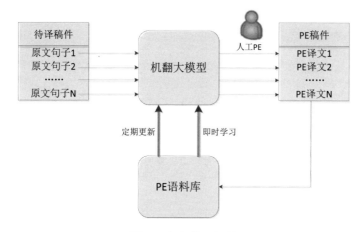

图 1 孪生学习机制

通过孪生学习，孪生译员系统能够更好地去支持翻译人员提高翻译工作的效率；而反过来，翻译人员优质的翻译结果可以形成高质量的新鲜数据去增强机器翻译引擎的表现。这种"互帮互助"的伙伴关系的建立达成了真正的人机共译。

2.2 效果

孪生学习的定期更新机制主要通过全参数微调对大模型的机翻能力进行优化，优化之后模型的使用方法保持不变，理想情况下模型翻译能力会有整体提升。这里主要展示即时学习机制的使用效果。

以中英翻译为例，如果没有即时学习机制，下面是通过大模型直接翻译的结果：

> 原文：今年新车主打中国红。
> 译文：*This year, the new car features Chinese red.*

这里"中国红"的翻译并不是很形象贴切，实际上语料库中有类似的翻译示例，为了实现即时学习的效果，我们直接将翻译示例作为大模型输入的一部分，则译文自动进行了适应，如图 2 所示。

```
问题
参考语料:
原文: 第12届北京国际电影节主视觉揭晓 主打中国红!
译文: The main visual of the 12th Beijing International Film Festival unveiled, highlighting "China Red"!
##
请使用上面提供的参考语料对,参照其中译文的句式和译文中的词汇,将下面的中文内容翻译为英文
###
今年新车主打中国红。
###
结果:
This year's new car is themed with "China Red".
```

图 2 即时学习机制使用效果

2.3 技术解析

定期学习和即时学习分别通过大模型指令微调和大模型小样本学习的方法实现。

2.3.1 大模型指令微调

当前广泛使用的大模型,无论是 GPT4、PaLM 或 LLaMA,均是在大型语料上通过最小化上下文词预测误差训练而来的,与最终应用环节的用户目标之间并不匹配。为了解决这个不匹配的问题,提出了指令微调(Instruction Tuning, IT)来增强模型的能力和可控性。IT 使用语料对(Instruction, [Input], Output)进一步训练大模型,其中 Instruction 表示模型的人工指令,Input 表示与该指令匹配的输入,这部分也可以没有(与具体任务有关),Output 表示遵循 Instruction 的期望输出。IT 允许更可控和可预测的模型行为,指令用于约束模型的输出,使其与期望的响应特征或领域知识保持一致,为人类干预模型的行为提供了一个渠道。下面给出了微调翻译任务的一条训练语料:

{"instruction": "中文翻译成英文",
"input": "- 电极板 1",
"output": "- Electrode plate 1"}

从微调的参数规模来说，可以简单分为全参数微调和高效参数微调。前者一般是用预训练模型作为初始化权重，在特定数据集上继续训练，全部参数都更新的方法。而后者则是期望用更少的资源完成模型参数的更新，包括只更新一部分参数或者说通过对参数进行某种结构化约束，例如稀疏化或低秩近似来降低微调的参数数量。

2.3.2 大模型小样本学习

大模型小样本学习严格来说是一种 prompt 提示工程，或者也可称为提示微调。它将小样本（参考翻译例句）作为 prompt 的一部分，约束和指导当前句子的翻译，从而影响当前句子的自然翻译效果。其功能的实现一方面依赖于大模型的指令理解能力，它能够从 prompt 内容中理解到当前需要执行翻译任务，另一方面模型的 Attention（注意力）机制能够将待译句子与例句中的相关部分建立关联，从而实现记忆库翻译的效果。当然为了强化模型的指令理解能力，也可以在指令微调时加入样本学习的微调数据，使模型在即时学习时具有更好的指令遵循能力。

3 术语处理，全流程护航

3.1 场景

任何从事翻译的人都知道术语的重要性。翻译绝不是简单地将文本从一种语言转换成另一种语言，它涉及更深层次的理解，即不同文化中的人对单词的不同理解。大多数翻译公司都认可，如果需要高质量的翻译服务，需要找一个在该行业有一定知识储备或经验的语言学家。

虽然机器翻译的质量在持续提升，但是术语的翻译仍然是后编辑过程中关注和干预的重点。进化是语言的本质，语言永远处在变化之中，在当今这个新技术层出不穷的时代，术语变化的速度不断加快，准确翻译的难度不断增加。像"photobomb""bing-watch""airball"和"selfie"这样的词现在都被收录进英语词典中，然而几年前，这些词甚至在英语中都不存在。每种语言都有类似变化中的术语列表，因此仅靠机器翻译难以确保术语译文的准确性和一致性。

孪生译员针对术语问题给出了一整套解决方案，在确保术语翻译准确性、一致性的基础上，通过技术手段和流程设计最大限度减少后编辑过程中译员干预术语译文的工作量。具体包括三个环节：

（1）译前术语提取和人工预翻译。翻译之前，通过术语提取模型识别并提取稿件中的术语，交由相应领域的专业译员逐个翻译并确认，确保术语翻译的准确性。

（2）译中的术语干预。这里的"译中"指的是机器翻译过程中，通过技术手段干预和约束机翻模型的局部解码，使得包含术语的句子在翻译过程中术语译文能够与上一步人工预翻译的结果保持一致，也就是将术语译文正确地应用到相应句子的机翻结果中。

（3）译后编辑中的术语译文自主学习。有了上面两个环节，绝大多数术语都能被正确翻译，但这并不能保证后编辑过程中不再需要修改任何术语译文。因为术语的认定具有一定主观性，在第一步中通过模型识别术语同样有可能发生遗漏，因此仍可能有少量术语译文需要在后编辑过程中进行修改。在专业稿件中术语通常反复多次出现，为了避免对同一个术语的译文反复多次修改，孪生译员系统可以在译员第一次对某个术语的译文修改时，自动识别并记住修改后的正确结果，在该术语的后续翻译中自动应用该正确的译文，从而减少译员后编辑中的重复劳动。

通过上述三个环节，可以确保术语被准确、一致地翻译，同时译员对术语译文的修改可实现一次干预、自动更新。

3.2　效果

孪生译员系统实现了术语提取、术语干预、术语译文自主学习的全流程 AI 处理，其效果展示如图 3—图 5 所示。

图 3　译前术语提取

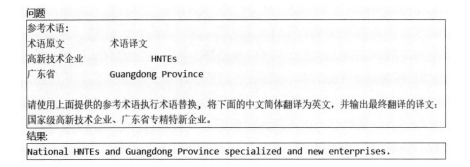

图 4　译中术语干预

图 5　译后编辑中的术语译文自主学习

3.3　技术解析

孪生译员系统在译前、译中、译后各环节均有对术语问题进行专门处理，处理过程中应用了多种 AI 相关的技术方法，包括：基于深度学习的术语提取技术、基于术语替换的术语干预技术、基于差异对比的术语译文发现技术等。

3.3.1 基于深度学习的术语提取技术

术语提取是翻译实践中面临的一个传统问题。在 AI 技术出现突破性进展以前,主要依靠人工或基于统计的方法进行术语提取,但两者都存在明显的缺点,前者效率太低,后者准确性差。深度学习技术给术语提取带来了新的技术路径,李生译员系统通过将术语提取转化为序列标注问题,使得术语提取的准确率和召回率大大提高,可以满足工程应用的需要。

如图 6 所示,先对句子中的每个字(词)进行嵌入向量表示,将这些向量表示喂入深度模型(通常是具有 Transformer 结构的编码器网络,如 BERT 等),得到包含上下文信息的每个字(词)的特征向量,再通过 CRF 层映射为 {B, I, O} 标签之一。该方法与目前实体识别所使用的主流方法一致,优点是准确率和召回率都比较高,模型在提取术语时融合了句子上下文特征,而不是仅根据词语本身来判别术语,且实践表明该模型具有较强的领域泛化能力;缺点是需要人工标注数据集来训练术语提取模型,并且无法对提取的术语进行排序。

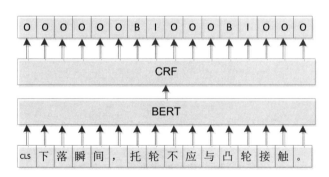

图 6 基于深度学习的术语提取

3.3.2 基于术语替换的术语干预技术

在机器翻译过程中,常常会遇到某些专业领域特定的术语或者词汇。若采用常规的机器翻译方法,这些术语很容易被译错。术语替换是机器翻译中一项重要的技术,其作用就是为了改善专业术语翻译的准确性。

传统的术语替换方法通常是基于占位符的硬替换。即在翻译之前将原文中的术语替换成一个占位符，再将带有占位符的原文输送到机器翻译系统，得到带占位符的译文，最后将占位符替换成真实译文。这种方法虽然简单易理解，但存在以下缺点：首先，占位符扰乱了原文的完整性，导致翻译质量变差；其次，硬替换的方式不能根据原文含义自适应调整译文的形态，如时态，单复数等。如今 AI 翻译进入大模型时代，大模型是在大规模语料上预训练而成，这些语料来自不同的领域，因此大模型具备相应的领域知识和专业术语的理解能力，将其应用于机器翻译过程中术语替换具有天然优势。

在利用大模型进行术语替换前，首先需要构造术语库。将专业的术语词汇与其译文相对应。这个过程可以由人工手动创建，也可以通过自然语言处理的方法进行抽取和整理。在翻译时，需要提取出待翻译文本中出现的术语，并在术语库中找到对应的术语及其译文，再将术语，术语译文，以及原文构造成 prompt，输送给大模型。这个时候，大模型会在翻译过程中，自动参考术语译文，从而准确地完成术语替换。

在实际生产过程中，利用大模型进行术语替换的准确率远高于传统方式的术语替换。基于大模型的术语替换不仅能够在保持原文完整的情况下引入外部知识，还能够根据原文含义自适应地调整术语译文的时态、单复数、大小写格式等。这些都归功于大模型强大的文本理解能力。图 7 示意了基于术语替换的机器翻译。

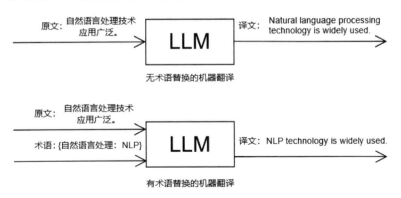

图 7　基于术语替换的机器翻译

3.3.3 基于差异对比的术语译文发现技术

当译员对机翻译文进行修改时，有可能是对某个术语的译文进行了修正。为了保持术语翻译的一致性，我们希望译员的本次修改能被孪生译员自动感知到，从而在下一次机翻时自动应用正确的术语译文。为了实现这一过程，需要分两步：一是确认当前译员修改的部分是一个术语的译文，二是自动提取译员修改的术语和它对应的正确译文。

为了确认译员是否对术语译文进行了修改，可以通过对比机翻译文 MT 和译员修改后的译文 PE 的差异，再结合术语提取技术来实现。如图 8 所示，首先将 PE 译文与 MT 译文进行差异对比，PE 译文中的差异部分用粗体表示；再在 PE 译文上进行术语提取，术语部分用下划线表示；最后同时判断提取的术语是否涉及译文修改（粗体部分），如果涉及了，说明译员修改了一个术语的译文。

SRC: 下落瞬间，托轮不应与凸轮接触。
MT: At the moment of falling, the supporting roller should not come into contact with the cam.
PE: **In the instant** of falling, the **under** roller **shall** not contact the cam.

图 8 基于差异对比发现修改的术语

如果确认译员修改了术语的翻译（如 under roller），接下来的目标是自动提取该译文对应的术语原文。也就是已知术语译文 TERMpe 和原文句子 SRC 的基础上，要从原文句子中找到 TERMpe 对应的原文 TERMsrc。我们采用机器阅读理解，即 MRC（Machine Reading Comprehension）的方法来建模该任务。具体来说，就是将 TERMpe 作为查询 query，将原文句子 SRC 作为 context，query 与 context 一起作为输入进入多语预训练模型进行特征提取，对应的 answer 为 TERMsrc 在 context 中的 span 位置，如图 9 所示。

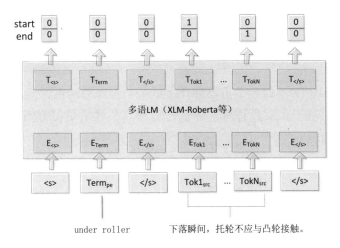

图 9 术语译文提取

4 译文质量评估，聚焦关键内容

4.1 场景

如何通过机翻译文质量评估（Quality Estimation, QE）提高人工后编辑的效率是学术界和产业界普遍关心的问题。QE 需要在没有参考译文的情况下预测机翻译文的质量，在机器翻译后编辑（PE）过程中极具用武之地，因为无差别地手动校正机器翻译的代价很昂贵。QE 可以指示机器翻译结果是否需要进行译后编辑。例如，句子级别的 QE 可以对机翻后的句子进行分类或评分，从而让译员将主要精力放在需要人工干预的那部分机翻译文上，能够较快地提升后编辑效果，达成翻译效率和质量的双提升，其使用示意如图 10 所示。

图 10 QE 辅助机翻译文的人工后编辑示意图

4.2 效果

如图 11 所示，显示了机器翻译之后每个句子的质量评分，最低 0 分，最高 5 分。基于该质量评分，译员可以重点关注质量得分低的译文，从而提升后编辑效率。

图 11 译文质量评估示例

4.3 技术解析

一般来说，译文质量评估系统会抽取原文和机翻译文中的特征，如词频、词性、词搭配、上下文信息、句法等，通过机器学习的回归模型或分类模型来识别机翻译文的质量。依据具体使用场景的不同，可对机翻译文的质量进行 5 分制或 100 分制的量化评分，或者给出质量分类，常见的质量等级有"无须修改""需要修改"，或"无须修改""轻度修改""中度修改""重度修改"等划分方式。由于近年来深度学习的迅猛发展和大范围应用，译文质量评估系统也发展为使用预训练语言模型来进行特征抽取并分类得到译文质量等级。预训练语言模型在训练中使用了网络上大量的多语种语料，因此其中蕴含了丰富的语言知识，能够识别出机翻译文中是否可能存在翻译问题。首先，译文质量评估系统基于大量的译后编辑结果和原始机翻译文，对比两者之间的差异程度，划分得到该原始机翻译文的质量等级。再以划分得到的质量等级，原文和机翻译文为训练数据，进一步训练基于预训练语言模型的分类模型。训练得到的分类模型即为译文质量评估系统。

在翻译流程中，每句原文和机翻译文会输入译文质量评估系统，系统会输出一个质量等级分类，其中判断为"无须修改"的机翻译文会直接进入质控环节，无须经过进一步的译文修改步骤，减轻了译员的工作量，同时在保证翻译质量不下降的前提下，加快了整个翻译流程。

译文质量评估系统整体流程如图12所示。将原文和相应的机翻译文拼接，输入训练好的预训练语言模型中，得到特征表示，再将特征表示送入特征分类器，特征分类器根据特征预测得出机翻译文的质量等级分类。

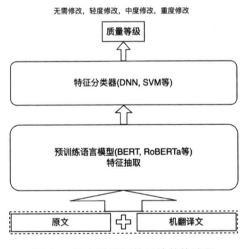

图 12 译文质量评估系统整体流程

5 译文润色，精益求精

5.1 场景

译文润色是提升译文质量的最后一个环节，主要解决"信、达、雅"

中"雅"的问题。通过译文润色可以使译文在表达上更地道、更符合母语习惯；同时基于大模型的译文润色支持一次输入批量文本（当前的大模型普遍支持单次上千字的输入），因此润色后可以保持较好的上下文连贯性，能给用户带来更好的阅读体验，这点对于以句子为单位进行机翻和后编辑的译文体现得更加明显。

得益于大模型的指令理解能力，基于大模型的译文润色通常不会改变译文表达的原意，也就是它在提升"雅"的同时不会降低"信"和"达"的质量，但是也可能带来一点负面影响，比如它可能改变术语的译文，导致前文中一直强调的术语一致性遭到破坏。解决的方案是"用魔法打败魔法"，如果被润色的句子中含有术语，可以通过指令让模型在润色的同时不要改变术语译文，因为大模型的指令理解和遵循能力，这种方式通常是有效的。

5.2 效果

如图 13 所示，展示了译文润色的一个效果示例。

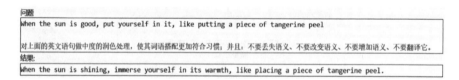

图 13　译文润色效果示例

5.3 技术解析

译文润色通常基于现有大模型通过 prompt 指令的引导来实现，它能实现润色主要得益于大模型的固有特性——学习了一个超大超全的训练数据集，这个数据集通常囊括了可以收集到的几乎所有电子化的文本。以 ChatGPT 为例，虽然官方并没有开放过多细节，但公开的分析认为其训练数据包含了从书籍、互联网等渠道获取的高达数百 GB 的数据，数千亿个单词。就像一个博古通今的全能型学者，不仅掌握了语法和词汇的运用规则，而且充分洞悉人类语言的复杂性和多样性。当它接收到一段文本及执行润色的指令之后，它能基于自身"阅读"过的海量知识，按照最符合输入数据分布的方式重新生成这段文本，从而达到润色的效果。

6 总结

翻译行业是语言技术和应用的前沿，需要紧跟 AI 时代的发展步伐。本文详细阐释了我们在孪生译员系统上的主要研究内容和实践效果，包括相应技术解析。孪生学习机制，确保我们的机翻引擎始终处于学习和进化状态；术语处理，在译前、译中、译后各环节设计了 AI 处理机制，确保术语翻译的准确性和一致性；译文质量评估，自动跳过高质量机翻译文，将人工译员的精力聚焦于译文的关键部分，大大提高了译后编辑的效率；译文润色，充分挖掘大模型潜能，实现译文质量的精益求精。我们将继续跟进 AI 前沿技术，持续迭代提升孪生译员能力，为人工智能时代的翻译行业贡献力量。

参考文献

西热艾力·海热拉，艾山·吾买尔，王路路. 基于 Django 的汉维人名在线翻译系统［J］. 现代计算机，2020（18）：19-22，32.

王志娟，李福现. 跨语言命名实体翻译对抽取的研究综述［J］. 计算机科学，2017，44（S1）：14-18，28.

杨萍，侯宏旭，蒋玉鹏，等. 基于双语对齐的汉语——新蒙古文命名实体翻译［J］. 北京大学学报（自然科学版），2016，52（1）：148-154.

Long Ouyang, Jeffrey Wu, Xu Jiang, et al. Training language models to follow instructions with human feedback[C]. *Advances in Neural Information Processing Systems*, 35:27730-27744, 2022.

Zheng Xiaodu, Yujie Qian, Xiao Liu, et al. Glm: General language model pretraining with autoregressive blank infilling[C]. In: *Proceedings of the 60th Annual Meeting of the Association for Computational Linguistics* (Volume 1: Long Papers), 2022:320-335.

Ning Ding, Yujia Qin, Guang Yang, et al. Parameter-efficient fine-tuning of large-scale pre-trained language models[J]. *Nature Machine Intelligence*, 2023b, 5:220-235.

Shuo Sun, Francisco Guzmán & Lucia Specia: Are we estimating or guesstimating translation quality[C]. In: *Proceedings of the 58th Annual Meeting of the Association for Computational Linguistics*, pp. 6262-6267.

Fabio Kepler, Jonay Trénous, Marcos Treviso, et al. Openkiwi: An open source framework for quality estimation[C]. In: *Proceedings of the 57th Annual Meeting of the Association for Computational Linguistics: System Demonstrations*, pp. 117-122.

Jaber, Mohanad Jasim & S. Saad. NER in English translation of hadith documents using classifiers combination[J]. *Journal of Theoretical and Applied Information Technology*, 2016(84): 348-354.

Panpan Li, Mengxiang Wang & Jian Wang. Named entity translation method based on machine translation lexicon[J]. *Neural Computing and Applications*, 2020(10): 1-9.

Vilém Zouhar, Martin Popel, Ondˇrej Bojar, & Aleš Tamchyna. Neural machine translation quality and post-editing performance[C]. In: *Proceedings of the 2021 Conference on Empirical Methods in Natural Language Processing*, 2021:10204-10214, Online and Punta Cana, Dominican Republic.

Bergroth L., H. Hakonen, & T. Raita. A survey of longest common subsequence algorithms[C]. In: *Proceedings of the Seventh International Symposium on String Processing and Information Retrieval*: SPIRE 2000:39-48.

Research and Practice of Twinslator Driven by AI

He Zhengyu   Mao Hongbao

(Transn Internet of Languages Technology Co., Ltd)

Abstract: After AI enters the era of Large Language Models (LLM), it represents a qualitative leap in the machine's understanding of human language. The translation industry is at the forefront of language technology and applications and will inevitably undergo changes under this wave. We proposed the concept of Twinslator and conducted corresponding technical explorations. We applied the latest AI technology to various processes of translation work, achieving significant improvements in translation quality and efficiency. The article focuses on analyzing the four main functions of Twinslator and their technical solutions, including twin learning, terminology processing, translation quality estimation (QE) and translation polishing, and explains in detail how AI technology plays a role in all aspects of translation work. Through the research and practice of Twinslator, a feasible technical path for applying AI technology to the translation industry has been explored, which has important reference significance for technological innovation in the translation industry.

Keywords: AI; LLM; Translation Industry; Twinslator

生成式人工智能给翻译实践带来的机遇与挑战①

钟厚涛②

(国际关系学院)

【摘　要】 目前,生成式人工智能方兴未艾,呈现出蓬勃发展的势头。其多语言集成式大模型和系统性创新型发展驱动模式,为翻译实践带来了新机遇和新驱动力,有助于跨越语言边界,优化翻译底层逻辑,打破翻译学科壁垒和推进翻译范式转型。与此同时,生成式人工智能也会让翻译从业者产生"被取代"的忧虑,翻译过程存在着虚假信息加速扩散的风险,人工智能译文也会面临知识产权归属的争议。翻译从业者应该与时代发展对标,主动搭上生成式人工智能快车,加紧构建翻译专用大模型,建立人机和谐共生的生态系统,同时注重强化伦理风险防范管控,引导其始终在健康良性的正确轨道上前行。

【关键词】 生成式人工智能;翻译实践;深层影响

---

① 本文系北京市青年英才项目"中国文化对外传播话语创新研究"的阶段性成果。
② 作者简介:钟厚涛(1983—),博士,国际关系学院文化与传播系副教授,战略传播研究中心副主任,研究方向:翻译研究与跨文化传播。

引言

近年来,以大模型为代表的生成式人工智能(Artificial Intelligence Generated Content, AIGC),在全世界范围内掀起新的浪潮(刘峣:2023),为人类各行各业也包括翻译领域的创新发展带来了新的契机和新的挑战,值得高度重视,已经成为翻译研究的热点话题之一。本文即尝试在学界已有研究成果基础上,对生成式人工智能对于翻译实践的主要影响,所带来的机遇与挑战,以及应对挑战的主要策略等进行初步探析。

1 生成式人工智能给翻译实践带来的机遇

生成式人工智能是指"具有文本、图片、音频、视频等内容生成能力的模型及相关技术"(中国国家互联网信息办公室,2023:1),涉及语音识别、数据算法、自然语言处理、计算机语言学等多种学科前沿知识,在翻译领域已经表现出巨大的发展潜力和应用价值,它利用生成扩散模型和大型预训练模型等高端技术,通过寻找现有翻译数据的规律,积极重塑翻译过程,不断优化译文结果。2022年底,美国公司"开放人工智能研究中心"(OpenAI)的大模型ChatGPT横空出世,在全球范围内引发"大模型热"的轰动效应。依托"大模型+大数据+大算力"的强大优势,ChatGPT具有强认知性和高通用性等特点,已经具备多场景、多用途、多功能、多领域的强大任务处理能力。在翻译领域,ChatGPT的科技赋能同样表现亮眼,有时候已经与专业翻译人士的表现高度接近。中国翻译协会《2023年中国语言服务行业发展报告》数据显示,近90%的语言翻译服务需求方接受利用翻译技术来提高翻译质量(中国翻译协会,2023:5),这意味着生成式人工智能未来会对翻译实践产生更大的影响,为翻译领域注入强劲发展动力,正在重塑和变革着翻译实践的形态，推动技术驱动的翻译模式由早期的计算机辅助翻译（Computer-Aided Translation，简称 CAT）和后来的机器翻译译后编辑（Machine Translation Post-editing，简称 MTPE），逐步迈向更加智能的交互式机器翻译（Interactive Machine Translation，简称 IMT）。

第一，优化翻译底层逻辑。生成式人工智能的核心基础是大模型，它具有强大的深度学习、思维推理和多轮对话等能力（桑基韬，2023：1192），能够将每一次输入作为反馈进行"学习"并实时做出适度调整和生成更新，且交互过程会一直持续下去。通过对海量的、大规模的语料库学习，生成式人工智能可以将多种语言的语音、文字、图像、视频等不同样态的语义呈现样式同时集中到同一模型空间，从中提取人类语言规则及其逻辑关系，再依据用户的需求提供符合人类语言习惯的多模态新文本输出。人类历史上以往的资源如水、土地、天然气等，都是越用越少，但生成式人工智能的资源却是源源不断，而且越积累越多，可谓是取之不尽用之不竭，这在以往从未有过。在生成式人工智能技术驱动下，传统的翻译模式正在发生新的变化（王均松 等，2023：17）。生成式人工智能潜在翻译能力在某些方面将远远超越现有的人力翻译实践活动。例如，ChatGPT 赋能的翻译，已经能够处理超过百种自然语言（也包括在同一语言体系中的方言），在多语言翻译（multilingual translation）、知识问答、文本生成、语言理解、思维转换和逻辑推理等方面都取得了重要突破（郭小东，2023：12），既可实现交互性的翻译，又可进行个性化场景的转移，不但可以进行代码转换和语言生成，多语种的资料整理和会议纪要概述，还可以进行一定程度的情报分析，这可以有效降低翻译的人工成本，同时还可以大幅提升翻译的实践效率，短时间内最大化消除语言和文化障碍，实现快速传播和交流，对于翻译的增值具有重要的推动作用。

第二，打破翻译学科壁垒。翻译实践者虽然会涉猎不同学科，在不同学科之间都会有所涉猎，但任何专业型的译者往往都有自己最为擅长的领域，久而久之，就会形成学科之间的鸿沟和壁垒。例如，一位长期从事小说翻译的译者，突然被要求从事天体物理学的翻译，瞬间可能就会感到茫然不知所措。这背后不仅仅是翻译技巧的运用和翻译经验的积累问题，而更多的是不同学科之间的知识落差。目前，传统的纯人工翻译模式已无法满足日益增长的行业和市场需求，但以技术驱动为核心的生成式人工智能的发展，则有可能弥补人类长期以来遭遇的困惑，而且逐渐为行业所接受和认可，因为人工智能的通用潜能不仅会赋能翻译领域的具体样态，还会促进不同领域之间的交叉融合，并催生出一系列新的翻译应用场景。生成式人工智能具有跨界的自动化创新、持续的迭代升级、协同式人机互动等特点，这些都会推动翻译实践的样态和模式产生全新的变革。

第三，推进翻译范式转型。目前，生成式人工智能已经进入突飞猛进的加速度发展时代，在基础层、模型层、能力层和应用层正在联合多种优势技术进行系统性创新，能把一个复杂问题分解为多步推理的简单问题进行解决（邱锡鹏，2023：11），其认知能力也由传统的"能看"（人脸识别为代表）、"能听"（语音识别与文字转换为代表）和"能说"（人工智能对话），逐渐走向"能行动"（具有行动能力，如扫地机）、"能思考"（如谷歌公司研发的 AlphaGo 成为第一个击败围棋世界冠军的人工智能机器人）和"能有情感"（现在部分人工智能机器人已经产生爱恨情仇）方向发展。在此过程中，受前沿技术的强力驱动，传统的翻译模式有可能出现颠覆性的变化，"翻译的对象、主体、模式、环境和教育都与以往大为不同"（王华树 等，2021：88），翻译或将由传统的不同语言之间的转化逐渐演进为思考、语言、行动乃至于情感之间的超语言联动式反应，正在形成凭借其强大优势而难以被模仿和超越的"护城河效应"。随着 OpenAI 发布的人工智能文生视频大模型 Sora 等问世，文字与图象、文字与视频等之间的转换正在变得更加轻松自如、简易可行，甚至可以达到"一键出海"的效果，未来翻译生态和翻译范式也将发生根本性变化，其内涵与外延将逐渐由传统的语言信息的转换，逐渐走向语言与图象、视频乃至于与行动、情感、思考等彼此之间相互转换和情景化生成的多样态联动模式。

2 生成式人工智能给翻译实践带来新的挑战

2023年12月,《自然》杂志(*Nature*)公布2023年度十大科学人物榜单(Nature's 10),其中ChatGPT名列第二位。这是《自然》杂志历史上首次将非人类列入人物排行榜,具有重要的标志性意义,凸显了生成式人工智能对于人类的巨大影响。与此同时,也要深刻地认识到,"生成式人工智能这一新领域既是世界上最令人兴奋的技术,也是最具有争议的技术。"(Bittner,2023)生成式人工智能从其诞生之初,就具有"双刃剑"效应,它给人类带来快捷便利的同时,也因为准确性、知识产权等问题饱受伦理争议,对于翻译实践的影响也同样如此。

第一,翻译从业者产生"被取代"的高度忧虑。生成式人工智能的迅速崛起,极大提升了数据处理的能力和自动化水平,为人类的生活方式也带来了全新的变革。麦肯锡研究预测,2030年至2060年,人类一半的职业将逐渐被人工智能所取代,比起蓝领或体力劳动者,人工智能对高学历的知识工作者影响会更大,其中翻译领域也将受到巨大冲击,因为生成式人工智能可以大幅降低译员时间和精力的投入,以最低的成本在最短时间内契合海量翻译需求,提升翻译效率和知识迁移速度,还可以提升翻译的稳健性(translation robustness),有助于保证译文风格的统一以及术语使用的一致性。例如,根据翻译实证研究,"ChatGPT在汉译英校对、润色方面表现出色,能够根据指令指出并修正翻译错误,调整句法结构,增强篇章连贯,且可调整语域"(耿芳 等,2023:41)。但与此同时,也要清醒地认识到,这种高度的自动化和智能化优势,势必会导致译者加速对机器的屈从和迁就,译者主体性自然会削弱下降,译者进一步被"隐身",人类主体性会被同步弱化,有可能会出现劳动替代风险,即翻译领域的就业排斥与就业替代,许多翻译从业者有可能会因此面临失业或半失业状态。

此外,生成式人工智能对于翻译的影响,不同于传统的谷歌、百度等搜索引擎所提供的互联网资源检索,而是通过对海量数字翻译资源的智能化聚合和重组，生成有较好结构框架和清晰语义逻辑的文本结果，并进行个性化和精准化推送，翻译资源获取方式也从以前的被动分发升级到主动推荐。从某种意义上来讲，互联网主要聚焦于供给侧的资源提供，而生成式人工智能则更多专注于需求侧的用户惯习，再根据用户所需提供强大的资源匹配，所以二者的运行逻辑存在着鲜明的差异。传统的翻译，往往都是在需求端发出信号时，翻译进程才得以正式启动。而生成式人工智能在"客户中心主义"的驱动下（任文，2020），极有可能在需求端还没有给出明确信号时就已经完成翻译，并在第一时间完成推送。其服务的意识和效果，对于传统的翻译无疑是一个巨大的超越，对于传统译者颇有取而代之的态势。也正是由于这种原因，学术界才会发出"翻译会被人工智能取代吗"这样的困惑和质疑（Kierst & Davies，2023：64）。

第二，翻译过程存在虚假信息加速扩散的风险。多模态多语言大模型是大模型发展的重要方向。OpenAI 推出具有轰动效应的多模态大模型 GPT-4V，增加了图文互生等多模态功能，直接开启了人工智能领域全新研究方向。生成式人工智能底层技术的发展促使 GPT-4V 已能够高效完成文本撰写、影像创生等多项自然语言处理任务。但这也会带来巨大的风险，就具体对于翻译实践的影响而言，也同样如此。例如，一旦大量译文融入目的语（target language）体系，就可能抹杀语言的异质性，对目的语语言的现有结构及其背后所承载的意识形态产生冲击（Pym，2011：3）。如此以来，人工智能翻译生成的内容，有可能会对译文的受众带来直接的意识形态裹挟，迫使受众只能向以科技霸权和文化霸权为支撑的美欧价值观方向靠拢，在此过程中势必会生成虚假信息，歪曲知识和传播谬论。与此同时，在政治翻译、科技翻译、医疗翻译、金融翻译等领域罕有试错或容错空间，一旦出现虚假信息，将会带来致命性后果。对于翻译教学而言，则会造成智能依赖下的思考深度表层化、师生关系异质化、知识盲区增大与信息茧房加厚等多种问题（Kenny，2022：37）。在传统的人工翻译时期，如果在翻译过程中出现虚假信息，则依然可以通过人力介入等方式及时对其干预终止，防其进一步扩散。但在人工智能翻译时代，一旦虚假信息被人工智能认定为"正确"，就有可能"以讹传讹",出现病毒式的大规模弥漫,误导人们的认知,甚至出现"谎言重复一千遍就变成真理"的"戈培尔效应"。更为重要的是,这些虚假信息若被别有用心的力量所利用,也有可能会出现人工智能与人类相对抗的"恐怖谷"效应。

第三,人工智能译文面临知识产权归属的争议。人工智能以"算法、算据、算力"引发技术行业的变革与革新(王华树,2021)。与传统的人工智能相比,生成式人工智能展现出更为强大的生产力与生产效率,且可根据个性化需求进行私人定制。对于翻译实践的重要影响,则体现在强大的认知与交互能力以及其具有的与诸多领域(如科技、经济、军事、文化艺术等)融合应用的潜力。如此以来,生成式人工智能就对翻译的过程进行了颠覆性的改造,使得翻译活动由传统的个人知识生产型模式逐渐转变为在公共空间中的公共知识的共享过程,这必然会带来数据利用不合法、知识产权受侵犯、学术公平失信与失衡等方面的伦理风险,主要包括译者主体性的消解、责任主体的模糊不清以及翻译成果的版权争议(吴美萱 等,2023:13)。

最为典型的是,人工智能翻译过程中生产主体多元化,域限不明,完全模糊了共享知识的归属权,生成内容的权利属性该如何界定,知识产权(著作权、版权)归谁所有,是否应该受到法律的保护?如若出现问题,将向谁问责?对于这些问题一直纠缠不休、争议不断,一方面,人工智能不具备有翻译作品的主观动机和主动意图。人工智能生成内容是优化算法、规则和模板的结果,它的生成规律与人的翻译有着本质不同,不能体现创作者独特的个性,因而不能被认定为具有原创性的作品,也不存在著作权。但与此同时,也会有另外一种观点的存在,即生成式人工智能工具翻译出来的内容符合版权法中规定,具备"独创性""智力成果"和"可复制性"等多种属性,就应该享有版权。

3 翻译从业者应用生成式人工智能的主要策略

从上文分析中可以看出,生成式人工智能对于翻译实践带来了深远影响，也面临着一系列的深层难题，例如公信力不足、知识产权边界模糊、文化鸿沟不断加剧等等。面对并存的机遇与难题，未来主管翻译领域的公权力部门要加强顶层设计，强化风险规制，而翻译的实践者则应主动拥抱，扮演好生成式人工智能时代翻译领域的"弄潮儿"角色。

首先，与时代发展对标，主动搭上生成式人工智能快车。目前，大模型已经被认为是不确定世界里为数不多的确定性未来。在"大模型热"的驱动下，全世界各大科技巨头都不甘人后，纷纷推出各自的人工智能大模型。例如，谷歌就发布了"双子座"（Gemini），马斯克旗下的xAI也推出了"神交"（Grok）。而国内的"百模大战"也早已打响，国产化大语言大模型技术攻关取得了显著成绩，部分国产大语言大模型服务平台已正式投入运营。最新发布的《北京市人工智能行业大模型创新应用白皮书（2023年）》显示，截至2023年10月，国内大模型总数达238个。其中，百亿级参数规模以上的大模型超过10个，十亿级参数规模以上的大模型已近80个，在数量上绝对位居全球第一梯队。大模型的能力将覆盖到各行各业和生活的方方面面。翻译从业者只有紧抓技术风口，根据自身的需求，选择合适尺寸的模型和最优的资源配比，才能引领时代潮流。

其次，严格把控质量关，积极加紧构建翻译专用大模型。目前，谷歌、科大讯飞等国内外公司都已经大规模使用生成式人工智能翻译，整体翻译质量水平较高。但这种翻译并非万能的，也面临着巨大的先天性缺陷。例如，生成式人工智能翻译能否做到可信任、可解释和可溯源，这将成为其未来发展面临的重要考验之一。要想破解这一难题，就需要保证海量数据的源头质量上严格把关，防止各类鱼龙混杂的信息进入大模型的基础数据库，同时还需要提升大模型自身的算力，以及系统方案的不断优化迭代，同时还需要全世界各个国家携起手来，共同出台监管政策和法律法规等。在此方面，中国可积极作为，主动加强与其他国家合作，或在联合国科教文卫组织内发起倡议，主动构建行业标准，提前掌握规则制定的话语权和主导权。此外，相较于通用人工智能模型，专用人工智能模型具有得天独厚的优势，在数据安全、知识准确度、意识形态可控性、维护用户个人隐私等方面都更胜一筹。例如，翻译领域的专用人工智能模型就可以在大模型训练过程中注入翻译领域的知识图谱，这不仅可以有效降低幻觉（hallucination），强化翻译记忆（translation memory）和术语库管理（term base），将翻译的功能发挥至最佳，而且可以减少对终端算力的需求，大幅降低功耗，能够让小而美的翻译模型在更多的场景里得到更广泛运用。未来翻译领域的从业者应该思考如何去抢占制高点，早日建成翻译专用人工智能模型的超级生态。

再次，系统运用辩证思维，打破科技中心主义认知误区。目前，生成式人工智能正呈现出蓬勃发展的强劲势头，应用场景不断落地，加速进入各类垂直行业领域，产品形态和应用边界也在持续拓宽，对于翻译实践的影响也正在与日俱增，但其风险也如影形随，同步增长。2023年10月，中国在第三届"一带一路"国际合作高峰论坛期间发布《全球人工智能治理倡议》，为全球人工智能治理提供了中国方案。但与此同时，也要深刻认识到，生成式人工智能翻译并非万能的，而是会面临固有的缺陷和困境。例如，生成式人工智能翻译有可能会凸显知识幻觉困境。人工翻译实践过程中必然会涵盖对原文的理解过程，也即"主体性投入的创造性行为"（许钧，2014：71）。但大模型的知识记忆是模糊含混的，与人工翻译者大脑黑匣子的工作机制有所不同，有时候会出现一些答非所问、指鹿为马、胡乱翻译的情形，这样势必会产生误译或错译的问题（马迅，2023：23）。又如，人工智能翻译始终无法破解文化壁垒难题。机器翻译的完成需要"大量有关语言和世界的知识，而常用的机器翻译方法也是基于文本学习算法，全部或部分地自动获取知识"（Knight，1997：81），但这种翻译并不能消除原文歧义或一词多义现象。例如，中文的"龙"和英文的"dragon"，二者语义表面相同，但实则大相径庭，"龙"在中文语境下多表示吉祥之意，但"dragon"在英语中多有邪恶不祥意涵。生成式人工智能在翻译时，往往会采取单一化、模式化和简约化的方式，很难了解语境背后的文化差异，自然也就难以精准地完成语际转换。传统的异化与规划翻译模式（Venuti，1995）、交际翻译与语义翻译范式等（Newmark，2001），在生成式人工智能翻译过程中，都很难得到有效落实。这意味着，即使是在生成式人工智能翻译时代，传统的人工翻译也不会就此消亡，依然可以在许多关键领域扮演重要角色。因而,未来翻译领域从业者应该主动跻身其中,坚持"以人为本"的理念,打破科技崇拜,防止技术至上,避免盲目跟风,甚至被工具或技术所奴役,"要对研发者和使用者提供人文关怀和伦理指导,以推进机器翻译深度开发和跨学科发展"(王赟 等,2022:112)。人工译者不仅需要扎实的双语或多语功底,还需要丰厚的人文知识、丰沛的情感阅历和大胆新奇的想象力等。如果一味聚焦技术,而忽略了人文素养,那么译者可能"面临着被'机器化'的风险,慢慢沦为语言流水线上的工人"(王华树 等,2021:89),译者的职业尊严、自豪感、认同感和归属感也将逐渐淡化,愿意继续从事这个职业的意愿就会降低,久而久之,翻译领域或将出现人才断档、青黄不接乃至后继无人的困局。同时要加强风险规避,在工具理性和人文精神之间维持适度的张力和平衡,既要成功驾驭新的科技工具,也要充分发挥人类主体的创造性,防止陷入过度消极悲观的陷阱,转而在人工智能模型建设方面做出更多探索,推动翻译朝着"以真求知""以善立义"和"以美行文"方向发展(史芸,2023:163)。

4 结语

近代以来,翻译学经历了语言学转向、文化转向、生态转向等不同的时期,目前正在积极拥抱以生成式人工智能为代表的"技术转向"(technological turn)。技术更新迭代永无止境,人与物、物与物之间的物理边界不断被打破,深度交互和智能控制正在走向人类日常生活,这是推动生成式人工智能迈向大范围推广的重要动力源泉,这对于翻译实践也会带来显而易见、持续不断的影响。与其坐而论道,不如起而行之。对于翻译领域的从业者而言,与其焦虑于自我会不会被生成式人工智能取代或者何时被取代,不如化被动为主动,从现在开始,建立科技赋能信念,主动适应数字化的生存环境,与"技术转向"时代的多语言大模型对接,推动以人本理念为核心的技术创新,依托翻译领域结构化的知识图谱,积极弥补生成式人工智能翻译的缺陷与不足,最终成为控制生成式人工智能的高级别翻译实践者和时代风口的引领者。

参考文献

耿芳，胡健．人工智能辅助译后编辑新方向——基于 ChatGPT 的翻译实例研究［J］中国外语，2023（6）：41-47.

郭小东．生成式人工智能的风险及其包容性法律治理［J］．北京理工大学学报（社会科学版），2023（9）：1-18.

刘峣．这一年，人工智能"生成"精彩［N］，人民日报·海外版，2023（1228）：009.

马迅．人工智能软件对高校外语专业翻译实践的利弊影响及问题对策研究——以 ChatGPT 为例［J］．海外英语．2023（21）：23-25.

邱锡鹏．解剖大型语言模型：原理、应用及影响［J］．探索与争鸣，2023（5）：10-12.

任文．新时代语境下翻译伦理再思［J］．山东外语教学，2020（3）：12-22.

桑基韬等．从 ChatGPT 看 AI 未来趋势和挑战［J］．计算机研究与发展，2023，60（6）：1191-1201.

史芸．人工智能翻译的知识伦理与知识建构［J］．当代外语研究，2023（6）：156-165.

王华树，刘世界．人工智能时代翻译技术转向研究［J］．外语教学，2021（5）：87-92.

王华树．人工智能时代翻译教育技术研究：问题与对策［J］．中国翻译，2021（3）：84-88.

王均松，肖维青，崔启亮．人工智能时代技术驱动的翻译模式：嬗变、动因及启示［J］．上海翻译，2023（4）：14-19.

王赟，张政．数字化时代机器翻译的风险审视及控制研究［J］．中国翻译，2022（2）：107-113.

吴美萱，陈宏俊．人工智能时代机器翻译的伦理问题［J］．外语学刊，2023（6）：13-18.

许钧. 翻译论［M］. 南京：译林出版社，2014.

中国翻译协会. 中国翻译及语言服务行业发展报告［R］. 北京：中国翻译协会，2023.

中国国家互联网信息办公室. 生成式人工智能服务管理暂行办法［Z］.［2023-07-10］. https://www.gov.cn/zhengce/zhengceku/202307/content_6891752.htm

Bittner P. The imperative of a US-China accord on AI: Lessons from arms control[Z]. https://www.chinausfocus.com/peace-security/the-imperative-of-a-us-china-accord-on-ai-lessons-from-arms-control

Kenny D. *Machine Translation for Everyone: Empowering Users in the Age of Artificial Intelligence* [M]. Berlin: Language Science Press, 2022.

Kierst, R. & Davies, S. 翻译会被人工智能取代吗？（英文）[J]. *The World of Chinese*, 2023(4):64-70.

Knight, K. Automating knowledge acquisition for machine translation[J]. *AI Magazine*, 1997(4):81-96.

Newmark, P. *Approaches to Translation* [M]. Shanghai: Shanghai Foreign Language Education Press, 2001.

Pym, A. What technology does to translating[J]. *Translation & Interpreting*, 2011(1):1-9.

Venuti, L. *The Translator's Invisibility: A History of Translation* [M]. London/New York: Routledge, 1995.

On the AIGC's Challenges for the Translation and the Breakthrough Strategy

Zhong Houtao

(University of International Relations)

Abstract: The artificial intelligence generated content (AIGC) is demonstrating a vigorous development momentum. Its multilingual integrated large-scale model and systematic innovative development help transcend language boundaries and break down the traditional disciplinary boundaries, and have a profound impact on translation practice. But it also faces multiple difficulties such as insufficient credibility, blurred intellectual property boundaries, and cultural gaps. In the future, we should deepen the research on the underlying logic of generative artificial intelligence, establish a special generative artificial intelligence model in the field of translation, rely on the structured knowledge graph in translation, actively make up for the shortcomings of generative artificial intelligence translation, and focus on strengthening the prevention of ethical risks, guiding them to move forward on a healthy and benign track.

Keywords: AIGC; Translation Practice; Deep Influence